国家出版基金项目

NATIONAL PUBLICATION FOUNDATION

国家无障碍战略研究与应用丛书（第二辑）

无障碍融合设计与应用

陆激　周欣　吕淼华　著

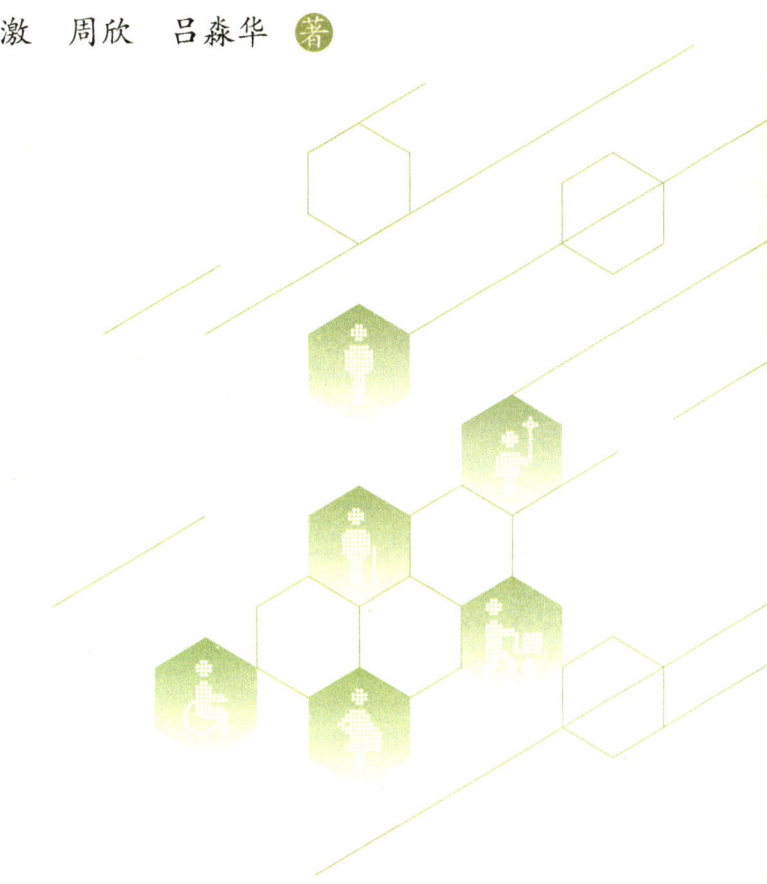

辽宁人民出版社

© 陆激　周欣　吕淼华　2021

图书在版编目（CIP）数据

无障碍融合设计与应用 / 陆激，周欣，吕淼华著. —沈阳：
辽宁人民出版社，2021.12
（国家无障碍战略研究与应用丛书. 第二辑）
ISBN 978-7-205-10332-3

Ⅰ.①无… Ⅱ.①陆…②周…③吕… Ⅲ.①残疾人—社会
服务—中国 Ⅳ.①D699.69

中国版本图书馆 CIP 数据核字（2021）第 237486 号

出版发行：辽宁人民出版社
　　　　　地址：沈阳市和平区十一纬路 25 号　邮编：110003
　　　　　电话：024-23284321（邮　购）　024-23284324（发行部）
　　　　　传真：024-23284191（发行部）　024-23284304（办公室）
　　　　　http://www.lnpph.com.cn
印　　刷：辽宁新华印务有限公司
幅面尺寸：170mm×240mm
印　　张：18.25
字　　数：260 千字
出版时间：2021 年 12 月第 1 版
印刷时间：2021 年 12 月第 1 次印刷
责任编辑：张婷婷　郭　健　赵学良
装帧设计：留白文化
责任校对：吴艳杰
书　　号：ISBN 978-7-205-10332-3
定　　价：85.00 元

总　序

张苏军

欣闻《国家无障碍战略研究与应用丛书》（第二辑）付梓，这份欣喜，既表达了对我国无障碍事业的蓬勃发展态势的喜悦，也有为那些投身于无障碍事业的各界人士的赞许，更饱含对创造更加宜居、宜业、宜游、舒适美好生活环境的期待。此套丛书的出版，对助力我国无障碍法治环境建设，以法治的精神、法治的力量和法治的感召，深入推进我国无障碍环境建设高质量发展，向世界展示中国方案、中国作为和中国成果，意义重大。

此套丛书汇集了我国无障碍理论研究的最新成果，聚合了北京大学、清华大学等国内高校和科研机构专家团队的力量，以多元视角、在诸多层面，系统性地对无障碍的社会价值、经济价值、科技创新等领域进行研究，同时对我国无障碍社会实践进行了深化梳理和总结，对城市更新、适老化改造、全龄友好型社区和残疾人家庭无障碍改造等进行了细化研究，为不断满足人民群众日益增长的对美好生活的需要，促进人的全面发展、逐步实现共同富裕的目标等提供了理论支持，发挥了无障碍理论研究与实践融合的独特作用及价值。

习近平总书记指出："无障碍设施建设问题是一个国家和社会文明的标志，我们要高度重视。"这为我国无障碍事业发展提供了遵循，指明了方向。无障碍环境建设是一个国家科技化、智能化、信息化水平的体现，是一个国家经济建设和社会建设水平的体现，也是一个国家硬实力和软实力的综合体现。无障碍环境建设的高质量发展，将更好地满足人民群众日益增长的需

张苏军　第十三届全国人大常委会委员，第十三届全国人大监察和司法委员会副主任委员，中国法学会党组成员、副会长。

求，充分体现"以人民为中心"的发展理念。我国有 8500 多万残疾人，有近 2.64 亿 60 岁以上老年人，是世界上残疾人口和老年人口最多的国家，在无障碍环境建设方面有着巨大的现实需求。消除公共设施、交通出行、信息通信等领域的障碍，让广大老年人、残疾人平等地参与到康养、教育、就业和社会生活中，加强无障碍环境建设，是保障全社会成员特别是残疾人、老年人等有特殊需求群体融合共享社会生活的重要前提，是完善城乡基本公共服务的重要内容，是应对老龄化、满足适老化需求的重要措施，是建设美丽中国、健康中国的重要体现，是国家经济发展、人权保障、社会文明进步的重要标志。对于提升老年人、残疾人的社会适应能力，促进社会融合具有重要的现实意义。

近年来，我国无障碍环境建设发展迅猛。无障碍法规政策标准体系不断完善，无障碍设施、无障碍信息、无障碍服务水平不断提高，城乡无障碍环境建设方兴未艾，社区、残疾人家庭无障碍改造受益面不断扩大，无障碍环境建设取得的成就，在国内外彰显了重要的人文价值，产生了良好的社会影响。党的十九届六中全会总结中国共产党从小到大、从弱到强，从胜利走向胜利的根本经验，就在于依靠人民、服务人民、赢得民心。坚持以人民为中心的发展思想，着力保障和改善民生，着力解决人民群众急难愁盼问题，加强基础性、普惠性、兜底性民生保障建设，在幼有所育、学有所教、劳有所得、病有所医、老有所养、住有所居、弱有所扶方面不断推进。为人民创造安宁祥和、稳定有序的社会环境，才能让人民生活全方位改善，获得感、幸福感、安全感更加充实、更有保障、更可持续。这其中，高质量推进无障碍环境建设发展是必不可少、大势所趋的应有之义。

应该看到，当前我国无障碍环境建设与经济建设和社会发展水平还不相适应，无障碍环境建设还面临着诸多亟待解决的困难和问题；我国法律中关于无障碍的规定还不系统、不规范，法律之间缺乏有效衔接，而且多部专业领域的法律中未涉及无障碍环境建设的规定内容，因此，需要整合并形成系统完善的无障碍专门法律，强化无障碍法规政策实施落地的切实举措，进一步以法治来推进无障碍环境建设与国家社会经济发展和人权保障成果的融合，以法治来建立新冠肺炎疫情防控工作中的无障碍环境保障长效机制，以法治来促进无障碍环境护佑人民群众生命安全和身体健康，以法治来保障我国无障碍环境建设持续健康高质量发展，满足社会全体成员对无障碍环境建设日益增长的迫切需求。

无障碍环境建设立法已成为当前重要课题，是新阶段推进无障碍环境建设的必然所需，亟待加快无障碍环境建设立法进程。无障碍环境建设是一项整体的社会改造工程，不仅需要政府的主导，还需社会力量，特别是科研机构、社会组织等的广泛参与。无障碍立法既要立足现实，也要有前瞻性，要在中国特色社会主义法治体系之下探寻无障碍建设的法治保障，满足广大社会成员日益增长的无障碍需求，实现无障碍环境建设的高标准、高质量发展。

借《国家无障碍战略研究与应用丛书》（第二辑）出版，向促进社会美好和谐发展的中国无障碍事业致敬！向丛书全体编创人员表示感谢和敬意！

2021 年 11 月

国家无障碍战略研究与应用丛书（第二辑）

顾　问

叶静漪　　庄惟敏　　吕世明

前　言

　　无障碍环境是现代人居环境不可或缺的一环，是社会文明发展的重要标志。自 1988 年第一部无障碍设计规范颁布执行以来，经多年努力，国内各大城市无障碍设施普及率已经达到一定水平，设施点位建成情况和覆盖率、达标率等统计数据也十分亮眼，无障碍建设已开始向乡村推进。同时，越来越多的人逐步意识到，无障碍环境不是仅限于服务残障人士，也为包括年长者、年幼者、病弱者甚至包括拖运行李者等各类有需要人群的日常生活提供了方便。无障碍设计与研究也有长足进步，源于国外的通用设计、包容性设计和全民设计等理念也被更多推广接受。可以说，无障碍环境建设已经步入一个新的阶段：从有没有，到好不好——不但要好用，更要好看。《无障碍与设计融合》一书，正是为此而撰写编著的。

　　本书所谓的融合，有三个层面的内涵。首先是指环境融合，无障碍设施应当从生硬地植入环境走向融入环境，使无障碍成为人居环境的有机整体；其次也是方法的融合，从通用设计出发更进一步，无障碍设计应当超越通用思想，树立融合目标，通过精巧而精心的设计，让无障碍设计中的特殊性成为设计的亮点和特点；最后还是社会融合，如果说，通用设计是面向弱势群体有尊严的设计，融合设计则旨在为弱势群体寻找自我实现的价值归依。本书的融合，以《礼记·礼运》天下为公，"鳏寡孤独废疾者皆有所养"的大同理想为归依。通用设计对应的是西方的普同理念，融合设计则可以说是中国文化传统中大同理念的当代诠释，融合设计因此在这个意义上，是中国模式的无障碍设计。

　　中残联吕世明副主席倾力关注无障碍环境建设。在他推动下，浙江大学建筑设计研究院成立了无障碍设计研究所，并被吸纳为无障碍环境建设智库全国五十家入库单位之一。成立之初，吕世明副主席就给我们定了"融合"这个目标，对无障碍设计研究所给予了高度的期许。围绕融合这个目标，无障碍设计研究所，做出了自己的尝试，取得了一系列初步成果。《国家无障碍战略研究与应用丛书》（第二辑）编写工作是一个契机，根据此前的成果，针对"无障碍与设计融合"这个主题，草拟成书。

本书第一章简要综述了国内外无障碍建设的历史，围绕融合设计这个主题，从无障碍设计面向使用者的人文关怀这个角度，对环境设计包括产品设计在不同历史阶段的思想进行回顾，并指出融合设计思想的萌芽古已有之。第二章介绍了无障碍理念的发展过程，并在理解我国传统大同思想的基础上，定义了以大同理念为出发点、以当今社会为语境的融合设计思想。第三章，将融合设计与通用设计进行了系统性比较，明确了融合设计概念，从设计方法论的角度，对指导思想、设计原则和融合模式进行了总结归纳。第四章介绍了契合融合设计思想的几个跨学科工具，对其思想方法、应用领域和相关案例进行了梳理。第五章介绍了无障碍设计研究所以融合设计理念为指导，在无障碍实践、全人群实践两方面的诸多案例，阐述了设计团队对于和而不同、对于以人为本、对于美美与共的感悟，以及在践行这些感悟过程中遇到的阻碍和克服阻碍的执着之心。最后一章，对融合设计方法在环境设计、产品设计、虚拟设计和跨领域融合四个方面的应用前景进行了展望。

本书以数百个涉及景观、建筑、室内、产品、艺术、科技等不同领域的案例，以图文相间的形式从不同角度对融合设计的理念、方法进行深入浅出的梳理，拓宽了无障碍设计的视野。部分案例乍看和无障碍主题无关，但细细想来却无不"融合"。正如书中所言，融合设计讲究手法的透明，看不见但感受得到的无障碍才是真正的无障碍。本书所有关于定义和理论的信息，均引用自权威文献资料，如核心期刊、专著、权威机构的官方网站等；考虑到设计和技术的日新月异，故在操作层面，也从当下最活跃的自媒体等来源收集了大量案例，以增加内容的趣味性、时代性和多元性。书中跨越科学与艺术、权威与草根、传统与现代，无意中，也贯彻了我们所秉承的融合思想，此可谓意外之喜。

　　撰写之时，恰逢杭州迎接 2022 年亚（残）运会的时间节点。谨将此文献给所有参与无障碍建设的工作者。如果能在记录他们付出的艰辛努力的同时，对他们今后的工作有所启发，是本书作者最大的荣幸。在此，感谢浙江大学平衡建筑研究中心给予本书的支持。

　　本书引用的国内外文献资料，已在脚注与参考文献部分一一列出。如有错漏之处，请予以指出，以便补充更正。在此一并致谢。

陆激　周欣　吕淼华

2021 年 9 月

目 录

第一章

源流：无障碍设计的融合导向

第一节　无障碍实践回顾：从混用到专用

生命可以视为一段克服障碍的旅程。全部人类文明，也都可以概括为同一个叙事：从个人，到一个村寨，到一座城池，到一个部落，到一个国家，到国与国的联邦……人类不断打破疆域的局限，将足迹铺满这个星球的角角落落。从陆地起步，凭借智慧，向鸟和鱼学习，以科技的力量，克服先天的障碍，人类上天入海，终于走出地球，迈入太空（图1-1-1）。[①]每一点跋涉于艰难的努力，都在拓宽人类活动和思想的边界。

作为群体，人类达成了非凡的成就，不断站上新的高度。但这个群体是由一个个鲜活的个体组成的，与其他一些没有自我认知的社会性动物不同（比如蚂蚁和蜜蜂），群体的生存和发展，尽管不可能也不必绝对"人人平等"，但一切便利和进步，应当惠及每一个个体，才能补全文明的拼图。主要是基于这个理由，考古人类学中，才以年纪较长或有重伤痊愈痕迹的骨殖标本，作为判断远古人类文明程度的标志。

"一个都不能少"，这是文明的另一个侧面，不可或缺也从未缺席。从个体差异产生的个体障碍，同样是人类文明史上不断被跨越的重要对象。年幼、年长、生病、受伤和先天畸形等，曾经是文明不可言说之痛。生存能力相对较低的个体，普遍营养不足、寿命较短，社会地位也相对较低，其诉求也相对容易被忽略；彼时人类整体能力不足，无暇为弱势者做特别的考虑，他们在日常生活中往往被忽视，面对灾难时更容易被牺牲。保护弱者，是人

[①] 据相关资料介绍，太阳系边缘到宇宙空间的"星际空间"里，磁场异常，分布着大大小小的陨石，密密麻麻。通过天文望远镜发现，这些大小不一的陨石形成神秘的磁场，降低了NASA空间探测器旅行者一号的飞行速度，使它多花了三年才飞离太阳系。这个神秘磁场等同于对太阳系的"保护"，外来大的陨石、天体等都会被阻拦在外面；从另一反面来看，也等同于"囚禁"着太阳系，是太阳系内物体进入太空的"障碍"。

类文明的一个重要起点。"障碍"本身伴随人类共生，"无障碍"诉求也同样可以溯及远古，但"无障碍"概念本身，却是随着文明的进步，人类能力提高，才逐步发展成熟的。

"无障碍"作为一个独立的概念提出，是最近若干年的事。20世纪人类医疗水平的提升和医疗技术的普及，让更多人有机会带病或带残长期生存。在这个大背景下，20世纪中叶，二战结束后大批伤残的年轻士兵回归社会的渴望，老年人和残疾人[①]对自身生存和发展权利的诉求，社会能力的提升和认知的进步，让欧美各国政府开始推动平等权利和反歧视法。无障碍设计概念（barrier-free design）成形于20世纪50年代：通过有意识的专门设计，为残障人士移除环境中存在的障碍。随着较大范围的推广以及项目经验的积累，人们发现，仅仅移除已经存在的障碍，并不能真正确保实现为残障人士提供便利、可达的环境，所以至20世纪70年代，更广义的可达性设计概念被提出（accessible design）[②]，即把可达性措施融合到产品、服务和环境的整体设计中。不过，多数的国内中文文献将accessible design也翻译为"无障碍设计"（图1-1-1）。

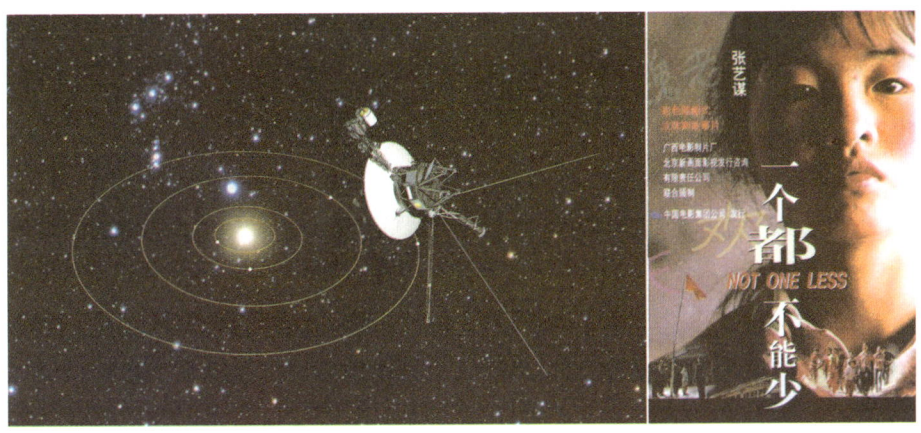

图1-1-1　旅行者一号（左）和电影《一个都不能少》海报（右）
图片来源：http://image.baidu.com/search/detail
https://img1.doubanio.com/view/photo/raw/public/p907410217.jpg

① 注：日韩和中国台湾地区等汉字文化圈均已废止了"残废""残疾"等可能引发歧视的称谓。本书中，引用国内外资料，为尊重原作者，同时使用"残疾人""残障人士"，其余部分，统一使用"障碍人士"。

② National Disability Authority［DB/OL］http://universaldesign.ie/What-is-Universal-Design/History-of-UD/.国内许多文献及网页资料也认为"无障碍设计 accessible design"的名称始见于1974年联合国的专家会议报告。

尽管"无障碍设计"与"可达性设计"的目标同是给残障人士提供必要的方便，其间微妙的差异仍不可忽视。如果说独立的无障碍设计概念成形，是人类社会文明进步的标志，那么，从"无障碍"到"可达性"提法的变化，则清楚地喻示了无障碍环境建设的大趋势，即摆脱孤立的、另类的形象，融入社会整体环境中，成为其不可或缺的组成部分。因此，无障碍设计也呈现出从早期的"混合"（不存在独立的无障碍设计），到近现代的"分离"，再到当下以及未来的"融合"倾向。

一、早期中国的无障碍实践

《礼记》云"故人不独亲其亲，不独子其子，使老有所终，壮有所用，幼有所长，鳏寡孤独废疾者，皆有所养"，这是中华文明无障碍思想的源头。《礼记》有说成书于先秦，不晚于西汉。按"家——国——天下"的制度设置和"慎终追远"的祖先崇拜传统，早期的养和助，多依托家庭内实现。

独立于家庭之外社会性的养老，则可以追溯到南北朝时期。梁武帝普通二年（公元 521 年），高寿的皇帝陛下在都城建康（今南京）创办"孤独园"，收养孤寡的老人。到了唐朝，类似的举措被体制化，并加以推广。武则天时代，朝廷开设收留贫、病、孤、疾者的"悲田养病院"。到了两宋时期，各类官办养老机构层出不穷。北宋初年有"福田院"，后有"居养院"，南宋时期则称为"养济院"等。民间力量也有所作为。洪迈《夷坚志》记载，与南宋对峙的金国兴中府，有个叫刘厢使的汉人，遣散家中奴婢，拿出全部财产兴建"孤老院"①。

蒙古统治下的元朝，虽然社会生产力发展有所倒退，但是孤老救济仍作为一项重要制度被保留下来。据《元史》卷一百五十七《刘秉忠》载，刘秉忠上书元世祖："鳏寡孤独废疾者，宜设孤老院，给衣粮以为养。"②忽必烈采纳了他的建议，下诏赈济天下鳏寡孤独废疾者。至元八年（1271）各路（行政区划名，相当于今地、州市）设济众院一所，至元十九年各路立养济院一所，供给一定粮食和柴薪，还规定了收养的标准和操作过程。③

---

① 倪方六 . 中国古代各朝养老制度［J］. 社会广角，2014（1）：52-54.
② 宋濂，等 . 元史［M］. 北京：中华书局，1976：3690.
③ 吴超 .《黑水城出土文书》所见亦集乃路的孤老救济初探［J］. 西夏研究，2012（1）：32-36.

明、清两朝，沿袭了宋元旧制，设立"养济院"。朝廷和民间均致力于发展各种形式的社会养老机构。这些名称各异、形式不同的养老机构，为老年为主的弱势群体提供了赖以生存的场所。从专门为孤老残障人士辟出独立空间这点而言，与"老年住宅"的概念非常相似，但和当代意义上的"适老化"和"无障碍"环境仍有很大差距，并未出现系统性的空间改进与设施配置，多以一些临时性举措来适应孤老残障人士的生活起居需要，更无暇顾及其更多的精神追求。但以当时的社会生产力水平，能为孤老残障人士提供基本的温饱，已难能可贵。

值得注意的是，中国古代的"养老院"源于养老，却不止于养老。唐朝的"悲田养病院"已经将收容范围扩大到了贫、病、孤、疾者。元代刘秉忠提出的孤老院，收容了"鳏寡孤独废疾者"各类人群。这符合"人不独亲其亲，不独子其子"的大同理想，也和当代无障碍环境建设的核心理念——"无障碍环境建设不仅仅服务于残疾人，更服务于所有社会群体"遥相呼应。

二、早期西方的无障碍实践

最晚从中世纪开始，西方有"济贫院"这类建筑出现。据载，15世纪中叶，法国掌玺大臣、勃艮第的尼古拉·罗兰和罗兰夫人在博纳小镇建造了一所济贫院，收容贫穷的病人。英国从17世纪初开始建造济贫院。虽然也收容青壮年，但是这些人一旦有了工作，生活条件得到改善，会搬离济贫院。1861年，英国议会报告表明，全国范围内有20%的居住者在院内生活五年以上，他们大多是老人、病人和精神病人。[①]可见，济贫院"济"的穷人主要还是带病带残的。

20世纪的一些历史学家认为济贫院是"异常残忍"和"可憎粗暴的"，就像詹姆斯·凯所描述的，新济贫法的委员想把济贫院变成监狱。接受询问的72位历史学家（随机选取）中34位认为济贫法或其中部分内容是残忍的[②]。但必须看到的是，济贫院兼备学校、精神病院、医院和老人之家等功能[③]，同时，它还是无家可归者的最后避难所。所以，应该把济贫院看作是欧洲早期无障碍实践的案例之一。此外，济贫院融合了学校、精神病院、医院和老人

---

① ② 郭家宏，唐艳 . 19世纪英国的济贫院制度初探［J］. 学海，2006（6）：50-56.
③ 郭家宏，唐艳 . 19世纪英国的济贫院制度评析［J］. 史学月刊，2007（2）：81-89.

之家等功能，可提高各类设施的利用率，同时也为病残者提供了参与社会、自力更生的机会，这和当代的无障碍环境建设的愿景——"为所有人提供独立自主生活的机会"也是相符的。

济贫院只是西方早期无障碍实践的一部分。1817 年，美国教育慈善家 Thomas Hopkins Gallaudet 和来自法国皇家聋哑机构（Institut Royal des Sourds-Muets）的 Laurent Clerc 一起创办了美国的第一所聋哑学校。[①] 1856 年，慈善家、美国前邮政总局局长 Amos Kendall 捐建了一所聋校，聘任 Edward Miner Gallaudet（Thomas 的儿子）作为学校的第一位负责人。1857 年，两所学校合并，命名为哥伦比亚聋哑盲教育学院（Columbia Institution for the Instruction of the Deaf and Dumb and the Blind）。1894 年，为纪念 Thomas Hopkins Gallaudet 在美国聋哑教育方面的伟大功绩，学校开始使用加劳德特大学（Gallaudet University）这一名称。[②] 如今，加劳德特大学是全球唯一一所专门为聋哑人提供系统性本、硕、博教育的大学。建校之初，管理者和建造者就意识到需要在校园中增加交流的机会和途径。加劳德特大学校园的无障碍设计细节将在后文"国外现代无障碍实践"部分详细介绍。

此外，有资料表明，部分北欧国家像瑞典和丹麦，早在 20 世纪 30 年代，就开始建设专供残疾人使用的各种设施。这些设施可以为残障人士、没有家人的老人提供生活的场所，但是这种专门独立建设的设施，将内部居住者和社会其他群体隔离开，容易带来孤独感和失落感，其实是不利于他们的日常生活和身体康复的。

三、当代国外无障碍实践

无障碍法规的颁布，推进了各类无障碍设施的建设和发展。美国、英国、瑞典、丹麦等国，在马路上增加了盲道、缘石坡道和过街音响；在公共建筑入口增加了坡道或轮椅升降平台，在建筑内部增加电梯和扶梯；波音公司也在 1978 年开始考虑飞机的无障碍设计研究。

---

① Gallaudet 大学官网［DB/OL］. https://www.gallaudet.edu/about/history-and-traditions/thomas-hopkins-gallaudet.

② 张钰墨，陈洋. 聋哑学校无障碍空间环境设计研究——以美国加劳德特大学为例［J］. 建筑学报，2016（3）：106-110.

　　上文提到过的加劳德特大学有许多服务于听障人士的无障碍设计细节。校园设计从聋哑人感知范围受限、交流方式特殊这两个行为特征出发。校园的公共场所提供了较多的可视化空间（图 1-1-2），以有效地保证听障人士的视线通畅，便于不同空间听障人士的手语交流，如使用透明材质的门厅和走廊（图 1-1-3），以及玻璃电梯（图 1-1-4）等。信号灯常被聋校用来替代上下课的铃声。加劳德特大学巧妙地采用改变光线的强度、颜色及闪烁时间等传达不同的指令。例如运用"门灯"代替门铃（图 1-1-5），利用强光闪烁作为紧急疏散指令，使用较为柔和的闪烁光源作为上课时的提醒装置等。在出入口、转弯空间及踏步或高差边缘处采用粗糙材质，利用其带来的不同触感标明转换空间，可以有效提高正在边用手语交谈边行走的聋哑人的安全性。为方便聋哑人在共同行走时的手语交流，加劳德特大学中的人行道路的宽度往往以两人为一组进行设计，道路宽度为 10 英尺（约 3.05m），便于两股人流通行和停留（图 1-1-6）。[①]

图 1-1-2　便于视觉交流的门厅
图片来源：加劳德特大学官网

---

① 张钰墨，陈洋 . 聋哑学校无障碍空间环境设计研究——以美国加劳德特大学为例［J］. 建筑学报，2016（3）：106-110.

图 1-1-3 使用透明材质的门厅和走廊
图片来源：《聋哑学校无障碍空间环境设计研究——以美国加劳德特大学为例》

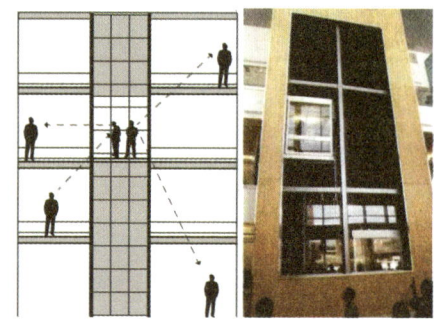

图 1-1-4 使用透明材质的玻璃电梯
图片来源：《聋哑学校无障碍空间环境设计研究——以美国加劳德特大学为例》

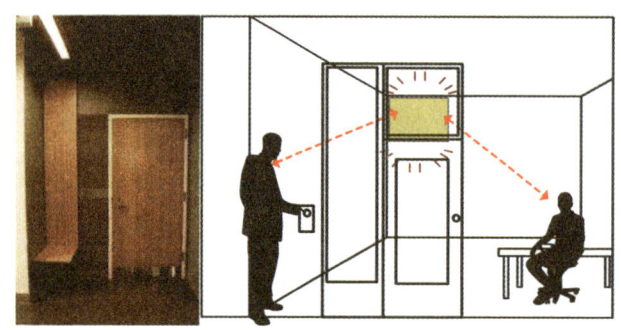

图 1-1-5 门灯使用原理和等候座椅
图片来源：《聋哑学校无障碍空间环境设计研究——以美国加劳德特大学为例》

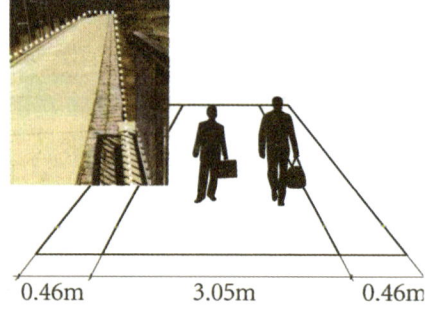

0.46m   3.05m   0.46m

图 1-1-6 道路加宽及边缘设计
图片来源：《聋哑学校无障碍空间环境设计研究——以美国加劳德特大学为例》

日本是老龄化问题最为严重的发达国家之一。因此，在住宅无障碍改造设计上，做了许多细致有效的工作，积累了丰富的经验。由高龄者居住环境研究所和无障碍设计研究协会编写的《住宅无障碍改造设计》，以老年人日常生活的无障碍设计及具体的无障碍住宅改造为主要内容，从走、坐、握、看等身体机能的衰退变化，到洗浴如厕区、卧室区、进餐区、起居室等场所的无障碍设计，以生动有趣的图示和简明扼要的文字，说明了老年人住宅无障碍改造的原理及实践案例，并给出不同面积和户型条件下，住宅无障碍改造实例的报价及明细，内容全面、细致、直观、生动。

四、当代国内无障碍实践

（一）无障碍改造

根据王小荣教授的《无障碍设计》一书介绍，深圳是中国最早开展无障碍环境建设的城市之一，其无障碍环境建设历程始于1985年，至今已有长足的发展。紧随其后，全国各地的无障碍环境建设也逐步展开，取得一定成效。许多城市对已有建筑进行了无障碍改造。在室外道路上，为方便盲人行走，增加了盲道；为方便轮椅使用者出行，修建了缘石坡道。在公共建筑中，增加了方便轮椅、婴儿车、大件行李通行的无障碍坡道，室内增加电梯、扶手、无障碍厕位和无障碍厕所、低位服务台等无障碍设施。

（二）新建筑无障碍设计

国内许多新建建筑在无障碍设计上体现了较高的连贯性和较好的完成度。

北京大兴国际机场，在多处细节充分考虑到了有特殊需求旅客的乘机需求。就以无高差行李托运设施（图1-1-7）为例，将托运履带向上倾斜，与地面形成30度夹角，起始端与地面持平，旅客只要轻轻一推，就可以将行李放在托运履带上，行动不便的旅客可以轻松地独自放置行李，而健全人也省去了以往的弯腰、抬起动作，使用起来更加便利。在无障碍卫生间（图1-1-8）内，手盆前的抓杆最高处高出手盆边缘1厘米，残障人士在使用时可以把上身靠在抓杆上又不用担心弄湿衣襟；紧急呼叫面板距地18—30cm，低于一般的40—50cm，残障人士一旦滑倒也能顺利报警。综合问询处和值机处的低位柜台（图1-1-9），设置深度约45厘米的容膝空间，让使用轮椅人士更舒适地办理业务。距楼梯起点和终点30厘米处设置提示

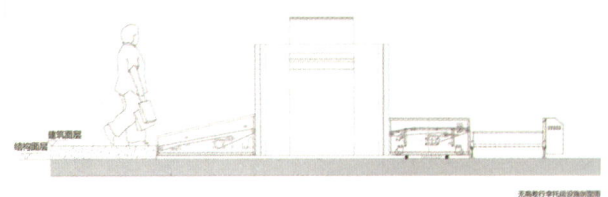

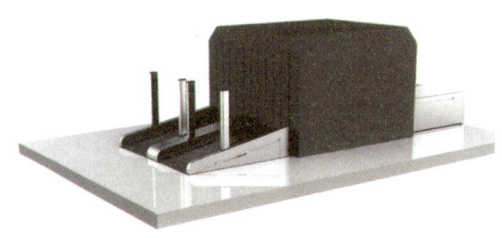

图 1-1-7　行李托运设施
图片来源:《机场航站楼无障碍
设计系统导则及图示——以北
京大兴国际机场为例》

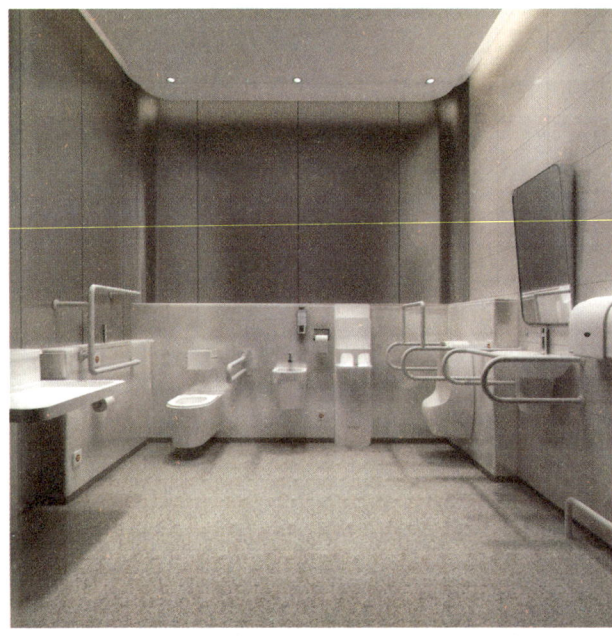

图 1-1-8　无障碍卫生间
图片来源:《机场航站楼无障碍
设计系统导则及图示——以北
京大兴国际机场为例》

图 1-1-9　低位柜台
图片来源:《机场航站楼无障碍
设计系统导则及图示——以北
京大兴国际机场为例》

盲道（图1-1-10），让刚走过楼梯的盲人能有缓冲的余地。

北京大兴国际机场的人文关怀更体现在自主创新上。旅客电梯八字形入口、卫生间用具摆放顺序、旅客登机桥固定端坡度等都得到了优化。特别是大兴机场无障碍卫生间内设置在坐便器旁

图1-1-10 楼梯前的提示盲道
图片来源：《机场航站楼无障碍设计系统导则及图示——以北京大兴国际机场为例》

的"C"形抓杆（图1-1-11），更是优于国家标准。在"L"形的基础上，"C"形抓杆在上方添加了横杆，让习惯向上用力的行动障碍人士也能够顺利起身。一个个小细节的自我创新，体现了社会不断进步的大关怀。

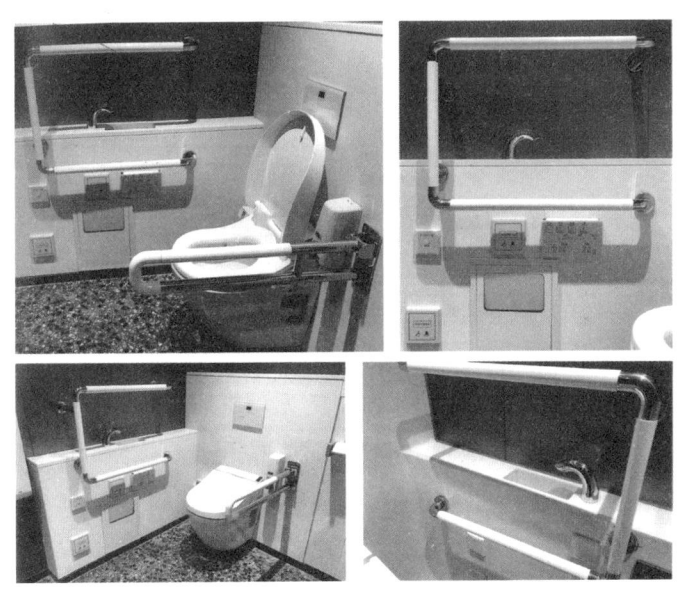

图1-1-11 "C"形抓杆
图片来源：《机场航站楼无障碍设计系统导则及图示——以北京大兴国际机场为例》

中国残联副主席吕世明代表专家组高度评价北京大兴国际机场无障碍项目。他表示，北京大兴国际机场无障碍设计创新高端，设备应用全面、系统覆盖广泛、功能实用完善，不仅是全国无障碍环境建设重大工程的样本典范，更用实际行动传达了人文关爱融合共享理念，为残障人士、老年人及全社会成员出行创造更加安全便利舒适的条件。

（三）无障碍社区创建

根据浙残工委〔2017〕10号文件，浙江省无障碍社区创建的申报从2017年8月开始，计划至2020年全省创建300个省级无障碍社区。

无障碍社区创建重点是：社区内公共服务设施；社区道路、绿化地、活动场所和残疾人、老年人家庭的无障碍。《考核标准》按照项目权重计分，总分为100分。主要内容为：创建工作组织管理；无障碍环境理念与宣传；社区道路无障碍环境建设和改造；家庭无障碍改造；公共服务机构无障碍环境建设和改造；公共场所无障碍环境建设和改造；信息交流无障碍环境建设；无障碍环境公众参与度评价；残疾人服务无障碍。

经过3年时间，已经超额完成"浙江省无障碍社区"的创建任务。随着工作的推进、无障碍知识的普及，居民从最早的不解与抗拒，渐渐变成了欢迎与期待。

（四）无障碍研究

有许多杰出的团队已经从多个角度投入到了无障碍研究中。如清华大学无障碍发展研究院邵磊教授团队的通用无障碍研究，天津大学无障碍通用设计研究中心王小荣团队以标识系统为特色的无障碍研究，中国交通建设集团从规范角度做的研究，中国建筑设计研究院的无障碍导则体系研究，浙江大学卜佳骏教授团队关于信息无障碍的研究，北京服装学院无障碍服装研究中心从服装角度做的研究，等等。

近年，许多城市制定了针对本城市的无障碍环境建设导则，如《北京市无障碍系统化设计导则》《哈尔滨市无障碍系统化专项规划设计导则》等。在浙江，杭州市编制了《杭州市无障碍环境融合设计指南》，嘉兴市编制了《嘉兴无障碍环境建设导则》和《嘉兴市党群服务中心无障碍设计导则》，丽水市的《丽水市无障碍环境融合设计导则》于2021年6月在北京通过国家级专家评审。无障碍设计是一项地域性很强的工作，需要因地制宜，因时制宜，所以像上述城市那样，针对特定建筑类型、结合本地特征进行无障碍设计导则的编制，是非常有必要的。

（五）无障碍文化蓬勃发展

无障碍环境建设的重要性已经越来越深入人心，各类出版物也越来越多。有国外的译作，也有国内作者撰写的书籍。如翻译自日本的《住宅无障碍改造设计》《无障碍环境设计：刺激五感的设计方法》，由国内专家编写的《无障碍设计》等。尤其值得一提的是 2019 年付梓出版《国家无障碍战略研究与应用丛书》第一辑。这是我国第一部有关无障碍战略与应用研究方面的丛书，是一部有高度、有深度、有温度的无障碍领域的研究指南，将无障碍环境建设的研究提升到国家战略层面，立足新时代，展望新愿景，提出了新战略。丛书内容涉及无障碍领域的创新、建筑、交通、信息、文化、教育等领域，还涉及法律、市场、政策、社会组织等方面，体现了无障碍环境建设的广泛性和系统性。它不但包含物理环境层面，也涵盖人文精神层面，还涉及制度层面，将无障碍环境建设的事业扩大到国情与民生、经济与社会、科技与人文、创新与发展、国家治理和全球治理的高度。

从儿童开始的无障碍教育也有所发展。受到学校和家庭教育的影响，一位二年级的小朋友在画画时，不仅画了残障人士家庭的无障碍，还写上了"一个都不能少"（图 1-1-12）。中国残联吕世明副主席看到充满童心童趣的图画，即兴赋小诗一首："小小心灵无障爱，天使纯美融心态；人文价值育英才，未来愿景豪情迈。"

图 1-1-12 一位二年级小朋友的图画
图片来源：无障碍智库公众号

（六）存在的不足

我国无障碍环境建设自20世纪80年代开始起步，从无到有，从点到面，逐步推开，取得了明显进展。法律法规、政策标准不断完善，城市无障碍环境建设深入展开，无障碍化基本格局初步形成。对目前我国无障碍环境建设存在的问题，国内文献也有比较全面的总结。本书重新从设计角度进行梳理和归纳。

首先是在改造工程中，存在无障碍环境建设和历史文化建筑保护之间的矛盾。如北京市为迎接2008年奥运会，对许多旅游景点，包括故宫博物院进行了无障碍改造，增加了坡道和升降平台等设施。奥运会后，北京市乃至全国掀起了一场是否要拆除这些设施的讨论，原因之一是这些新加的无障碍设施对文物建筑本身的风貌和结构产生了破坏。最后，经过各方协调，选用了一款德国产的升降平台，可以独立支撑，不会在原有结构上产生任何改变，才取得折中的解决办法。中国有悠久的历史文化和诸多的历史建筑，无障碍环境建设和文化传统保护之间如何兼容，需要探索一种新旧融合的做法。

在新建建筑中，许多建筑无障碍设计的确很全面，照顾到了各种细节，大大超过国标的规定的标准。但是要反思，这样做，真的便利残障人士了吗？他们愿意去坐标有明显"无障碍专座"标记的座椅吗？他们愿意去使用布满各色安全抓杆的无障碍卫生间吗？怎样将这些无障碍元素融入整体环境中呢？

在创建无障碍社区时，无差别地要求社区工作人员会手语、要求社区图书馆配置盲文书、要求但凡有高差的地方都要加一个坡道，真的合理吗？一刀切的要求是否会造成资源的闲置与浪费？有没有融合化的手段，既能满足相对来说是小概率的无障碍使用要求，又能让这些投入的资源可以更多地被利用？这些都是亟待解决的问题。

第二节　无障碍法规发展：回归社会

世界上许多国家和地区都制定了有关残疾人的法律法规与技术标准。各国法规的发展程度不同，详略各异，但总的来说，体现了一种趋势，即让残障人士也能像健全人一样地生活，残障人士不应该被单独隔离在某个专用设施里面，而是回归社区。"设施福利"的旧有观念渐渐转变为"居家福利"新理念。下文对美国、英国、日本和我国的无障碍法规作简要梳理。

一、美国无障碍法规的发展

20世纪50年代的无障碍运动引发了公共政策和设计实践的变革过程。该运动是应残疾退伍军人的要求而发起的，倡导为残疾人创造教育和就业的机会，而不仅仅是制度化的医疗和维护。大家普遍认为城市环境中的物理障碍，对行动不便者产生了强烈的歧视性影响。

20世纪60年代的民权运动，以及后来的妇女运动，推动了残疾人民权运动的兴起，极大地影响了之后的立法。新的法律禁止对残疾人的歧视，并提供了接受教育、进入公共住宿场所、使用通信设施、使用交通工具的机会和途径。

1961年，美国标准协会（后来被称为美国国家标准协会，简称ANSI）发布了第一个无障碍标准，标题是《A117.1——肢体残疾人可达、可用的建筑设施标准（A117.1-Making Buildings Accessible to and Usable by the Physically HandicAPPed）》[1]。

一些州也制定了本州的无障碍标准。到1966年，有30个州通过了无障

---

[1] National Disability Authority [DB/OL] . http://universaldesign.ie/What-is-Universal-Design/ History-of-UD/.

碍立法；到 1973 年，这一数字达到 49 个。[①] 各州独立后，导致了不同的州在对同一个设施提出无障碍设计要求时，往往会有不同的标准。1984 年，美国试图将各地的无障碍立法"标准化"。同年，ANSI 规范被纳入统一联邦无障碍标准（UFAS）。

20 世纪 60 年代后期开始通过重要的联邦立法，包括：

1961 年，颁布《肢体残疾人可达、可用的建筑设施标准》，这是世界上最早的无障碍标准，使无障碍设计具有了一定程度上的强制性。但是，该标准只考虑了肢体残障人士。同年制定的《残疾人职业雇用法案》涉及了残障人士的教育、就业问题。

1968 年，国会通过了《建筑障碍法（Architectural Barriers Act）》，这是美国公共建筑或设施的无障碍设计基本法[②]，"无障碍设计"概念渐渐开始进入大众领域。《建筑障碍法》的重要目标之一是在建筑和交通工具层面，为残疾人员工移除工作上的障碍。该法对凡是美国政府兴建的建筑物或受联邦政府融资补助的新建筑及改建建筑提出了无障碍方面的要求，如出入口、公共厕所、停车位等必须满足无障碍使用要求。美国的重要建筑如最高法院、林肯纪念堂都进行了无障碍设计改造。

1973 年，《康复法案（Rehabilitation Act）》是美国第一部关于残疾人公民权利的法案。《康复法案》504 节规定，凡是受联邦政府补助的项目，不得对残疾人造成差别对待，并需提供必要服务。该法案的颁布并不顺利。一开始，美国卫生、教育和福利部暂停了颁布过程。为了表示抗议，残疾人权利倡导者举行了多次示威，使得《康复法案》最终于 1977 年得以实施[③]。

1973 年，美国住宅与城市发展局（HUD）也发布了《建筑最低标准（Minimum Property Standards）》，这一标准规定老年人住宅中，至少 10% 的空间需要进行无障碍设计。此外，凡是政府补助兴建的住宅必须有一定比例的用房经过无障碍设计，以方便残疾人使用。

1975 年，《残疾儿童教育法》〔现称为《残疾人教育法》（IDEA）〕保证为

---

① National Disability Authority [DB/OL]. http://universaldesign.ie/What-is-Universal-Design/History-of-UD/.

② 王小荣，贾巍杨. 无障碍设计 [M]. 北京：中国建筑工业出版社，2019:72.

③ Universal Design Institute [DB/OL]. https://www.udinstitute.org/ud-history.

所有残疾儿童提供免费、适当的教育。这项法案对教育计划和教育设施产生了影响。

1982 年，《建筑障碍法》配套设计规范《无障碍设计指南》（Minimum Guidelines and Requirements for Accessible Design，缩写为 MGRAD），对具体的无障碍设计措施做出了一定的指导。

1988 年，《美国公平住宅补充法案（The Fair Housing Amendments Act）》发布，该法案扩大了 1968 年民权运动所诉求的公民权的范围，要求将有孩子和残疾人的家庭也包含进保护对象。法案还要求，即使是没有得到联邦政府补助的民间建筑物，也必须考虑无障碍环境：四户以上的新建住宅，必须在出入口、通道、厕所、浴室等处装设安全扶手。

从上述法案的发展过程可以看出，美国的无障碍设计法针对的保护对象在扩大，从残疾人扩大到老年人和儿童；设计的范围也在扩大，从新建扩大到新建和改扩建，从联邦政府补助的公共建筑扩大到所有公建和住宅。另外，《建筑最低标准》的内容比较具有启发性，"老年人住宅的 10% 需要设计做无障碍设计"，意味着立法者已经意识到除了残疾人，无障碍设计还可以服务于老年群体；"凡是政府补助兴建的住宅必须有一定比例设计给残疾人使用"则改变了以往单独新建残疾人专用设施的做法，有利于健全人和残疾人之间的融合，有助于残疾人的社会参与。

二、英国无障碍法规的发展

20 世纪 60 年代初，借鉴欧美的一些标准，英国建筑家协会制定了集行政与设计为一体的指导性手册范本[1]。

1970 年，《慢性病人和残疾人法案（Chronic Sick and Disabled Persons Act）》[2] 在部分内容中提及了无障碍设计相关要求。如第四部分规定，任何公共建筑或场所经营者，无论这些建筑是否为消费场所，都应在切实可行的情况下，为进入的残疾人提供室外无障碍通道和方便残疾人的停车空间和卫生设施。

1976 年，《慢性病人和残疾人法案》将无障碍设计的要求扩大到工作

---

① 王小荣，贾巍杨 . 无障碍设计［M］. 北京：中国建筑工业出版社，2019:77.
② The Official Home of UK Legislation［DB/OL］. https://www.legislation.gov.uk/ukpga/1970/44.

场所。

1978 年，《英国方便残疾人房屋设计标准行业法规（Code of practice for design of housing for the convenience of disabled people）》出台；1979 年，《英国建筑残疾人通道标准行业法规（Code of practice for access for the disabled to buildings）》出台。这两部行业法规规定在建筑内安装必要的设施，以确保残疾人使用方便。

1987 年，《建筑规范（The Building Regulations）》中 M 部分（残疾人通道）要求在办公室、商店、工厂的主要楼层及公共经营场所提供无障碍通道和无障碍设施。[①] 该规范对门、大厅、通道、楼梯、电梯、扶手、旅馆卧室、卫生设备和观众席的设计提供了技术指导。1991 年，M 部分进行了修订，第一次将视觉障碍和听觉障碍者包含在内，还涉及了障碍物清除，因为障碍物的存在将会给视觉障碍者带来危险。

1995 年，《禁止歧视残疾人法案（Disability Discrimination Act）》出台。该法案保障残疾人在申请工作和录用后不受歧视的权利。法案首次引入："残疾人在购物、使用设施和享受服务时享受方便的权利。这就要求提供服务者的政策、程序和行业规范，以便消除给残疾人带来的人身障碍。[②]" 该法案还提出允许公众参与单项工程的无障碍设计标准的讨论。因此，国内有文献认为这是英国无障碍环境建设的一个里程碑式的法律文件[③]。

英国的无障碍法规在不断发展，但直到 1995 年以前，各法规主要还是为残疾人考虑的，还没有将无障碍设计的服务对象扩大。

三、日本无障碍法规的发展

1950 年，《身体残疾者福利法》发布，提出将残疾人收容到有关设施中，对他们加以训练，使之能够重返社会。1965 年残疾人开始要求"在本地区生活"，于是，福利设施由集中性的收容中心向福利住宅过渡。由于各个地方

---

① The Official Home of UK Legislation［DB/OL］. http://www.legislation.gov.uk/uksi/1987/1445/contents/made.

② The Official Home of UK Legislation［DB/OL］. http://www.legislation.gov.uk/ukpga/1995/50/contents.

③ 王小荣，贾巍杨.无障碍设计［M］.北京：中国建筑工业出版社，2019:78.

自治团体的福利设施都有其各自的配备标准、适应对象，缺乏国家统一制定的相关标准，缺少法律的约束力，因此在福利设施的转换过程中，人们逐渐认识到仅靠制度与纲要是不能从根本上改变无障碍设施配备混乱状况的。于是，从1973年始，经过三年的努力，日本实施了"残疾人福利典型城市制度"，即所谓的"福利城市政策"。该政策建议20万以上人口的城市应实施无障碍改造。

1982年，《无障碍设计标准》出台，此标准是日本建设省在福利城市政策的基础之上制定的，对公共设施的设计提出了指导原则。

1986年，内阁会议制定《长寿社会对策大纲》，提出了"社区老年人住宅计划"。

1993年，《残疾人基本法》出台，规定了国家、地方团体及相关部门应采取的无障碍环境建设措施。

从日本无障碍法规的发展轨迹可以看出，日本很早就关注到了应该将残障群体和健全人融合。对城市的无障碍改造，在社区中建造适合老年人居住的住宅，一方面确保残疾人、老年人继续生活在原先熟悉的环境中，另一方面也能让健全人感受到无障碍设施的好处，增加他们对无障碍设计的关注度和接受度。

四、国内无障碍法规的发展

在法律层面，我国主要的无障碍法律包括1990年颁布、2008年修订的《中华人民共和国残疾人保障法》，1996年颁布的《中华人民共和国老年人权益保障法》和2012年国务院公布的《无障碍环境建设条例》。

在规范层面，1988年，颁布国家标准《方便残疾人使用的城市道路和建筑物设计规范》（JGJ50-88）。2001年修订为《城市道路和建筑物无障碍设计规范》（JGJ50-2001），并编有配套图集。2004年11月22日我国建设部颁布了《全国无障碍设施建设示范城（区）标准》，2011年颁布了《无障碍设施施工验收及维护规范》（GB50642-2011）。2012年又颁布了最新的《无障碍设计规范》（GB50763-2012），该规范涉及无障碍环境建设的内容较全面，定量化程度较高，属于国家明确的工程设计强制性标准。最新的《无障碍通用规范》在本书撰写期间也通过了征求意见等程序。同时许多省市也颁布了有关无障碍环境建设法规，包括辽宁省、河北省、湖北省、广东省、内蒙古自治区 5 个省（区），北京、天津、上海 3 个直辖市，大连、南京、苏州、深圳等 15 个城市。[①] 2018 年，在老龄化背景下，我国颁布了《老年人照料设施建筑设计标准》（JGJ450-2018）。此外，还有各行业各自的标准，包括民航总局的《民用机场旅客航站区无障碍设施设备配置标准》MH5062-2000、原铁道部的《铁路旅客车站无障碍设计规范》TBI0083-2005（已并入《铁路旅客车站设计规范》TB10100-2018），以及《银行无障碍环境建设标准》T/CBA202-2018。

中国无障碍法规的发展起步晚，较多地借鉴了国外的经验。借着 2022 北京冬（残）奥会和 2022 亚（残）运会的契机，制定了运动会场馆无障碍环境建设的指南，各地也出台了无障碍环境建设导则。这些指南和导则或套用国家规范，或在国家规范的基础上对具体设施的建设标准提出更高的要求。但总的来说，尚无取得展现中国特色或可对其他国家进行经验输出的突破。

第三节　通用设计：无障碍设计的现代化

一、源自无障碍设计的通用设计

（一）通用设计的早期发展

通用设计（Universal Design[②]）发端于美国。三个因素共同促成了"通用设计"这一源于"无障碍"又超越"无障碍"的设计理念的发展。

首先，是残疾人专用设计的发展。1950 年，Thomas Lamb 进行了通用手柄设计，Marc Harrison 展开了为残疾人去除环境障碍的设计实践。1963 年，

---

① 胡传海 . 中国无障碍设施技术标准体系建立与实施［DB/OL］. http//www.doc88.com.
② 英国使用的术语为 Inclusive Design。

英国轮椅使用者 Selwyn Goldsmith 出版了书籍，提供了关于建筑物无障碍的全面指导。1971 年，Victor Papanek 发布了著作《为真实世界的设计》，他参与的工作包括为瑞典残疾协会做设计，以及更广泛的平均设计和辅助产品等。[①]这一阶段的产品主要还是体现在专用性上，即为残疾人专门开发的。

从 70 年代到 90 年代，赶上人口老龄化，越来越多的老年人也需要有适合他们使用的产品。80 年代，经济衰退，康复工程的研究和无障碍环境建设受到影响。产品制造商发现可以通过扩大产品的面向范围来提高市场潜力。于是，市场上一些必需品的设计开始以能为"所有人使用"作为设计标准。如 1990 年，Oxo International "好握"系列厨具（图 1-3-1），是为了关节炎患者推出的，但是它的超大把手也兼顾了美观，所以从 1990 年到 1995 年，Oxo 的国际年增长率为 40% 到 50%，达到每年 2000 万美元。[②]其他公司很快效仿了他们的做法。经过这个阶段的发展，许多生产商发现为有身体障碍群体设计的产品，也能便利健全人的使用，市场潜力巨大，故愿意对此进行更大的投入。

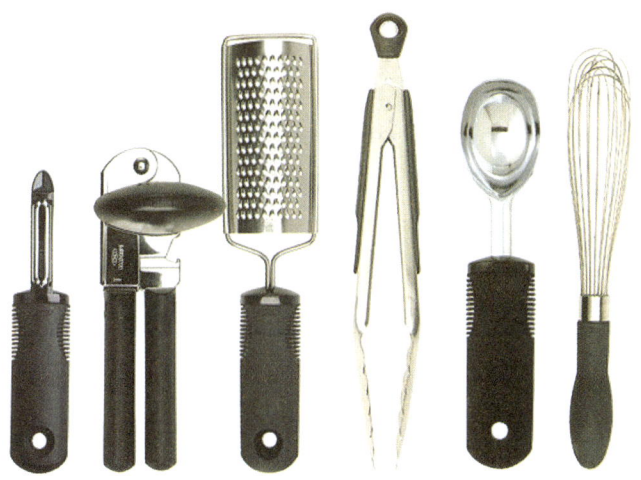

图 1-3-1 "好握"系列产品
图片来源：https://www.oxo.com/

① CLARKSON P J, Colem an R. History of Inclusive Design in the UK [J]. Applied Ergonomics，2015，46(3)：235-247.
② Universal Design Institute [DB/OL]. https://www.udinstitute.org/ud-history.

其次，是康复工程和辅助技术的发展。康复工程与辅助技术产生于 20 世纪中叶。[①] 二战后，随着成千上万的伤残退伍军人的回归，改善假肢和矫形器的需求进一步增加。在 20 世纪 50 年代，由退伍军人管理局和其他联邦组织赞助的工程研究中心成立，该中心的主要任务是解决康复的其他技术问题，包括通信、移动和交通。20 世纪 60 年代和 70 年代，该中心两次得到扩建。

康复工程是应用科学原理和工程方法解决上述通信、移动和交通问题的一门专业。专门为增强残疾人的身体、感官和认知能力而设计的个人使用设备被归纳为"辅助技术"，可帮助他们在与需求无关的环境中更独立地工作。

第三，是以用户为中心的设计和人体工学的发展。对通用设计的发展产生重大影响的是从设计过程一开始就考虑用户需求的设计方法。对物体进行物理改变以满足人的需要的概念可以追溯到人类社会的早期。那时，人类祖先打磨动物骨头来制造工具。人因工程（Human Factors）、人体工程学（Ergonomics）和其他功能设计方法着眼于人体的生理解剖和行为方式，并利用这些信息来进行适合的设计。出于健康和安全方面的原因，这些设计方法特别值得关注，例如怎样对具有潜在危险的机械进行操作和控制。

这三种因素的共同推动，为通用设计奠定了实践和理论基础。当然，可以很明显看出，以上的设计实践和变革主要发生在产品设计领域。

（二）通用设计概念的正式提出

美国著名的建筑师、产品设计师和设计教育家罗纳德·麦斯（Ronald L.Mace）教授最早提出了"通用设计"的概念，并将其作为毕生的设计哲理，这是一场对传统设计原则的挑战。罗纳德·麦斯在毕业后参与了全国第一个可供残障人士使用的建筑设计，成为全国的设计模板。这次经历开启了他未来几十年为残障人士服务的设计生涯。1987 年，罗纳德·麦斯创造了"通用设计（Universal Design）"这个词，来描述所有产品和建筑环境的设计概念，旨在最大程度满足每一个用户在美学和实用上的需求，而不考虑他们的年龄、能力和生活状况。1989 年，他在北卡罗来纳州立大学建立了由联邦政府资助的无障碍住房中心，即后来的通用设计中心。他通过该中心指导了通用房屋发展计划，恒温器的通用设计，可调节马桶、水龙头设计和多

---

① Universal Design Institute［DB/OL］. https://www.udinstitute.org/ud-history.

用途的模块化洗浴单元设计等项目，并将该中心发展为国际协同的平台，用于研究通用住房、产品和建筑环境，促成了 1998 年在纽约举行的"21 世纪的设计——通用设计国际会议"。不仅如此，他还参与无障碍设计咨询公司（BFE）的工作，策划和指导无障碍会议出版物、无障碍住房的设计文件、美国残疾人法案科技板块系列指引等。罗纳德·麦斯的设计研究、实践和宣传得到了国际学者的响应，使得通用设计成为国际性的研究课题。[①]

1997 年，北卡罗来纳州立大学一个由建筑师、产品设计师、工程师、环境设计研究人员组成的，由当时还在世的罗纳德·麦斯教授领导的工作小组，总结了通用设计七大原则[②]：公平性、使用可变性、简单直观、信息可觉察性、容错性、低体力消耗和尺度空间可接近使用。

2005 年，《残疾人法案（Disability Act）》对通用设计作出如下定义[③]：

其一：可以通过如下方式被访问、理解和使用的一种环境设计和空间构成：

A. 尽最大可能；

B. 以最独立和自然的方式；

C. 在尽可能广泛的情况下；

D. 任何年龄大小，或具有任何特定的身体、感觉、心理健康或智力能力的人或残疾的人，无须通过借助辅助设备或专业解决方案。

其二：就电子系统而言，指任何以电子技术为基础的制造产品、服务或系统的过程，可以供任何人使用。

（三）通用设计的案例

通用设计的案例可以包含生活的方方面面，许多人们习以为常的物品其实都是通用设计的结果。

缘石坡道：缘石坡道指的是人行道和马路交界的地方做出的斜坡。多数人都见过缘石坡道，但可能没有意识到它们的存在。在大部分国家，缘石坡道都是法律规定的，目的是帮助坐轮椅的人出行。但实际上，它也能帮助到

---

① 曹盛盛. 平等与尊重——美国通用设计理论的演变和实践发展［J］. 个案点击，2016（5）：108—110.

② National Disability Authority［DB/OL］. http://universaldesign.ie/What-is-Universal-Design/The-7-Principles/.

③ National Disability Authority［DB/OL］. http://universaldesign.ie/What-is-Universal-Design/Definition-and-Overview/.

很多其他的人——拉着行李箱的旅客、推着婴儿车或自行车的人、踩着滑板或滑板车的人、推着手推车的快递员等。

打字机：最早的机械打字机是意大利发明家 Pellegrino Turri 为了让他逐渐变盲的情人能够在写情书的时候写出工整漂亮的字而发明的。① 众所周知，后来打字机演变成了现在每天都会用的键盘，现在几乎所有的人依赖键盘工作，打字的速度远远超过手写，许多年轻人甚至离开键盘不能顺利地用笔写字，会一下子不知道某个字怎么书写。

字幕：字幕是为了帮助听障人士看电视节目诞生的，但很多听力良好的人看视频也会打开它。父母会为了给小孩创造安静的环境而选择以静音 + 字幕的方式看电视；英语不好的中国观众在看美剧英剧时需要有字幕的辅助；在中日韩的综艺节目里，艺术字幕甚至起到了烘托气氛、画龙点睛的作用。另外，中国的电视节目大多都有内嵌字幕，不用专门打开直接就有——这是因为中国方言非常多，普通话的节目很多人不易理解；相反，国外的外挂字幕比较常见，听障人士可以用遥控器打开。可见，字幕为不同的人，提供了不同形式的帮助。

Email：科技大佬 Vint Cerf 在最早开发互联网（那时候还叫 ARPANET）的时候创作了第一个商用 email 系统。② 推动 email 的很大一个影响源是，Vint Cerf 自己有听力障碍，非常依赖于书面沟通。如今，email 已经取代书信，成为公司之间、公司内部沟通的不可或缺的手段。

电动代步车：原先设计给残障人士使用，但因为它速度慢而且爬坡能力较好，因此同样的设计概念也被运用在高尔夫球场的洞距运输上。③

电动车窗：最早是为手部肌肉力量不够的人设计的，可以方便他们开车窗，但这个设计可以便利所有人，因此后来成为所有汽车的标准配置。④

维基百科也介绍了许多通用设计的物品：用杠杆手柄而不是旋转球来打

---

① Cathy Bodine.Assistive Technology and Science [M]. Texas：SAGE Publications, Inc, 2013:72.

② CENT [DB/OL]. https://www.cnet.com/.

③ 王国羽.障碍研究论述与社会参与：无障碍、通用设计、能力与差异 [J]. 社会，2015，35（6）：116 132.

④ 王国羽.障碍研究论述与社会参与：无障碍、通用设计、能力与差异 [J]. 社会,2015,35（6）: 116-132.

开的门、单手闭拳就能操作的火警按钮、有大按板的电灯开关等。

上述介绍的物品太常见了，太普通了，以至于可能许多人会认为这些物品本来就应该是这样。这种情况也从侧面说明，在物品的设计方面，通用设计是相当成功的，已经彻底融入日常生活之中，"设计"——这一具有目的性和刻意性的动作，被毫无痕迹地隐藏起来了。

二、通用设计对无障碍法规的推动

长达二十多年的通用设计运动影响了美国无障碍环境建设方面的立法，甚至也影响到了日本和英国等其他国家。

（一）美国"通用设计"时代无障碍设计法规的发展

1990 年，美国国会通过的《美国残疾人法案（Disabilities Act）》（简称 ADA）全面规定，不管是否接受联邦政府补助，只要是对公众开放的公共建筑物、交通设施、一般营业设施，都必须符合无障碍环境标准。该法案保证了不受各州态度影响的一个全国范围内的无障碍最低标准[1]。建筑和交通障碍合规委员会（Architectural and Transportation Barriers Compliance Board）于 1991 年发布了无障碍设计指南。这些指南经美国司法部修改后被 ADA 采纳为执行标准，命名为《残疾人法案无障碍纲要》。

1996 年，美国政府通过《通信法案（Telecommunications Act）》，目的在于促进信息无障碍设计，让包含身心障碍者在内的弱势人群都享有各种信息通信服务及平等操作使用各类机器设备的权利。该法案适用于所有类型的电信设备和服务[2]。

2010 年，原《残疾人法案无障碍纲要》被修订为《残疾人法案无障碍设计标准（ADA Standards for Accessible Design）》[3]，仍然主要针对公共建筑。部分条文要求提高，如至少有 60% 以上的出入口要方便残疾人进出，所有从基地入口至公共空间的路线都必须实施无障碍设计；部分条文灵活性增加，如无障碍厕位的设置要求由 100% 降低至 50%，但必须设无障碍标识；条文涵盖的建筑类型增加，如增加了洗衣设备、桑拿房、拘留所、审判庭、住宅单

① Universal Design Institute［DB/OL］. https://www.udinstitute.org/ud-history.

② Universal Design Institute［DB/OL］. https://www.udinstitute.org/ud-history.

③ ADA［DB/OL］. https://www.ada.gov/2010ADAstandards_index.htm.

元、游艇和渔船码头、健身器械、高尔夫、泳池、射击场的无障碍设计要求。

此外，美国各州的地方当局，根据国家统一标准和本州的实际情况，陆续制定了适用于本州的无障碍技术标准。如华盛顿州规定：在公寓建筑中，每20套住宅中必须设一套无障碍住宅。

本阶段美国立法最显著的特点是将无障碍环境建设从设施无障碍扩展到了信息无障碍。

（二）日本"通用设计"时代无障碍设计法规的发展

1994年，建设省颁布了《创建福利生活大纲》和《关于无障建筑物的有关规定》，通称《爱心建筑法》，以确保无障碍设施的实用性。

《爱心建筑法》的宗旨如下：希望人们对生活中所熟悉的建筑物加以重新认识，"并从过去那种以经济活动和成人为中心的效率第一的观念，转向建一个便于老年人、婴幼儿等所有人都能生活的环境上来"[①]。

《爱心建筑法》标准分为基本标准和推荐标准两种。基本标准是指为了让老年人和残疾人能安全、便利使用建筑物必不可少的基本内容。推荐标准是指为使建筑物安全、舒适地供老年人、残疾人使用，配置设施尽量全面并以努力提高市民生活质量为目标而提出的标准，是为将来社会生活标准的提高而增加的准备设施的内容。

1995年日本成立了"通用设计协会"，政府制定了《与长寿社会相适应的住宅设计标准》，完善了老龄化住宅与环境设施规划制度。

2000年，日本颁布《交通无障碍法》。

2005年，日本政府将《爱心建筑法》和《交通无障碍法》合并，修订为《促进高龄者、残疾者等的移动无障碍化的法律》（以下简称《无障碍新法》），并在2006年实施。《无障碍新法》增加了五个方面的内容，以体现通用设计理念[②]，包括：法律保障对象扩展到智力障碍、精神障碍、发育不良等所有残障人员；设施在原建筑物、公共交通工具及道路之上，增加了道路以外的停车场、城市公园及福利出租车；重点推行无障碍的区域扩展到不包含旅客设施的地区；无障碍设施的公众参与，将协商制度法定化，创立居民提案制度；充实"软政策"，促进国民对老年人及残疾人的困难的同理心来认识"内心无

---

① 王小荣，贾巍杨.无障碍设计［M］.北京：中国建筑工业出版社，2019:74.
② 王小荣，贾巍杨.无障碍设计［M］.北京：中国建筑工业出版社，2019:76.

障碍化"。

《爱心建筑法》在其具体内容上已经将保护范围扩大。虽然标准是针对残障人士制定的，但是也希望设计人员能够立足于民众生活，适应不同市民的需要，包括残疾人、老年人、婴幼儿等。而《促进高龄者、残疾者等的移动无障碍化的法律》在标题上就把老年人也纳入无障碍服务对象中。这很好地呼应了通用设计的七大原则，也向大众灌输了一个事实，即无障碍设施是可以为老年人服务的，而"老年"是几乎所有人必须经历的一个过程，因此所有的人都需要"无障碍"。

（三）英国"通用设计"时代无障碍设计法规的发展

2005年，英国颁布《通用设计管理标准（Management of Inclusive Design）》[1]，为私人企业家、公共部门和非营利组织的管理人员介绍专业的通用设计方法，帮助他们在实践中采用通用设计。

三、通用设计的现实困境

（一）通用设计的理论困境

1. 概念的西方化和理想化

通用设计的概念是由罗纳德·麦斯教授在当时美国的社会背景、设计背景下提出的，随后这种西方化的设计概念似乎要成为全世界的基准，但实际上，它是否适合亚洲的国家还未可知。

罗纳德·麦斯教授本身是一位轮椅使用者，他生前曾不遗余力地推广通用设计。他在1998年突然去世之前，也意识到"通用设计"一词并不完美，极可能成为一个不太现实的设计标准。因为无论设计师多么煞费苦心地工作，努力使作品迎合更多的使用者，现实情况不一定都能如其所愿[2]。原因首先是使用者生理、心理情况的复杂性，通用设计要求考虑所有人的使用，无须为某一种人进行设计，并且使所有使用者都能同时平等有效地

---

① National Disability Authority [DB/OL]. http://universaldesign.ie/Technology-ICT/Irish-National-IT-Accessibility-Guidelines/Digital-TV-equipment-and-services/guidelines-for-digital-tv-equipment-and-services/Standards/.

② 刘洋，朱钟炎. 通用设计应用 [M]. 北京：机械工业出版社，2010:15.

参与社会活动，这是理想化的设计，带有乌托邦的色彩①。实际上，通用设计不考虑某种人，怎能达到为所有人使用的目标？如果不能解决针对特定人群的问题，又怎能够认为这是在为"所有人"设计呢？几十年的发展历程表明，通用设计的实践与其提出的原意有所偏离，甚至在某些方面背道而驰。必须承认的是，残障人士和健全人在同一个完全一致的平台上参与社会活动是很困难的，设计只能做到让其接近或部分达到有效参与。此外，人们喜欢个性化的设计，这是一种天性。通用设计的理想在实践中难以实现。

2. 方法的有效性

国外对通用设计实践展开了研究，但是缺少具体的方法指导。美国的研究多围绕国家设计标准的制定和修订进行，重点在使用法律来保障无障碍设计（Accessible Design）的实现，保障残障人士的权利。英国的研究注重面向用户的理论研究，注重管理标准的制定。日本的研究主要在 TOTO 、松下等大企业里进行。中国对通用设计的研究则刚起步，更多地在引入国外经验。这些研究往往更注重理论借鉴和总结而不是如何实践。

在实用性方面，通用设计的定义并没有为设计实践提供操作性方法，只提出了 7 项设计原则。但是，几乎所有设计师看了这 7 项设计原则后，都可能产生类似的疑惑：这 7 项原则不就是日常从事设计时经常考虑的吗？有什么样的产品或环境设计能完全满足此 7 项原则……类似问题可以有很多。其实，通用设计 7 大原则只是设计指南和概念，从大方面指出了方向，不一定套用或符合这些原则就能达到"通用"的目的。设计师们更关注的，往往是实操上的问题，即怎么运用通用设计。但这恰好就是通用设计研究目前所欠缺的，即有关通用设计的设计过程、方法和设计策略的研究。

3. 产品思维，对人心理的关怀没有得到突出和清晰化

通用设计这一理念从范畴上突破了前期人们所提出的无障碍设计（包括Barrier-free Design 和 Accessible Design）、辅助设计等设计思想所固有的局限性，以更多人都能使用为出发点进行设计，从思想层面上超越了以上这些人性化设计思想。但是从上文对通用设计早期发展的论述已经说明，通用设计

---

① 姜可 . 通用设计——心理关爱的设计研究和实践 [M] . 北京：化学工业出版社，2012:16.

发展的另一个重要因素是经济因素，即在社会萧条的背景下，通过扩大产品的适用范围来取得经济效益。从本质来说，这是逐利行为，而不是社会关怀行为。而通用设计的诸多案例也印证了这一点，产品领域好案例比比皆是，建筑层面相对少一些。

罗纳德·麦斯教授在初创通用设计时，认为通用设计不仅应考虑人的生理层面，还应考虑人心理层面的关怀，不仅为使用者提供感官的愉悦，而且为尽量多的人提供更多的社会关怀。这一深层含义在后来的"通用设计"中没有得到突出和清晰化。

另外虽然通用设计的本意是要将自己区别于无障碍、辅助等设计概念，但事实上，通用设计本身又与这些概念存在着千丝万缕的联系，并不能在实践中与这些为特定人群所进行的设计完全区分开来，也不能很好地突出对人心理层面的关怀，无法给设计师清晰的指导。

（二）通用设计的实践困境

1. 在建筑空间领域上的应用少

无障碍设计是从建筑空间的无障碍改造开始的，而通用设计的应用领域主要在产品设计上，建筑层面上的应用较少。从上文介绍的例子就可以明显发现这一点。目前通用设计的主流网页、国内外主要文献，介绍的案例基本上是一个个的产品，即使是门把手、开关面板、缘石坡道这些应用于室内外空间的元素，其实也是独立的物品，而不是整体的、大体量的、千变万化的建筑及无障碍环境。

2. 概念混淆，止步于"专用"的无障碍设计层面

另一方面，在建筑层面引用通用设计概念时，常有误解。部分文献在"适老居住空间与环境设计"中讨论"通用设计应用实例"，其所提到的适老化设计，还是集中在入口的坡道、厕所内的安全抓杆、地面小高差的斜坡、楼梯的扶手、楼梯边上的斜式升降平台等。这些设计措施，一般地回应《无障碍设计规范（GB50763-2012）》中第三章对于无障碍设施所要求的内容，本质上还是"专用"的无障碍设计的"特殊"策略，而与通用设计所提倡的原则有异。通用设计的目的是消除差异，使人能够平等使用，而上述案例，反而强调了差异。

《世界建筑》杂志2019年第10期主题为"无障碍设计：为所有人"，其

中《中国由无障碍设计向通用设计发展的趋势分析》和《日本的无障碍设计发展沿革与面向东京 2020 奥运会·残奥会的通用设计展望》两篇中，对国外建筑层面通用设计案例介绍也局限在坡道、扶手、盲道、缘石坡道、卫生间等的无障碍设计上。

不仅是国内，国外情况也类似。爱尔兰国家残疾管理局（National Disability Authority）官网在介绍通用设计时，有专门的建成环境（Built Environment）板块，提供的 pdf 下载资料包含的也是出入口、水平交通、垂直交通、卫生设施等，也没有跳出无障碍设计的范畴。

上述的例子，无意于论述作者或网页管理方的对错，只是以多方事实说明，建筑层面上，哪些是真正属于通用设计的，还有待界定。

3. 有些过于强调消除差异性的设计，实际效果不佳

也有一些设计作品，尽管非常吻合通用设计理念，但过于强调抹平差异，可能反而会造成过犹不及的困难。如：德国的福尔桑格中心，利用走廊的曲折、顶棚的高低（图 1-3-2），借助视觉障碍人群的敏锐听觉捕捉"回声"，来定位其所处的周边环境；丹麦的平斯特拉布中心，在节点位置种植不同树种，以不同树高、树叶形状、树枝形状在微风吹拂下发出声响的不同，让视觉障碍者去判断自己所处的位置方位（图 1-3-3）。这两个例子都尝试取消盲道，其设计的原理是正确的，但实际的使用效果存疑。这需要使用者有多么灵敏的听力，多么丰富的植物学知识，以及多么熟悉这里的环境？

又如：丹麦残疾人士协会大楼的盲道（图 1-3-4），地胶板上只有两条截面一半圆形的突起，视觉上没有普通盲道那么扎眼，盲人通过盲杖来感知。对坐轮椅者也更加友好，这个设计同样原理正确，但显然减小了使用的容错性。再如：日本通过消除人行道与机动车道路的高度差，以方便残障人群通行，但路口设置的路桩（提示与拦截），反而又成为了新的障碍（图 1-3-5）。

通用设计侧重于"接纳与包容彼此之间的差异"，而过于注重消除差异，有时反而会忽视对残障人士的实际帮助效果。

事实上，2017 年底，通用设计的首倡者，北卡罗来纳州立大学的通用设计中心网站关闭。网站发布通告："因为资金上的挑战，本中心暂时停止运

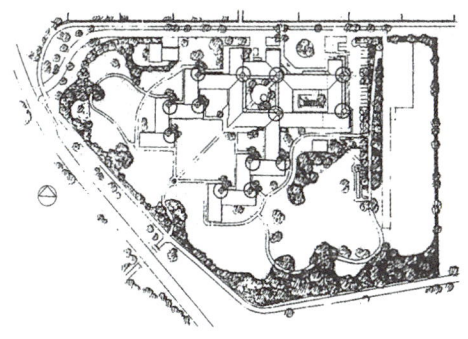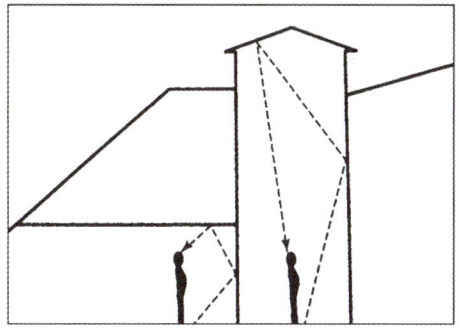

图 1-3-2 福尔桑格中心平面图（左）与剖面示意（右）
图片来源：《无障碍环境设计——刺激五感的设计方法》

图 1-3-3 平斯特拉布中心照片
图片来源：https://www.slotsferiedanmark.dk/en/castles-manor-houses/pindstrup-centret/

图 1-3-4 丹麦残疾人士协会大楼的盲道　　　图 1-3-5 日本街头
图片来源：http://www.chinabuildingcentre.com/　　图片来源：作者自摄
show-6-3850-1.html

行^①"（图 1-3-6）。这令人遗憾，但也非常容易理解。北卡的通用设计中心是罗纳德·麦斯教授一手创办，也是以他的思想和设计为核心的机构，在他离开后，继任者显然没能继续推动通用设计的发展。这跟以个人为核心的建筑师事务所由创办到兴盛、到关闭的轨迹高度相似。建筑设计，或者说更广义的设计，知识、经验和理论可以继承，而创造力才是根本。北卡的通用设计中心向人们再次证实了这一点。

图 1-3-6　通用设计中心暂停运行的通告
图片来源：通用设计中心官方网站

　　无障碍设计在通用设计之后，在理论上出现短暂的停顿。但实践中，面向全社会的无障碍设计理念却在被越来越多的人接受，无障碍设计和无障碍环境建设蓬勃发展。在西方发达国家，无障碍设施已日渐普及社会环境的各个角落，随着法规制度的完善，理念方法的革新，无障碍设计也越来越成为设计基本的一部分。而在发展中国家，随着当代社会技术的进步，食品工业

---

① The Center for Universal Design［DB/OL］. https://projects.ncsu.edu/ncsu/design/cud/.

和纺织业的革命，全球范围内已基本摆脱饥饿的威胁。当代社会的主题，是绿色，是节能减排，是在解决基本生活问题后，努力保护和修复人类赖以生存的环境，在人与环境间建立更友好的关系。当代的无障碍环境建设，应该是绿色环境建设的一个有效、积极的部分。面向全民的无障碍设计，不仅仅是"鳏寡孤独废疾者"融入社会环境的帮手，也是种族、性别、阶级融合的一个重要组成部分。融合思想和融合设计，也正是在这个意义上被提出、被期待，并且有理由被视为设计在当下和未来的重要方向，并真正实现通用设计所追求的公平、灵活的使用。

第四节　萌芽：从混合到融合

融合不是被"发明"出来的思想，而是基于人性的需求。事实上也完全可以认为，通用设计是融合思想在无障碍设计领域的无意识折射，其核心思想与融合设计是共通的。然而，正因为是"无意识"的，通用设计未能突破工具主义的思考方式，其所面临的困境，部分源于此。

人是目的，而不是手段。同样，设计的目的也只能是人，而非环境、空间、秩序、风格、样式或别的什么。人是融合思想和融合设计的核心，也是工具的主导者。融合的意义在于，人创造了工具，不能反过来被工具左右。

一、源头：工具与设计的起点

融合，也许可以追溯到人类文明的源头。

人类开始捡起树枝石块帮助采集和狩猎，还不能算真正意义上的使用工具。当他们开始切削树枝或打磨石块，开始主动"制造"工具，才真正开启了文明的曙光。制造这件事，天然就伴随着"设计"，而在文明的启蒙阶段，一切都是混沌的，也难免是"融合"的。

旧石器时代初期，原始人类一柄石斧（图 1-4-1a）在握，可以砍、可以砸、可以切、可以削、可以刮……无往而不利，石斧是斧，也可以是刀、锤、钺、钻……"运用之妙存乎一心"。所以石斧被当代人类学家称为"万能工具"[①]。刃用其锋，背用其重，石斧，是工具的起点，也是设计的起点，同时，也是融合的起点。在自奉简约、筚路蓝缕的初创时期，一物多用以一驭万，是自然而然顺乎人性也合乎逻辑的选择。即使后期人类发明了越来越复杂的工具，先人们还是保留了以一种工具试试多种用途的习惯。比如，中石器时代，人类在狩猎中发明的原始弓箭，还被用来捕鱼。直到 1949 年之前，我国海南岛的黎族，还在用弓箭射鱼捕食[②]。

工具如此，空间和环境也一样。且不说早期穴居和巢居的方式，自从人类学会造房子以来，多功能混合一直是占主导地位的居住方式。甚至当代，部分落后地区，人和家畜还是混居的。这种被动的"融合"，是贫穷，是无奈，也是不健康的。

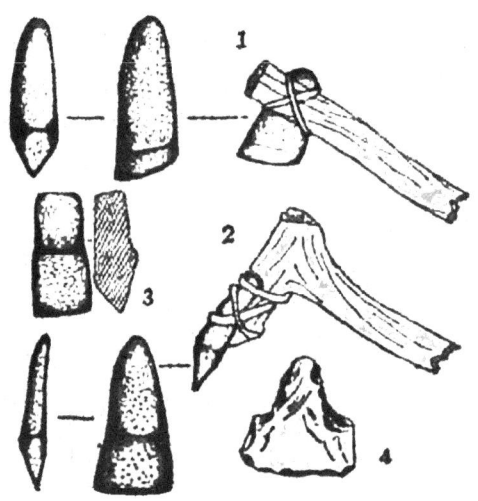

图 1-4-1a 原始社会生产工具复原示意图
1. 石斧 2. 石锄 3. 石锛 4. 石铲
图片来源：《中国原始社会生产工具试探》

所以，文明早期的"融合"，也许更准确地应当被称为"混合"。组合多功能的动机，除了现实的需要，多多少少缘于工具和环境的简陋。分工是文明的进步，工具和空间的细化和专门化也是。今天的雕刻家，仅刻刀一样，

---

① ② 李仰松 . 中国原始社会生产工具试探［J］. 考古，1980（6）：515-520.

大大小小、圆圆方方就可以分出几十把（图 1-4-1b），每件专门完成特定的任务，可以借以刻出精美的作品，其细腻、工巧乃至效率，都是任何单独一把刻刀难以实现的。然而，细化和专门化是技术的进步，但过分依赖工具和技术，却是桎梏。所谓"一致而百虑，殊途而同归"，一切工具和技术，终究要回到人，回到人性。从混合到分离，再由分离到融合，合乎"无往而不复"的规律。显然，此"复"不是简单地回到起点，而是将从更高处出发。"万物并作，吾以观复"，今天和未来要讨论的"融合"，是新的融合。

图 1-4-1b　当代花样繁多的刻刀
图片来源：《家具》2012 年第 5 期

二、历程：从东方到西方

如前所述，融合古已有之且无所不在，而且，融合的方式也多种多样。

（一）中西书院：寓教于乐

中国古代的书院、西方古代的书院式大学，都是融合的代表。以岳麓书院为代表的中国古代书院，征求天下遗散的各种图书，收集并整理编录典籍，讲论儒道、申表学术，燕饮诗酒、撰集文章，招贤论典、顾问应对五大文化功能[①]，是道与学的融合，又是"择胜地，立清舍"，供老师和学子居住的场所。书院资料丰富、气氛活跃、师生就近居住，有利于师生相互观摩、切磋与启发的教学形式。西方书院式大学起源于巴黎学生租借房屋用于住宿的"hospitium"，后来发展成为学生提供食宿便利的设施，即"college"，之后逐渐演变为一种教育场所，以英国的牛津、剑桥为代表。这种将学习与生活融合的居住方式发挥着"隐形课堂"的作用：高桌晚宴，学习进餐、祝酒、交

---

① 邓洪波.中国书院史［M］.增订版.武汉：武汉大学出版社，2012：38-40.

谈等方面的礼仪传统；下午茶，德高望重的教授和青涩稚嫩的新生，一边享用美食，一边畅所欲言……中西书院，融合了功能，消除了师生之间、学生之间沟通交流的障碍，以教学相长的方式促进了每个人的进步。

（二）前朝后寝：公私边界的分与合

前朝后寝与前店后宅：商周以降，天子宫室都有处理政务的前朝和生活居住的后寝两大部分，即"前朝后寝"。宫中前朝部分强调纵向的建筑和空间层次；后寝居住部分在汉唐时采用由宫苑相结合的自由布置，明清时代演变为规则、对称、严肃的庭院组合[①]，但无论如何，居住部分的"后寝"还是相对政务部分的"前朝"要相对活泼。宫殿的布局形式也影响到了民间住宅。北宋，里坊制解体，由街巷制取代，许多人在自己家前面开设店铺，形成了"前店后宅"的建筑格局（图1-4-2）。不论是前朝后寝还是前店后宅，都是将办公与居住融合的建筑形式。"零距离"办公，是多少上班族的梦想，从侧面批判了当下大格局下的居住远离办公，及艰难拥堵的交通，给上班通勤造成了极大的"障碍"的这一现实情况。

图1-4-2　清明上河图
图片来源：淘宝购买

---

① 潘谷西.中国建筑史［M］.第六版.北京：中国建筑工业出版社，2009：116.

（三）园林：闹市中的微缩山水

明清私家园林，是将宅第扩大与延伸，将自然融入城市的代表。明清时代的官僚地主与富商，通过建筑营造、叠山理水，营造出一个优美的环境，使之既有城市中优厚的物质生活，又有幽静雅致的山林景色，虽居城市而又可享受山水林泉的乐趣。用一句话来概括，就是创造可游、可观、可居的城市山林。于是，足不出户，方寸之间，似乎就走进了自然。善于享受的贵族巧妙地将城市与自然之间的障碍打破了。

（四）斗拱和柱式：构件的人文定义

古代西方和中国的建筑，存在许多将结构与装饰结合的案例。

希腊柱式。将柱子和人体结合。多立克柱式象征着男性的阳刚，台基朴素、无柱础，采用高浮雕甚至圆雕，强调体积；爱奥尼柱式象征着女性的柔美，台基侧面有线脚，有柱础，采用薄浮雕，强调线条，柱头有一对向下的涡卷装饰。如果说多立克和爱奥尼柱式仅仅是通过装饰来隐喻，那雅典卫城中的伊瑞克提翁神庙则是直白地以人体形象来装饰柱子了，神庙南端以 6 根大理石雕刻而成的少女像柱代替石柱顶起石顶。

拱券。拱券这一结构形式，将弯矩转换为压力，使石头这种脆性材料可以支撑大跨度的建筑构件，从而使古人建造出万神庙、斗兽场这些体量巨大的建筑。同时，这些拱券也起着装饰美化的作用。半圆形拱券使罗马建筑风格雄浑凝重，构图和谐统一；尖形拱券、肋状拱顶与飞拱形成一种高耸入云的趋势，使哥特教堂内部产生浓厚神秘的宗教气氛。

哥特式建筑的飞扶壁。哥特式教堂的屋顶，产生了巨大的侧推力，需要有粗壮的柱子来抵抗。建筑师和工人在这些柱子上雕刻石像，形成了优美的飞扶壁，也形成了哥特式建筑的名片之一。

月梁。"月梁"这一名称指的是两个概念，一是指清式卷棚顶建筑架的最上一层梁，叫"月梁"，也叫"顶梁"，二是指做成"新月"形式的梁。这里论述的是后者，其梁的两端（扇）呈弧形，而梁的中段微微上拱，整体形象弯曲得近似新月，所以称为"月梁"，多见于建筑的檐廊上。它是不可或缺的水平受力构件，也以其精美的雕刻纹样和柔曲的外形展现了中国古代木构建筑精雕细琢的特点。

斗拱。在明清以前，我国古代传统建筑大屋顶的出檐需要一种结构构件来支撑。古人发明并优化了斗拱，于是，出檐可以安全地实现，而建筑的等级也可以通过斗拱的层数体现出来了。

当代钢筋混凝土建筑的梁柱总会给人以冷漠的感觉，所以有人用"水泥的森林"来形容城市，而古代的拱券、柱子、斗拱、大屋顶，却不会给人相同的疏离感，正是因为古代建筑将装饰手法融入结构构件，但又不喧宾夺主，化解了人和结构构件之间的审美障碍，拉近了人与建筑的距离。

以上特别列举与无障碍设计并不密切相关的案例，旨在说明融合思想的源远流长，并且流布甚广。在设计领域，行动领先于思想，感觉领先于理性，屡见不鲜。长久以来，人们凭借直觉做出的选择，往往最符合人性，在这个意义上说，融合是符合人性的思想，融合设计也是人的设计。

三、当下：融合深入日常

尽管没有以融合为旗帜，如前所述，通用设计的许多作品，与融合思想契合无间。后文中还有详解，此不赘述。日常生活中，符合融合思想的设计俯拾皆是。

（一）组合小品

在公园设计中，常常将花池翻边与座椅结合（图1-4-3），既固定了花池的泥土，又提供了休息座椅。这种座椅靠近绿植，使人与自然之间的关系更加亲近，似乎鸟语花香就在触手可及的距离内。此外，这种设计只需要少量空间，就能提供大量的休息座椅，于是，不需要额外购买座椅，整体的景观

图1-4-3　花池翻边与座椅结合

图片来源：https://www.gooood.cn/ba-da-chu-road-corner-landscape-re-design-by-beilin-landscape-architecture.htm
https://huaban.com/pins/1701850570/

设计简洁却实用，消除了当代许多极简公园缺少休息设施的障碍。

造型奇特的雨水管设计（图1-4-4）。将雨水管与水壶、人体雕塑、音乐符号、植物元素、滑梯融合。当然，有些做法呈现的效果并不一定是美观，也不属于本书推荐的做法，但是体现了一种对趣味性的追求。设计，并不是简单地满足功能要求，而是在满足功能要求的同时，又能呈现出一种令人赏心悦目的状态。

图1-4-4　造型奇特的雨水管设计
图片来源：https://www.sohu.com/a/239211625_556792

（二）集约家具

融合设计在家具领域的应用近年也是很常见的。在小户型中，大家都偏爱融合储物功能的床、沙发。许多家庭也喜欢设计结合了储物功能的卡座、飘窗、榻榻米、地台等。这种情况一方面源于房价的压力，另一方面也体现人们追求紧凑、低碳生活的趋势。这些家具设计多从功能角度出发，虽说不属于大众所普遍熟知的"无障碍"概念范围，但不容否认在有限的住宅内将储物空间最大化，给生活带来了很大的便利，其实就是给居住者的"无障碍"。

（三）机械建筑

在为一位坐轮椅者设计房子的过程中，著名建筑师雷姆·库哈斯以"融合"的方式，重新定义了"住宅是居住的机器"——住宅不再是一个简单的容器，而是帮助坐在轮椅上的男主人重新恢复自主生活能力的机器。

这个房子是为一对夫妇和他们的家人设计的，但是在 1994 年库哈斯和OMA 接受委托之前，男主人在一次严重的车祸中受伤，使他腰部以下瘫痪。发生意外后两年，这对夫妇联系到库哈斯，让他为他们在波尔多市郊来设计一个新家。

在这个新家中，库哈斯为男主人提供了一个特别的房间，或者说一个"车站"，一个 3m×3.5m 的升降梯在三层住宅之间自由穿梭（图 1-4-5）。当升降梯锁定在某层或者悬在其上时，形成了不同的平面布局，其运行无时无刻不在改变着房子的空间状态。紧邻升降梯的一面独立的墙贯穿整个住宅，其中容纳着男主人的一切所需——书、艺术品以及酒窖里的葡萄酒等。整个平面是开放和通透的，墙体被库哈斯减到了最少，便于坐轮椅的男主人自由地到达任何他想去的空间。此外，三层的开窗，看似随机，却是经过深思熟

图 1-4-5　住宅内升降平台照片
图片来源：https://www.archdaily.com/104724/ad-classics-maison-bordeaux-oma/

虑的（图1-4-6），融合了轮椅最可能的行进路线、男主人的日常视线高度、躺在床上时的视线角度，可谓随机不随意。

　　好的设计，"春风化雨"而"润物无声"；好的生活，秀外慧中而桃李不言；好的"无障碍"，坚定地为每一个人，贴切地融入百姓日常。

图1-4-6　随机不随意的开窗
图片来源：https://www.archdaily.
com/104724/ad-classics-maison
-bordeaux-oma/

第二章

融合设计的模式与理念

无障碍环境建设与无障碍设计紧随社会发展的脚步而提升，同时，也反哺社会，是文明和进步的重要基石。无障碍设计被视为相对独立的设计环节不到百年，通用设计理念提出不到 50 年，将无障碍的设计放入人类数千年来改造自身生存环境的实践中观察，还处在成长期，有很大的提升空间，并且相对后发，会有一定的"后发优势"。所有人类过去的设计经验、手法和理论，都可以也应该拿来借鉴。所有有关无障碍设计的研究和探索，都应当从完整的设计史和设计理论研究的视角来分析和论证。融合设计概念的提出，这是关键。

有一点值得指出：通用设计，也应当被视为融合设计的一个历史阶段。对通用设计存在两种不同的解读。第一种，认为所谓通用，就是建成环境，要为有各种不同需求的人，准备他们各自必要的设施，由此满足环境为所有人服务的目标[①]；第二种则认为，所谓通用，意指环境在满足所有人使用的基础上，还要尽量避免互相干扰，并且尽量用同一个设计或设施来适应差异性的需求。第一种通用，实际上是专用设计或设施的简单集成，第二种通用，则是要求在集成的基础上融合。事实上，第二种解读更符合通用设计的本意。

在通用设计理念发展的后期，如前文所述，遇到的主要困难，其实跟这两种不同的理解息息相关。按第一种理解来推动通用设计者（或更广义的无障碍设计），面临的是无事可做——简单地加设坡道、盲道、栏杆和扶手，一旦技术成形，不需要更多的设计介入；而专用、另类和冲突的无障碍设计本身，也不受欢迎。按第二种理解的设计者，有时走得太远，如前文举的德国的福尔桑格中心和丹麦的平斯特拉布中心等，只注重融合，不合实用，算不上真正的融合。

过犹不及，允执厥中，这比较容易理解。但如何把握分寸，的确存在困惑。虽说融合本身不是新鲜的主意，但针对每一个具体的场景，融合的方式和手段都可能是全新的。建筑设计的"定制"特性，即源于此。按图索骥比

---

① 王小荣，贾巍杨.无障碍设计［M］.北京：中国建筑工业出版社，2019：18.

较容易，画龙点睛却往往会让人觉得神乎其技。如果需要在每一个具体的设计中，把握细微的分寸，就需要有一个相对稳定的支点。对设计而言，这个支点无疑永远会是人。而如何理解人，理解人的需求，理清人和设计的关系，则只能诉诸对理念的认知。设计理念常常听起来很抽象，虚而不实，但正是在把握分寸的几微之间，能够化虚为实，落到实处。也正因为此，有必要对无障碍的模式和理念做出回顾，在此基础上，通过模式和理念的更新，厘清缭乱的认知，照见未来的道路。

第一节　从"个人模式"到"普同模式"

与大多数情形相似，"无障碍"也是一个历时性的概念。在不同的历史时期，人们对残障的认知不同，对残障人士的态度也不一样。英国学者芬克尔斯坦（Victor Finkelstein）认为，残障人士的境遇大致可以分为三个历史阶段[①]：一是中古时期，社会的经济活动以农业和小手工业生产为主，多数残障人士均能参与到生产过程之中，同时，受经济能力和医疗水平局限，社会和家庭均无能力为伤残者提供专门的治疗和服务；二是工业化时代，开始采用机器大生产，无法适应这一生产方式的残障人士被排斥在外；三是从现代到后现代的转变期，信息技术和人工智能促成专业人士与残障人士展开协作，大部分残障人士逐渐有机会从与社会隔离的状态中解放出来。

这里也许应该补充一个"远古时期"，采摘捕猎或刀耕火种的生产方式，造成生存环境和群体供应能力的差异甚大，残障人士的处境在不同的地域和部落截然两分。食物比较丰富、气候相对温和的地域，残障人士持续生存的机会较高；食物相对匮乏、气候酷烈的地域，残障人士往往是首先被放弃的对象。

---

① Victor Finkelstein. Attitudes and Disabled People [M]. New York : World Rehabilitation Fund, 1980:3-4.

事实上，芬克尔斯坦对中古时期的描述不完全准确，农业社会的生产方式，严重依赖于天气，比较脆弱，残障人士的境遇也同样很不稳定。例如在日本，直到近世，仍然留存有"弃老"的风俗①。

从全球范围内看，养老助残，既由来已久，又任重道远。即使是发达国家，也不断有新的问题出现。所有的成绩都是阶段性的成绩，当然，不满足从来就是人类进步的动力。回顾历史，只是为了更好地认清现实。

一、"个人模式"：残障人士是被医治的对象

进入现代社会，人们才真正开始关注残障人士的全面需求。早期的"养老院""济贫院"多基于宗教信仰或同情心，将老人和残障人士"圈养"起来。起初，关心残障群体者，倾向于直观地把残障视为残疾（从用词即可知），把身体的损伤视为疾病。因为身体损伤、四肢的部分或全部缺损、身体组织或机能出现缺陷，而缺陷导致某些生理机能的障碍，此时，这种障碍被大众理解为一种病。这种"疾病"无论是先天的，还是后天的，都是残障人士这个"个人"的属性。从个人属性出发，残障人士就是需要接受援助甚至进行治疗康复的个体。这一认知范式被称为障碍的"个人模式"。当障碍被视为个体特征，能力不足就被认为是残障人士自身的原因，并不得不去接受援助，成为一个依靠他者看护而被动生存的对象，这是现代社会福利制度成立的基本前提之一。②

世界卫生组织在20世纪70年代发布的《国际疾病分类》（ICD）将残障也纳入到疾病分类系统之中。其分类中对残障的测定标准，曾经引发全球范围的争论③。承受了这场争论的压力，也从中厘清了一些问题，世界卫生组织因此在1980年发布了《国际机能损伤、残障和障碍分类》（International Classification of Impairments，Disabilities and Handicaps，简称ICIDH），建立了障碍的"三层结构模式"，即损伤（impairment）、残障（disability）和障碍

---

① 1958年日本电影《楢山节考》中，故事发生的小乡村有个习俗，凡是到了70岁的老人必须去参拜楢山，所谓的参拜，其实就是把老人舍弃在山里。

② Michael Oliver, Bob Sapey, Pam Thomoas. Social Work with Disabled People [M]. London：Macmillan,1983:18.

③ 杨锃．残障人士的制度与生活：从"个人模式"到"普同模式"[J]．社会，2016（6）：85-115.

（handicap）。在世界卫生组织的报告中，对这三大概念做了细致的区分："损伤"指心理、生理以及解剖学意义上的结构或者功能的丧失或异常；"残障"意为对普通人而言在可能的方法及范围中，其活动能力因损伤而造成某种限制甚至缺乏；"障碍"则指因损伤和障碍导致个体行动不利，使个体在行使其各类角色时受到限制及妨碍的状态①。

在"个人模式"认知体系下，残障人士尽管受到一定的同情，但同时也难以避免潜在或直接的歧视和误解。社会对残障人士的态度，是施舍式的帮助，并多多少少将他们归为社会的累赘，应该被隔离在群体之外，而不是让他们参与正常的社会生活。社会为他们提供"福利"，是将他们收入收容机构。而在整个城市范围中提供无障碍设施，以供他们自由出行、交往、工作、娱乐，是不可想象的。

二、"社会模式"："障碍"的社会责任

20 世纪是普通人觉醒其权利的世纪。

当世界卫生组织还在试图把残障纳入到疾病分类体系的时候，黑人等少数族群的觉醒与抗争如火如荼②。在美国，黑人、妇女引发的争取公民权益的一连串社会运动，为弱势群体争取到了越来越多的平等的权利，因此，当残障人士开始走向社会，为自己呐喊的时候，迅速获得了充分的同情，并取得了理想的成果。残障人士运动甚至被视为是"最后的公民权运动"③。

从时间角度来看，以二战老兵回归社会为动因的残障人士运动几乎与整个民权运动相互交织。以残障人士的"自立生活运动"（Independent Living Movement）为例，1962 年，身患"脊髓灰质炎"的爱得华·罗伯茨（Edward Robert）曾被康复专家评估为不能领取"职业康复援助金"的对象。但他并不气馁，联合支持者，通过请愿争取到了加州康复局的援助金，并进入了加州

---

① WHO. WOrld Report on Violence and Health [R]. Geneva: World Health Organization, 2002:27-29.

② DorisFleischer, Frieda Zames. The Disability Rights Movement：from Charity to Confrontation [M]. Philadelphia：Temple University Press, 2011: 69.

③ 杨锃. 残障人士的制度与生活：从"个人模式"到"普同模式"[J]. 社会，2016（6）：85-115.

大学伯克利分校学习①。

重度残障人士竟然能上大学，这是对人们固有观念的极大冲击。其他与罗伯茨情况相似的残障人士大受鼓舞，开始抵制当时的残障人士就业援助制度。因为当时的就业援助制度是从低层次、低薪水的职业更有利于残障人士就业的角度被制定出来的②，但是，既然残障人士可以进入大学接受高等教育，那么原本那些似乎高不可攀的职业也完全可以通过自身的努力争取到。

自立和自强，残障人士自我觉醒的努力，不仅改变了他们自身的世界，也改变了健全人的世界。

进入 20 世纪 70 年代，残障人士的系列社会运动开始影响相关法律制度的修改，最直接的表现就是 1973 年对《康复法》（Rehabilitation Act）的修订，从原本的"治人"转变为"治环境"。这一转型反映出"从慈善走向公民权"的基本精神，为《美国障碍者法案》（American with Disabilities Act of 1990）的立法夯实了基础，成为新旧残障人士制度的重要分水岭③。

残障人士社会运动的独特影响还表现在对障碍理解的改变上。首先，该运动批判并颠覆了对残障人士的刻板印象，他们从被动接受照顾的"被监护者""患者"，成为了同样有自我选择和自我决定能力的人④。在如何认识和对待残障人士方面，该运动引发了一次价值观的逆转。传统观念认为，障碍问题出在个人身上，所以人需要"治"；而新的障碍观建立在"人与环境互动"的理解基础之上，障碍因而成为人与环境互动的不良结果⑤，因此需要"治"的是这个社会环境。

因此，外部环境和社会结构在这个时候成为主要的改革对象，强调外部社会结构、系统、政策应采取积极方式回应身心障碍者的问题，采取法律途

---

① JosephShapiro. No Pity：People with Disabilities forging a New Civil Rights Movement [M].New York：Times Books, 1993: 41-46.

② EdwardBerkowitz. Disabled Policy [M]. Cambridge：Cambridge University Press, 1987：176.

③ 杨锃. 残障人士的制度与生活：从"个人模式"到"普同模式"[J].社会，2016（6）：85-115.

④ Gerben Dejong. Defining andImplemenyting the Independent Living Concept[A]. NancyCrewe, Irving Kenneth Zola. Independent Living for Physically Disabled People [C]. San Francisco：People with Disability Press, 1983:22.

⑤ 杨锃. 残障人士的制度与生活：从"个人模式"到"普同模式"[J].社会，2016（6）：85-115.

径保障身心障碍者的切身权利。这种观点被概括为身心障碍经验的"社会模式"论述[①]。

基于社会模式的核心含义，即需要改变的不是残障人士个体，而是这个不够友好的社会环境本身，英国学者 Oliver 对比总结了障碍的"个人模式"与"社会模式"之间的区别。其中主要的区别在于：个人模式强调障碍是个人的认同问题，需要通过对个体的治疗和矫正，即医疗力量来解决——这一解决的方式需要服从专家支配，要求残障人士能够适应这一治疗的过程，并接受照顾，甚至是控制；而社会模式强调作为社会问题的障碍，是社会压制的结果，涉及的是残障人士的集体认同，强调的是个体和集体的相互责任，必须依靠自助方式，通过社会行动来消除歧视、摆脱控制，追求的是自身能够有所选择的生活，最终倡导的是实现社会改变，而非仅仅要求残障人士去实现个体的适应[②]。

同时，"无障碍"设计理念越来越进入主流视野。无障碍设计的概念与想法，是要让身心障碍者也能顺利进入到各种公共设施中，并且可以无阻碍地使用各项公共设备。这不仅仅是可达性问题，也是更加重要的社会参与和公民权利问题。不仅如此，社会模式论述的出现也让政府或第三方介入处理公共空间的无障碍设计问题，获得了法令规范的正当性与社会合理性[③]。联合国 1980 年开始推动身心障碍者权利保障运动，其中社会参与和无障碍设施使用权也被纳入正式的公约与主张内[④]。

三、"普同模式"：人人都会遇到障碍

美国医疗社会学家，同样也是一位残障人士，左拉（Irving Kenneth Zola）认为，"社会模式"过于强调障碍的特殊性，他的观点是身心障碍经验具有

---

① 王国羽.障碍研究论述与社会参与：无障碍、通用设计、能力与差异［J］.社会，2015，35（6）：116-132.

② MikeOliver. 1996. Understanding Disability：From Theorg to Practice［M］. Basingstoke: Macmillan, 1996: 34.

③ MikeOliver. 1996. Understanding Disability：From Theorg to Practice［M］. Basingstoke: Macmillan, 1996: 30-42.

④ 王国羽.障碍研究论述与社会参与：无障碍、通用设计、能力与差异［J］.社会，2015，35（6）：116-132.

"普同"特质，即每个人在生命经验发展阶段，都会经历身体失去功能且需要他人协助的时候，身心障碍经验是每个人都会经历的生命过程[①]。不同之处仅在于障碍降临的时间有早晚差异罢了：有些人有先天性的障碍，有些人在成年过程中因生病或受伤而产生身心障碍，更多的人在逐渐老去的过程中，身体机能下降，从而遇到行为、认知等方面的障碍。左拉认为，随着老龄化的到来，越来越多的人会碰到障碍，而且主要是老年群体。所以，会碰到障碍的不是"你们"，而是"我们"所有人。

世界卫生组织在改版《国际机能损伤、残障和障碍分类》的过程中，采取普同主义的观点，将评估身体功能的过程普遍适用到所有人群，而不只是身心障碍人群。新版的标题为《国际功能、残障与健康分类》（International Classification of Functions，Disabilities and Health，简称ICF）。ICF可适用的人口群体较广，且临床应用价值较高[②]。世界卫生组织的ICF评估系统，就是以障碍经验为普同人生经验作为主要理念，发展出目前的版本[③]，其使用对象并非只有障碍人士。

当代，已经越来越被广泛认同的特殊设计的产品可以令所有人都会受益的观点，就是由左拉首次提出的[④]。就像上一章介绍过的字幕、email、电动代步车、电动车窗、打字机等案例，都是从为残障人士服务推广到了为所有人服务。因此，服务于残障人士的设施设备也可以让健全人使用，也能使健全人获得极大的方便。因此，在设计上并不一定非要强调以身心障碍者为主。

只有每个人都意识到自己也会经历"障碍"——生病受伤或老去，才会真正以平常心接纳与包容残障人士身体的不同。左拉也认为，无法不去讨论障碍者身体经验的独特性，因此，障碍者带着不同的身体、心理状态与外部

① 王国羽.障碍研究论述与社会参与:无障碍、通用设计、能力与差异［J］.社会,2015,35（6）:116-132.
② Jerome EBickenbach, Somnath Chatterji, EMBadley. Models of Disablement, Universalismand the International Classification of Impairments, Disabilities and Handicaps［J］. Social Science and Medicine , 1999, 48（9）:1173 –1187.
③ 王国羽.障碍研究论述与社会参与：无障碍、通用设计、能力与差异［J］.社会, 2015, 35（6）:116-132.
④ 王国羽.障碍研究论述与社会参与：无障碍、通用设计、能力与差异［J］.社会, 2015, 35（6）:116-132.

环境互动，这种互动的结果才是障碍经验的来源[1]。

如果说左拉的障碍普同观点主要还是源于人人都会生病，人人都会老去，那么现代社会的情境性残疾（Situational Disability）或临时性残疾（Temporary Disability）[2]则进一步把障碍的涵盖范围扩大。在一个嘈杂的餐馆里吃饭，结果听不清对面的朋友在说什么，这就是情境性的耳聋；开车时，无法接电话，这是情境性的交流障碍；手指湿了，无法解锁手机，或者在新冠疫情期间因为戴口罩而无法刷脸解锁手机，这也是一种障碍。可以说，所有人几乎每天都会遇到情境性或临时性的障碍，更加凸显了普同观点的合理性。

但是，如果障碍具有普同的特质，那如何用这个观点来指导设计呢？纽扣是要以右撇子还是左撇子为设计依据？按照通用设计的理解，是不是在所有出入口，都不能出现台阶和坡道的差别，以防止差异的出现？

事实上，普同模式对障碍的理解，已经达到了一定的高度，使得通用设计也因此提出了很高的目标。只是因为时代的局限和思维的惯性，普同模式和通用设计在其思想和体系的内部，产生了自相矛盾的情况。传统的西方思维，无法理解相同和不同可以共存，无法理解自立和帮助并不矛盾，无法理解尊严和谦逊是一个事物的两面。因此，在通用设计自己制定的目标下，普同理念成为了新的障碍之源。也正是在这个意义上，大同模式和融合设计，成为新的无障碍设计的方向，并且也进一步成为面向未来的，为全人类打造美好生活的设计的新的道路。

---

① Irving KennethZola. Bringing Our Bodies and Ourselves Back In：Reflections on a Past, Present, and Future 'Medical Sociology'［J］. Journal of Health and Social Behavior, 199132(1)：1-16.

② 夏冰莹. 从无障碍设计中学习如何成为一个更好的设计师［DB/OL］.https。https://zhuanlan.zhihu.com/p/119766231.

第二节 从"普同模式"到"大同理念"

无障碍环境建设属于全社会，对身心障碍者有益的设计肯定能让大众受益。为坐轮椅者建设的缘石坡道大大方便了行李箱的拖动，为听障者发明的字幕大大便利了所有人的观影体验，服务于视障者的语音输入大大提高了健全人的输入和交流速度。扩大的使用范围促进了无障碍环境建设理念的进步，而更先进的理念也将推动无障碍环境建设的不断完善。

一、从通用到融合

"普同模式"的提出，已然是社会学上的进步，而且也把人文关怀引入了无障碍环境建设，但在理论转化为实践的过程中，却存在工具主义倾向，过于把目光局限于人体功能，而未能充分发挥人文因素本身具有的影响无障碍环境的能力。"通用设计"在此理念影响下，也十分重视为残障人士免去心理的"歧视和排斥"，但却轻视了残障行为的特殊性，过度强调"通用"，难免远离了使用的"便利""舒适"和"安全"，有因噎废食之嫌。通用设计的七大原则互相之间内涵矛盾：强调包容性就会影响选择性，过度包容会导致没有选择；突出自立性难免妨碍便利性，期望残障人士完全独自行动是不现实的，太复杂的装置往往不实用；而经济性与舒适性天然对立，美总是简约不简单，多数时候比较贵。

二、融合：一种革命性的无障碍设计思想

融合设计，可以为无障碍设计带来新的思路和方法，但是，它的范围远远超过无障碍领域。从某种程度上说，"融合设计"是和"包豪斯设计""波普设计""可持续设计"同一等级的一种设计理念。而以"融合"去指导无障碍设计，其表现形式也将是多样的。

（一）融合设计，将设计范围扩大

目前，国内外许多文献在介绍无障碍设计的具体案例时，几乎最终都是落在国家标准《无障碍设计规范》第三章所列的 16 项内容上：缘石坡道，盲道，无障碍出入口，轮椅坡道，无障碍通道、门，无障碍楼梯、台阶，无障碍电梯、升降平台，扶手，公共厕所、无障碍厕所，公共浴室，无障碍客房，无障碍住房及宿舍，轮椅席位，无障碍机动车位，低位服务设施，无障碍标识系统、信息无障碍。所谓示范性的设计，无非是坡道更缓、盲道更规范、通道更宽、电梯更大、门是自动的、卫生间更大、洁具种类更多罢了。

作为设计师，应该要思考如下的问题：在规范规定的部位做了无障碍设计以后，就是真正的无障碍了吗？规范对听力障碍、精神障碍、智力障碍的人是否做了足够的考虑？是否有其他从外观上看不出来但是却可以方便残障人士使用的手段？

国内许多无障碍实践有很强的符号性，只注重"无障碍"这个结果，忽略了用"设计"去解决问题的过程。例如，一些社区大厅里在显眼位置，放了独立的一张高度约为 800mm，其下有 750mm×650mm×450mm 的容膝空间的桌子，标上大大的带有轮椅符号的标志（图 2-2-1），这就是所谓的"设置了低位服务设施"。试问，哪位残障人士愿意坐在这么一个显眼特殊的地方办事？这是呆板、刻意迎合规范，没有做到真正的无障碍。相反，挪威斯堪迪沃克机场酒店（Scandic Oslo Airport Hotel），可以说是采用斜线造型设计了一个好看的服务台，同时也满足了轮椅使用者对高度和容膝空间的要求（图 2-2-2），这

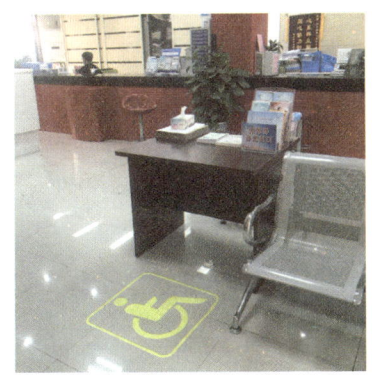

图 2-2-1　某社区中心大厅
图片来源：作者拍摄

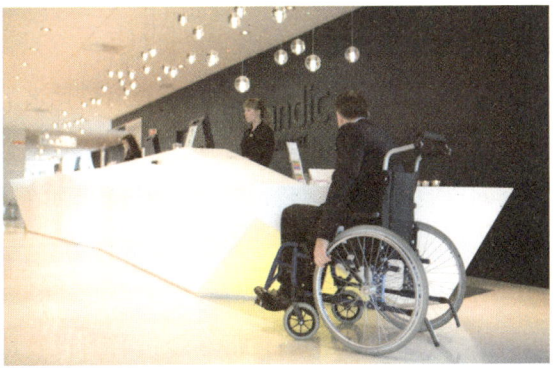

图 2-2-2　挪威斯堪迪沃克机场酒店服务台设计
图片来源：https://weburbanist.com/2019/02/06/universal-design-creating-better-buildings-cities-for-all/2/

是将无障碍需求融合到了家具本身的造型设计中。

这里应该回顾一下美国加劳德特大学的无障碍设计。学校内采用透明材质的门厅、走廊、电梯，不同强度的灯光设置等措施，都不是规范要求的，却确确实实方便了听障人群的使用，同时也创造了一个明亮、通透、简约、美观的室内环境。这是将室内设计与无障碍设施融合了。

可见，融合设计的视野是非常开阔的。

（二）融合设计，以"不做"实现无障碍

无障碍，不一定永远都是加法，很多情况下需要的是减法。融合设计，强调在设计之初，就不要人为制造障碍。下表列举了一些"不做"的案例，并分析其可实现的无障碍效果和必须融入的技术支持。

表 2-2-1　以"不做"实现"无障碍"

"不做"	可省略的无障碍设计	依托的支持
建筑入口不做高差	轮椅坡道	良好的排水和防水设计
卫生间和主要建筑空间之间不做高差	过渡的斜坡	良好的排水和防水设计
有门的地方不做门槛	过渡的斜坡	新型的防盗和密闭设计、可活动的移门轨道
不在人行道的主要通行区域做井盖	拐来拐去的盲道	集成化的管线设计

从表格中列出的例子可以看出，"不做"并不是简单的什么都不做，只是把做的内容从可见的部分转移到了不可见的部分。如建筑出入口不做高差，需要融入排水和防水设计，这样才能保证雨水不会漫入室内人行道。所以，"不做"本质上是外观与技术的融合。

（三）融合设计，以小动作实现对使用者的关怀

许多萌芽型的融合设计作品，从使用状态出发，对日常司空见惯的物品或空间进行很小的调整，就产生了很好的效果，避免了很多健全人可能会遇到的障碍，体现了对所有使用者的关怀。

图 2-2-3 列举了 6 个萌芽型融合设计的小案例。将简单的垃圾桶和一个倾斜的姿态融合，为骑自行车经过的人投放垃圾提供了极大的便利。在沙滩上铺设一张蓝色的垫子，远远看去似乎是一条要汇入海中的小溪，为推着婴儿车想去看海的人移除了障碍。开车的时候一辆大车挡住视野，无法看到红

绿灯的时候怎么办？在灯柱中也融入发光功能，后排的司机再也不用担心看不见信号灯的问题了，驾驶的安全性得到极大提高。等电梯是一件烦人的事情，尤其是赶时间的时候，在走廊上设置控制按钮，提前就可以按电梯，省去等待的时间，可谓非常适合当今社会紧凑的工作与生活状态。将皮尺和皮带同和，随时告诉你最近是胖了还是瘦了，是不需要智能设备就能有的"健康助手"，提醒主人要注意自己的健康状态。在图书馆里自习时，把书包挂椅背上容易掉，放在桌子上嫌拥挤，放地上嫌脏，怎么办？在座椅上融入一个小凹槽，用于挂书包，学生党就不需要担心自己的书包滑落下去了，书包的放置问题完美解决。

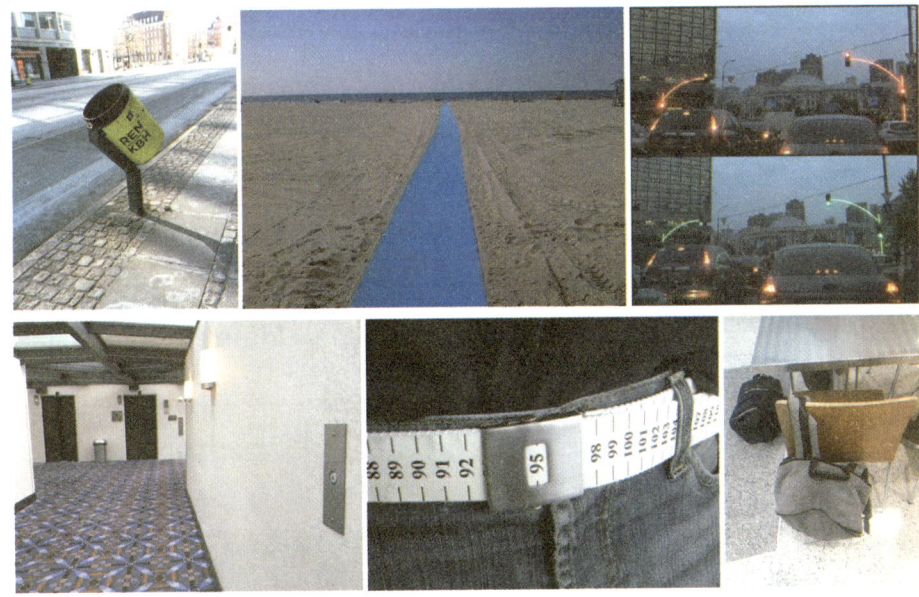

图 2-2-3　6 个融合设计小案例
图片来源：https://www.sohu.com/a/331623116_716165

上述的案例很小，但很周到。融合设计正是如此，可能是细微之处一个非常容易忽略的小改进，而给使用者带来的便利却不容忽视。

融合设计具有和无障碍设计相似的初衷——为使用者移除生活中可能遇到的障碍。同时，融合设计包容了更多的设计对象和更广泛的表现形式，所以融合是一种革命性的无障碍设计思想，融合设计的触角可以深入到人类生活的方方面面。

第三节 大同理念与融合思想

众皆能详的"大同"一词，语出《礼记·礼运》中著名一段，描述如下：

"大道之行也，天下为公，选贤与能，讲信修睦。故人不独亲其亲，不独子其子，使老有所终，壮有所用，幼有所长，鳏寡孤独废疾者，皆有所养。男有分，女有归。货恶其弃于地也，不必藏于己；力恶其不出于身也，不必为己。是故谋闭而不兴，盗窃乱贼而不作，故外户而不闭。是谓大同。"大同概念是儒家传统所构想与描绘的理想世界。

无障碍理念是在西方提出并成长起来的，自有其精确性、逻辑性和实用性，但在发展过程中，过度演绎而带来的异化现象，过度僵硬的教条倾向，正好以东方思想的融通特质对其有所弥补。

因此，有必要从大同理念，来理解和阐释融合思想。融合设计，因此也可以被视为带有东方特质的无障碍设计。

一、大同思想的历史呈现

（一）古代:《礼运》的大同

礼运原文后还有一段："今大道既隐，天下为家，各亲其亲，各子其子，货力为己，大人世及以为礼，城郭沟池以为固，礼义以为纪，以正君臣，以笃父子，以睦兄弟，以和夫妇，以设制度，以立田里，以贤勇知，以功为己。故谋用是作，而兵由此起。禹、汤、文、武、成王、周公由此其选也。此六君子者，未有不谨于礼者也。以着其义，以考其信，着有过，刑仁讲让，示民有常，如有不由此者，在埶者去，众以为殃。是谓小康。"描述了与大同理想相对应的"小康"社会的状态。

对照"小康"，可以更好地理解大同。

小康的核心词是"礼"，大同的核心词是"道"。儒者重礼，道家崇道，

《礼记》作为儒家的经典，置道于礼之上，并非离经叛道，而是明显留存了儒道同源的线索。古者言孔子好学，问道于老子，当非虚也。道，是东方思想最崇高的概念之一。儒者以"天"先于道，"天命之谓性，率性之谓道"；道者以"道"先于天，老子说"道生一，一生二，二生三，三生万物"，他的道，与今天物理学讲宇宙起源的"极点"不谋而合。儒与道虽说在原点上有不同的观点，但用的是同一套话语系统，都同意"道也者不可须臾离也，可离非道也"，也都同意"道先于礼"。

大同以道行天下为理想，展示了理想国的几个特点：

首先，是"天下为公"。"公"，不一定是"共有"，但置"公"于"私"之上，这几乎是古今中外所有理想国"共"有的诉求。当然，经历20世纪大规模的社会实践，人们对理想国的这个诉求颇有微词，甚至因此而否定一切理想国的意义。然而，"公"是一切社会活动的基础，否定公，就是否定一切社会组织和社会活动。汉语中，公，既是公共（public）的公，又是公正（justice）的公。这个词是不可被割裂地解读的。大同的"天下为公"，代表的是社会正义的立场，这也是无障碍的核心出发点。

其次，是"讲信修睦"。很有意思的是，因为是大同社会，所以，这里没有提"礼"，礼是小康社会的支柱。大同社会，越过了工具，而直达目标，直达"信"的"守约"和"睦"的"和谐"。这是社会行为，也是人际关系。汉语的"信"是双方的，既是个人的"信守"（promise），也是他者的"信任"（trust）。另外，信是宣讲，而睦则要"修"，对个人而言，是"修持"，对集体而言，要"维护"，因此，睦还是一个过程，是靠持续不断的行动来支持的一种"和谐"的状态。所以，睦不是一劳永逸的产品，而是一个常修常新的环境。

然后，是"皆有所养"，其实，更准确的应该是皆有所用。这一段集中体现了"大同"思想中最有远见洞察的那种智慧。使"老有所终，壮有所用，幼有所长，鳏寡孤独废疾者，皆有所养。男有分，女有归"，其中，终、用、长、养、分和归，各分别对应老、壮、幼、孤、男和女，不是简单的平等，这拉开了与多数理想社会的差距，甚至也超越了西方当代种族平权运动和女权运动的局限。儒者以民为本，归根到底，是以人为本。所谓人性，就是差异，不是一致，一致是非人性的。民，是百姓。俗语有言，"百姓百姓，一百个姓，一百条心"，各有所求，各有所思，关键是让他们各安其位，各得其所。

然而，道行天下是理想，大道既隐是日常，所以有小康之道。小康之道的核心，是礼。从某种意义上讲，大同思想的日用核心，应该也是"礼"。当然，礼不是道，所以，自独尊儒术两千年来，大同合乎道，却淹没于礼。"礼运"的理想，被藏在故纸堆中，等待启蒙。

（二）近代：康梁的大同

近代中国，始终被两个主题纠缠：救亡图存和思想启蒙。两者看起来时而并行，时而相悖。崖山之后，帝绪中断但道统未绝。外来的入侵者"只识弯弓射大雕"，从文化上，是被启蒙者；而所谓政权变更，也很容易地被纳入王朝更替的范畴中，接受起来也没太大困难。所以，1840年之后的危机，才会如此沉痛、深刻，绵延至今而余绪不断。在那个时间点，那个语境下，康有为和梁启超重新拾起"大同"思想，是想同时完成救亡与启蒙两项重任。

来自西方启蒙思想，靠着坚船利炮的辅佐，由昌明的科学和技术为背书，自由、平等、博爱、民主、进化等观念，强烈冲击了千年王朝"君君臣臣父父子子"的礼教序列。康梁变法举起的"大同"旗帜，抹上了舶来的新色，自由、平等、民主等核心价值，被注入大同思想的建构中。受时代局限，同时也是对千年礼教压制的反动，并契合当时向往摆脱枷锁的底层人心，康梁都十分强调"平等"的价值。康有为说："太平之世，人人平等，无有臣妾奴隶，无有君主统领，无有教主教皇。"[1]谭嗣同指出，大同就是取缔包括父子、君臣在内的一切等级，从而人人平等，他宣称："夫大同之治，不独父其父，不独子其子；父子平等，更何有于君臣？"[2]

康梁变法昙花一现，戊戌之后，历史拐向了远非他们可以想象的地方。从辛亥革命、军阀割据、北伐战争、抗日战争、解放战争……幸运在于，救亡图存看起来被很好地完成了，而思想启蒙，仍然还有很长的路要走。康梁对政治的干预虽然十分失败，但对大同的解说，对平等这个价值的特殊强调，却在看不见的地方，深刻地影响了整个20世纪的中国。1949年以后，从

①②魏义霞. 康有为、谭嗣同大同思想的近代形态及其现实意义［J］. 南京师大学报（社会科学版），2016（6）：74-80.

"文革"到改革，中国在 20 世纪的后半叶和 21 世纪之初，经历了一个长时段的和平时期，经济腾飞，物阜民丰，"仓廪足而知礼节"，大同又一次成为了可能。

（三）现代：费孝通的大同

进入 21 世纪以来，全球的社会生态发生了巨大的变化。一方面，资本和技术继续推动着从 20 世纪开始的全球化进程；另一方面，20 世纪的另一项遗产——民族国家的觉醒和独立，又推动世界向多元化道路迈进。两者不可避免地产生冲突。20 世纪后半叶，冷战压制了局部地区的纷争，而冷战之后，世界范围内，各国都在寻找新的定位和目标。全球化和多元化之间的冲突，并未减弱，而是在增加。并且，因为种种原因，在主导世界局势和走向的西方世界内部，孤立主义逐渐抬头，甚至走上台前。另外，中国在积弱多年之后，经济上的进步，资源和市场的拓展，也要求重新寻找自身的定位，费孝通正是在这个背景下，重提大同思想。

费孝通把自己的思考，凝聚为"各美其美，美人之美，美美与共，天下大同"这十六字箴言。试图在"多元一体""和而不同"的前提下，实现"天下大同"的目标，着重在思考人类的命运和大同思想对化解人类冲突与纷争的意义。费孝通在认可和发扬文化自觉的立场上来阐释大同理念：地球是人类的共同家园，人类的各种文明，各个族群、民族和国家，都应该具有文化自觉，对自己的文化有"自知之明"，要"各美其美，美人之美，美美与共"，也就是要有"和而不同"的包容、开放心态[①]。费孝通认为，大同是人类相互之间和平共处的基础，也是未来从"多元"走向"一体"的可能。"和而不同"是基本的相处之道，而且也是一种非常高的境界和理想。

与康梁对大同的阐释相比，费氏的大同观，更具前瞻性，也更有创造性。在大同思想中，置入"美"这个关键词，上承蔡元培的"美育"思想而将之拓展到全球视野。与赵汀阳的"天下"体系互为表里，代表了中华文明对全球问题的思考和自觉，具有深刻性和启发性。

[①] 奂平清.费孝通的"和而不同"与"天下大同"思想——兼论民族研究的文化自觉与理论自觉 [J].学海，2014（4）：24-32.

二、大同理念和融合思想

从当代角度，结合不同历史时期对大同思想的不同认识，可以比较简略地将大同思想概括为如下六个方面："以人为本"的价值立场，"天下为公"的政治取向，"平等博爱"的伦理设定，"公平正义"的判断标准，"和而不同"的包容态度，"和谐共生"的社会理想。而其中的核心，是"天下为公"与"和而不同"。

（一）天下为公：公平与公正

如前所述，"天下为公"是中华文明的政治理想中比较被多数人认同的取向，东方传统中集体主义占有一定的优势地位，这与西方传统中个人主义的倾向相左。西方的宗教传统为社会的组织性牵起了纽带，而相对宗教观念比较淡泊的东方，更多地依靠政治体制来组织社会，并协调公共利益。如前所述，《礼运》的天下为公的"公"，融合了公共的公和公正的公。这样一种话语体系，客观上有将公共利益赋予天然的公正地位之嫌，在历史上，也不断地发生集体利益对个人利益的侵占。鱼和熊掌不可兼得时，主张"先义后利"，在义利相矛盾、相冲突时要以"义"为重，并推崇大禹治水三过家门而不入"公而忘私"的精神，倡导人类的整体利益重于个体一己私利，提倡"协和万邦""兼济天下"的共同价值。某种程度上，这个理解是有所偏颇的。现代社会主张在尊重个人权益的基础上实现公共利益，警惕公权力对个人利益的侵害。因此，当代意义上的"天下为公"，应该补全"公共"和"公正"的二维视角。

应当注意到，天下为公概念中还隐藏着儒者"以天下为己任"的使命感。"穷则独善其身，达则兼济天下"，夫子"知其不可而为之"的坚持，孟子"虽千万人吾往矣"的勇气，既是东方文明现世情怀的体现，也是儒者倡导"先天下之忧而忧""天下兴亡，匹夫有责"的担当，更是带有东方文明特色的人道主义精神。"滔滔者，天下皆是也，而谁以易之？""微斯人，吾谁与归！"

（二）和而不同：不同之同

大同思想的另一个核心概念是"和而不同"。不能简单地把和而不同归为东方传统的辩证思维。汉语的许多概念，都融合了看起来对立的两面，即如复旦王德峰教授讲"缘"这个概念，同时结合了偶然性和必然性，是东方独有的理解世界的方式，就如一枚硬币的两面。大同也是如此，融合了同与不同，并且这些同与不同，还能和谐相处。这不是简单的"对立统一"，而是多元化和谐共存的可能性，体现一种整体性思维模式，是人类社会与自然界的和谐相处，也是人类社会不同群体之间的和谐相处。

《礼运》的大同世界，为"老""壮""幼""鳏寡孤独废疾""男"和"女"，包括"人"与"己"，为每一个差异性的个体，安排合适的位置。大同，因此不是绝对的平等，不是抹平差异，而是各安其位，各得其所。大同理想所追求的世界，不是同质化的一致，而是异质共存的和谐。

"选贤与能，讲信修睦"，承认贤愚之差，承认能拙之异，承认"无信"存在的"讲信"，指明"不睦"存在的"修睦"，和而不同，不仅仅是结果，还是过程。"选贤与能，讲信修睦"，赋予社会各个阶层的平等权利，以所长定所为，将"公平正义"渗透到社会治理中，作为社会稳定发展的基石。

费孝通以"美"来概括"和而不同"的状态，是大同思想在当代的发展，而这种美，从结构性来看，就是"融合"。

从大同思想生发的大同理念，也就因此可以被概括为两个字：融合。

（三）融合：共生、共享和共荣

大同是目的，融合是方法。大同不以同质化为诉求，融合也不以消灭或同化为目标。融合，也可以用一个词来表达，即"和"，也就是和而不同的"和"。因此，和即融合，融合即和。融合分别意味着万物共生、资源共享、和美共荣。

1. 共生

共生首先承认的就是差异，有差异才有共生。抹平差异，消灭差别，就是消灭共生。多样性和多元化本身就是共生的结果。共生也是这个世界本来存在的状态和不言而喻的事实。

当然，如果共生没有挑战，也就没必要拿来强调。共生，既是强大的，这是从大尺度来看，又是脆弱的，这是从小尺度观察。生存是竞争的结果，竞争有胜负。所以，从生存竞争的角度，只有你死我活，没有共生。这也是博弈论"零和博弈"的法则，胜者通吃。然而，零和博弈只能是小尺度下的状态，在更大尺度下，这个世界的法则，则应该是"非"零和博弈，通向"纳什均衡"。

并且，世界之成为世界，多样性之存在，还不仅仅是因为一致性的不可能、不可持久，更多地，是差异性构成的"共生"关系，才是这个世界繁荣的基石。因此，也可以说，是共生保护了多样性世界的每类或每个个体，共生即世界。

2.共享

有共生，方有共享，同样，有赖于共享，才能长久共生。

共享首先是资源共享。资源共享，不应该简单地理解为不同类或不同个体分享同一个资源，还应该看到，资源共享，还可以是互为资源的共享。所谓生物圈，互为资源的共享关系，还不仅仅发生在食物链的各环节之间，还存在互为生境、互为生态的共享关系。

共享还应该是分享。作为超越生物性的有智慧的人类，仅仅停留在生物本能的解说，不足以概括人类社会的全部。人类史，从来就有两条线索。一条是由武力、阴谋和战争串联起来，由人类生物本能书写的那部分历史，应当承认，只要人类还是人类，还是地球上诞生的生命体的一部分，这部分由生物本能书写的历史还将延续。但还有另外一条线索，就是文化之线，文明之线。这条线索，才是人类为什么是人类，为什么能自知，为什么能写下自己的历史，为什么能越来越繁荣，并且，为什么有可能有一天走出这个地球，迈入宇宙的原因。

如果生物性的那条线索，是以竞争和掠夺为主线的（当然也有奉献和牺牲），人类的文化性的线索，其中的关键词，从来就是共享。文化是共享的元素，共享是文化的生命。

3.共荣

有共生，有共享，然后有共荣。

三、什么是融合设计

首先，作为一种自觉的设计行为，融合设计思想以大同理念为思想基础；其次，融合设计是无障碍设计；然后，融合设计也是带有普遍性的设计方法论；最后，融合设计是面向未来的设计。

（一）设计的目的是人

融合设计重视使用者的感受，强调在消除残障人士的"差异感"的同时满足不同残障人群的需求，让不同残障人群可以自由、便利、无障碍地进行各种社会生活，这点与"通用设计"是一致的。但融合设计更关注在设计中注入对使用者的人文关怀，真正实现"为人服务"的空间和场所，不强调障碍的特殊性，但也不刻意回避其存在，把"特殊性"作为激发创意的基础。

为人设计，明确了设计的服务对象，也就完成了设计最重要的一环：一个都不能少。

（二）设计的关注点是功能

从某种程度上说，融合设计是对包豪斯思想的致敬，让设计的关注点重新回到功能。当然，关注功能，并不意味着忽略形式，而是融合设计认为，当功能问题真正得以合理解决时，美的形式自然而然就出现了，即形式是可以融合在功能里的。

如前所述，通用设计被工具主义的方法论所局限，存在着无法超越的产品思维。设计的产品思维，将设计的成果作为设计的目标，却忽视了功能而不是形式，才是设计的灵魂。一切具象的、固定的、被无限复制的产品只是设计的外在表象，一件产品不会只完成一个动作，每一件产品的不同可能，才是设计创意无限的基础。

设计的重点是功能，不是功能主义。设计的是功能，而功能要靠形式来承载和实现。对功能的关注和重视，恰恰是为了实现形式的自由。

（三）融合设计是看不见的设计

正如上文提到过的，我国目前的许多无障碍实践存在过于标签化的缺陷。以各种显眼的标识、扎眼的设施来彰显自己做了多少"无障碍设计"，这是融合设计所反对的。融合设计希望让设计"看不见"，让无障碍设施融入日常环境，让人在便捷、通畅地生活的过程中，不会感觉到自己接受了特殊设计的照顾。

融合设计是看不见的设计，首先表现在对人的尊重，特别是对弱势群体的尊重。无障碍设计不是施舍，而是通向文明的桥梁。看不见的设计还保障了每一个人的利益：健全人应当为残障人士提供必要的帮助，残障人士也要主动适应社会、参与社会，成为社会中积极的一分子。看不见的设计，让健全人和残障人士能无差别地参与生活，无差别不代表绝对无差别，而是在承认差别的基础上，共享设计的成果和文明的福利。看不见的设计，还是美的设计，大音希声，大美无形，幸甚至哉。

（四）大同理念下的融合设计

以大同理念，观照无障碍设计理念，对理解包容性极富启发。符合大同思想的包容性，就是要承认矛盾存在的合理性，以及事物的复杂性；这样的包容性也意味着对各种矛盾的平衡和多种复杂因素的融合，以恰如其分的美，实现无障碍环境的目标。因此，根据大同思想，提出"大同模式"作为"普同模式"的发展，自有其合理性，也是当前中国社会文化自信和理论自信的表现。大同理念下的融合设计，将从以下几个方面，代表着儒家理想在现代的演绎。

1. 以人为本的人文关怀

融合设计的目的是为人服务，是帮助人克服生活中可能遇到的障碍，是协助人实现个人的发展。这和大同理念中的以人为本思想是不谋而合的。以是否具有人文关怀去判断一个设计是否成功，可有效克服工具理性主义，为无障碍实践建立了评价标准。

2. 多功能一体的和谐共生

融合设计强调在一个空间，或一个产品中适当地融入多种功能。多重功能和谐共生在一个设计结果内，以满足不同人的不同需求，从而，减少特殊性物体的存在。

3. 和而不同，不同要素组成一个系统

融合设计不追求放之四海而皆准的解决方式，而是强调在不同情况下采取不同的设计手段。大同理念下的融合设计，承认在设计过程中存在诸多矛盾，功能上的、空间上的、材料上的、审美偏好上的，好的设计是通过创造性的思维，让这些矛盾最终能够对立统一在一个系统内。

4. 全人类共享的公平正义

通过设计，打造一个天下为公、公平正义的社会，融合不同身体状况的人，融合不同能力水平的人，融合不同文化背景的人。在当前智慧化、数字化的时代大潮下，融合人与人工智能。

这是人类历史上第一次工具和人性被放到同一个平台上考量，也是人类历史上第一次有机会实现工具理性和价值理性的统一。

融合，任重道远。

第三章

融合设计的基础

第一节　融合设计与通用设计的系统性比较

　　"通用设计"思想，源自产品制造中所采用的工业设计手法，背后是商业主义价值观。[1]商业主义视角下的"通用设计"，核心目标在于实现客群最大化、生产效率最高化，与无障碍环境建设所倡导的全龄化不谋而合，但与保障弱势群体利益的社会意义并不完全契合。"通用设计"走得太远，有时也会导致无障碍环境建设中人文关怀的缺失。回溯数万年人类设计思想的源流，提炼"融合设计"概念，并将之和中国传统的大同思想结合，本书试图探索一条融合科技、经济、人文的无障碍之路。当然，对融合设计和通用设计的比较，不在于褒贬彼此，而是旨在通过对两者的比较，将融合设计的概念更加明晰地呈现，先从设计、建造、运维和用户这四方面作简要对比，后文将作更加详细的阐释（表3-1-1）。

表 3-1-1

通用设计	融合设计
设计层面	
产品	行为
批量与拷贝	定制与打印
手法可见	手法透明
产品为目的	人是目的
应用设计	赋能设计
功效思维	人文思维

---

① 田中直人，保志场国夫.无障碍环境设计——刺激五感的设计方法［M］.陈浩、陈燕，译.
　　北京：中国建筑工业出版社，2013：199.

续表

通用设计	融合设计
建造	
单一特制	多样复合
新产品实现新功能	已有产品融入新功能
运维	
分部件多维修	单部件少维护
低关注	高关注
用户	
汇流以少占资源	合流以少占资源
单阶段体验	全生命周期
各人群	全人群

一、设计

通用设计以产品为导向，通过一定程度的适应性调整，为同一件（类）产品寻找更多使用者，以扩大适用客群，将其推向更大的应用市场。通用设计的思路，更多的是从产品本身而非其使用对象入手，来拓展应用范围，故属于应用设计范畴。并且，通用概念还倾向于多拷贝、多复制、批量生产制作，以获得更高经济效益，本质上是从产品出发的功效思维。著名的瑞士军刀，是理解通用设计思维的佳例。一把军刀，组合了刀、剪、钳、镊、扳、锥、钻等多个部件，便携、灵巧、多功能，一个产品适合多种应用场合。系列化和模块化的设计思路，保证了质量，降低了成本，树立了品牌，赢得了稳定的市场。一器多用是它最大的特点，也是畅销的保证。瑞士军刀通过部件叠加实现功能叠加，部件和部件之间各安其位、各司其职，彼此适应共存，但并没有合而为一。这样的设计，思路清晰可见，手法一目了然。但显然，瑞士军刀的设计，是组合不是融合。

相比之下，融合设计则更多以人为导向，注重通过功能的组合和优化，实现为使用者赋能的目的，所以也可以理解为是赋能设计。注重从对人行为的观察和分析入手，是融合设计思维的重要特征。为了应对千变万化的情况，从中寻找解决问题的途径，往往需要采用定制的手法。定制从某种程度而言，不够"商业主义"，往往会拉高成本。然而，新制造时代的来临，电脑切割加工、3D打印等技术的出现，降低了门槛，小批量定制化成为新制造的重要特征，这对融合设计也是一个利好。

融合设计以人为目的的思想方法，和对行为的研究和关注，在著名的法兰克福厨房设计中，体现得淋漓尽致。通过对人们在厨房中活动的仔细研究，法兰克福厨房设计仔细地规划了厨房中各种家具设施的位置、尺度和材质，并采用了集成的思路。与前述瑞士军刀有所不同的是，法兰克福厨房并不是简单地"组合"，而是将传统厨房各司其职的不同设施，根据人的行为和习惯，集成为一套完整的体系。法兰克福厨房设计重新定义了厨房，这之后的所有厨房都可以说是它的"后裔"。事实上，今天在使用厨房时，人们更多将之视为一个整体对待，洗盆、灶台、调料炊具架以及碗柜等都不再是单独的器物，而是整体的一个器官。这些"器官"各安其位，各司其职，并且与人们在厨房中的烹饪行为无缝贴合。融合设计，本质上是从行为出发的人文思维。法兰克福厨房的设计，并没有增加某种特殊的装置，只是根据行为安排了高低顺序，所以它的设计手法是"透明"的。

此处以两个斜开口的垃圾桶（图3-1-1）为案例进行进一步的说明。左图是住宅小区无障碍设计与适老化设计中常见的案例。设计师做了很多动作：采用斜向的开口面，相当于降低了垃圾桶的投放高度，便于坐在轮椅上的残障人士或老人投掷垃圾，该设计还非常贴心地留出了进深15—20cm的容膝空间。这个设计完全符合无障碍的理念。这种垃圾桶应用性强，适合在各小区中推广，但正是因为它的设计手法太明显了，反而给人一种用力过猛的感觉。右图中，采用的仍然是一个普通的、造型常见的垃圾桶，甚至因为长时间的使用而有破损。只是以一个斜向的支杆，便成为一个非常方便骑车的人投放垃圾的设计，同时，行人的使用也不受影响，放在小区里供残障人士使用也不成问题。可以说，这个设计很简单，没有通过改变产品外形来满足功能，而是仅仅调整了产品的摆放方式，赋予普通垃圾桶一种活泼的姿态。最终，便于不同的人扔垃圾的目的实现了，也给骑自行车、坐轮椅等不方便的人赋予了准确投放垃圾的能力，也让人觉得这个垃圾桶很有趣。功能、趣味性和美被很好地融合在一起。似乎设计师什么也没做，但该实现的功能都实现了。

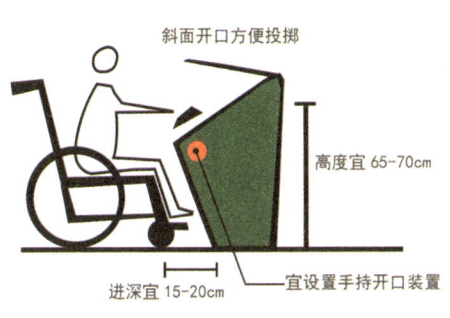

图 3-1-1　两种垃圾桶设计的比较

图片来源：左图为作者自绘，右图摘自 https://www.sohu.com/a/331623116_716165

二、建造

据第六次人口普查，我国现今残疾人人数已经达到 8500 多万，这是个很大的数量，但从全国总人口数来说，占比 6.21%，仍是少数。无障碍环境仍然是个大投入小概率事件。通用设计的思路是发掘创意，设计出同时符合残障群体和健全群体的物件，想法很好，但有时实现很难。无障碍环境建设中融合设计思想，则是将残障人群的特殊需要，嵌入日常生活环境，希望在通用设计思想消除差异性的基础上更进一步，通过将无障碍功能复合在一个已有的产品中，以小投入来满足大概率的使用。这里，以两组对比案例进行说明。

这是一款特别为老年人设计的电话（图 3-1-2）。它采用超大的按键，黑白字体设计，对比清晰，适合眼神不好的老人使用；有专门功能设置面板，可设置黑名单、语音报号、铃声选择等；有大屏幕液晶显示，时间、日期、温度多种显示，白屏背光，非常清晰；该产品最引以为豪的是在电话左下角设置了 3 个照片按键，可放入亲人的照片，想找谁，根据相片就可以一键拨出。平心而论，这个设计已经为老人做了各方面的周到考虑，健忘、手指不灵活、视力下降等情况都考虑到了，可以说非常通用，尤其是以亲人照片表征快速按键这个设计，一定程度上体现了融合设计的思维。但是深入思考时，不禁要问，为了照顾老年人的特殊身体情况，必须要特别设计一款电话吗？额外购买这样一款电话是不是经济上的浪费？能否把这些功能融合到已有的产品中？当下普及的智能手机完全可以实现这款特制电话的所有功能。Siri 实现了用户和手机的语音互动，使他们可以方便地接收日期、温度等信息，也方便他们直接给亲人拨号；拨号时弹出的大键盘页面（图 3-1-3）已

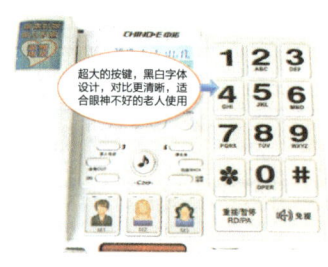
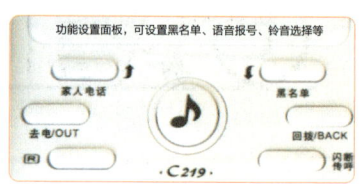
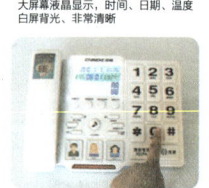

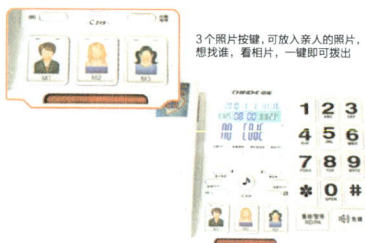

图 3-1-2　一款专门为老人设计的电话
图片来源：产品官网 https://phome.diytrade.com/

图 3-1-3　手机拨号键盘与日常键盘对比
图片来源：作者手机截图

经考虑了老年人手指不灵活的特点；备忘录随时可以给健忘的老年人以日常的提醒。此外，智能手机以海量的、不断增加的 APP 进一步满足老年人娱乐、学习等其他需求。智能手机的价格当然高于一台普通的电话机，但是它复合多重功能，购买一只手机，可以抵消原本的买电话机、订报纸、购书、买音乐播放器、买相机的多重投入，所以投入被分摊到了多项大概率的事件中，是非常高效的。

再以厨房产品为例。上文列举过的 OXO 的好握系列的确非常好用，大手柄的设计方便了手部不灵活的人，但其本质还是单功能的一件件厨房工具。比较而言，下面的厨房物品设计更加体现以一样物品满足大概率使用的设计思维。英国一家做各种面向老年人和残障人士的生活辅助道具的公司 Complete Care Shop 推出过一款简洁漂亮的单手厨房工作台。握刀、削皮等动作，对于很多手握能力有限或者只有单手行动能力的人，可能是很危险的。Complete Care Shop 的工作台有各式各样的小机关，用来固定食物，让用户可以单手进行不同的厨房准备操作。这样一个小小的工作台，通过不同小工具的组合，可以做到：单手打蛋、单手切面包、单手抹果酱、单手切水果、单手刷土豆、单手削皮刮丝等。从设计角度来说，这款单手厨房工作台体现的是通用设计的产品思维，但是从建造角度讲，它和融合设计所提倡的多功能复合，将投入均摊到多个大概率事件中的理念是非常契合的。

图 3-1-4　单手操作厨房工作台
图片来源：https://zhuanlan.zhihu.com/p/120801677

三、运维

建造上的差异自然会带来运维上的差异。单功能定制意味着必须制造多项单用途（少用途）的产品，相应会产生更多需要维修的部件。而多功能复合则意味着只需生产一个多用途使用的物品，总的维护工作量自然会大大降低。下文以如何帮助视障人士为例进行说明。

2020 年初，多家外媒发布消息：IBM 日本公司和合作伙伴正在开发一种特别的行李箱，这个行李箱装的并非衣服，而是传感器和 AI 技术，能帮助视障人士导航，让他们能安全地、独立地出行。[①] 人工智能行李箱虽小，但功能强大。把它称为行李箱只是因为外形和行李箱类似，它实则是一个小型导航机器人。它能扫描用户的位置和地图数据，帮助用户根据自己的位置汇总地图信息找到前往目的地的最佳路线。然后，利用语音和触觉技术通过行李箱手柄传输振动，将用户引导至目的地。 用户出行过程中，行李箱还将利用视频和其他传感器获得的信息帮助人们避开障碍物，并根据附近其他人的行为，评估是否需要用户采取行动，比如排队。它还将有一个互动对话功能，如果有朋友走近，或者如果附近有他们想要购物的商店，也会通知用户。可以想象一下，一位老朋友走近，AI 行李箱已经快速识别到，并通知用户，此时用户对走近的朋友问声好，对用户和他朋友而言都是件很美好的事。这个设计当然可以看成行李箱和智能导盲的融合，但用了融合的手法，并不一定就会成为一个成功的设计。因为，这仍是额外的建造生产行为，是专门服务于视障人士的单用途工具，势必增加额外的维修工作。更加好的方式是可以把导航功能融入到盲人更常用的东西里，如眼镜、盲杖或手机。

谷歌公司用户体验设计师夏冰莹女士问了组里的盲人工程师：你们盲人平时都会用哪些 APP？她收到了同事的白眼："你们用什么，我们就用什么。Facebook，YouTube，Twitter，我们啥都用。"这个事件值得所有设计师反思。许多专门为视障人士设计的物品，其实可以有更简便的替代品。比如读屏软件，使视障人士可以和健全人一样享用智能手机，包括打电话、发微信、发

---

① 无障碍智库无障碍文化公众号 . IBM 开发人工智能"行李箱"，为视障人士导航［DB/OL］. https://mp.weixin.qq.com/s/F_4AEtw5siayE3snBP-yvA.

微博、看小说、玩游戏，等等。他们并不需要一个专门的"盲人手机"，而是融合了一定功能的普通智能手机，这个做法，对于手机这个物品来说，不会增加维护的成本。在做无障碍设计时，设计师总是下意识地把残障人士放在一个特殊的位置去考虑，而事实上，残障人士和健全人并没有什么本质的不同。而融合设计正是从这一点出发，以在常见物品中融合新功能取代生产新物品，进而减少运维的成本。

图 3-1-5　为视障人士服务的人工智能行李箱
图片来源：无障碍智库　无障碍文化公众号
https://mp.weixin.qq.com/s/F_4AEtw5siayE3snBP-yvA

四、用户

在对用户的考虑上，通用设计和融合设计是相似的，都希望能够适用于更加广泛的用户。能适应最少两种用户的不同需求，已经满足了"通用"这一标准，融合设计则有更大的"野心"，希望能将用户"合流"，减少资源投入，又能在全寿命周期内为全人群服务，这是融合设计的愿景，也是融合设计努力的方向。

图 3-1-6 是一张可以陪伴孩子成长的椅子——"儿童成长座椅"，从设计角度讲，利用了同一物品的不同的部位，令椅子的每一面都有实用价值，来满足不同的需要。四个方向适合四种人体尺度，仅仅通过改变摆放方式，就可以供 2 岁以下、3 到 5 岁、6 到 8 岁和 8 岁以上四个年龄段的儿童使用。融合设计试图通过组合功能进一步融合用户。

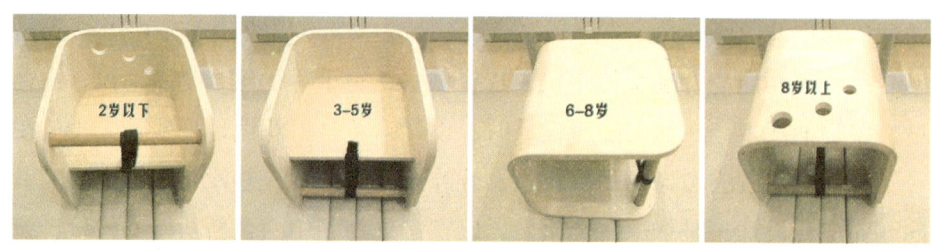

图 3-1-6　儿童成长座椅
图片来源：https://www.sohu.com/a/292925521_612586

如果一个面积只有 43m²、层高不超 3m 的房子住着祖孙三代，一家七口人怎么办？功能融合，全人群使用是最合适的解决方法。日本建筑师本间贵史用一个三段式的魔方座椅让"变化"的优势最大化。三段魔方椅以一个方形的座椅为变化的原型（图 3-1-7），通过本身部件的变化，容纳储物、座椅和安全护栏的功能（图 3-1-7）；进一步，通过排列组合，白天可以变成储物柜、凳子、有靠背的座椅沙发，晚上可以作为床铺、婴儿床使用（图 3-1-7，图 3-1-8）。通过不同的平面布局，满足不同的生活场景，如大人工作儿童玩耍场景、全家休息场景、大家庭聚餐场景等（图 3-1-9），于是，小家越住越大。上文的儿童成长座椅适应了 4 种人群，但是它还是椅子，而"三段式的魔方座椅"不但适应了多种人群的就座需要，它还将自己"变"成了其他的物品。高

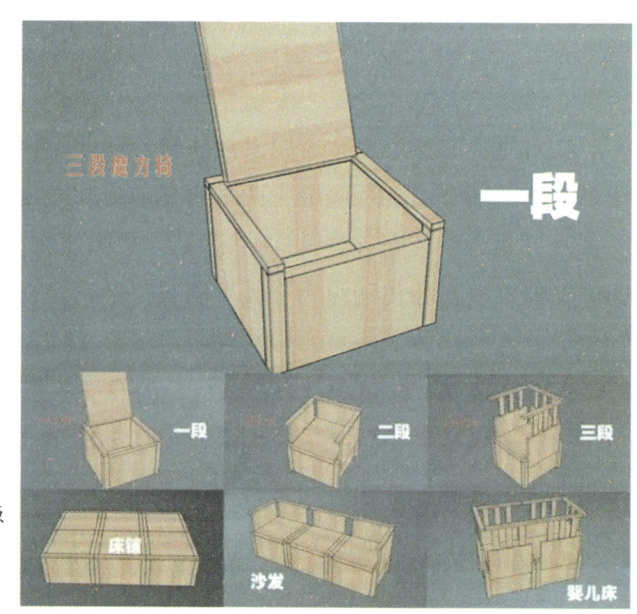

图 3-1-7　三段魔方座椅的原型与三段变化
图片来源：https://www.sohu.com/a/292925521_612586

度复合的功能，高度变化的可能和高度融合的使用人群，打破了使用者身材的界限，模糊了不同家具间的差异，完美呈现融合设计的全人群服务特质。

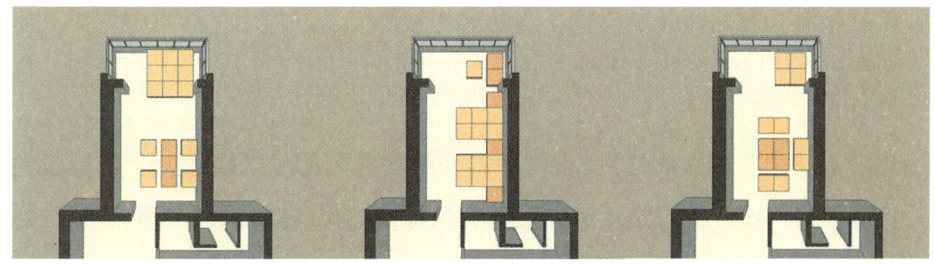

图 3-1-8　三段魔方座椅在不同应用场景的使用
图片来源：https://www.sohu.com/a/292925521_612586

图 3-1-9　三段魔方座椅在不同应用场景的布局方式
图片来源：https://www.sohu.com/a/292925521_612586

第二节 融合设计的指导思想

融合设计的目的是人，所以融合设计的指导思想也是从人出发的。好的融合设计，应该符合人的直觉和行为习惯，也应该能够激发人的进步。

一、符合人的直觉和习惯

（一）减少使用者判断和思考的动作

每个人都有这样的经历：进入一个布局复杂的大商场，因为不知道怎么走，会产生焦虑情绪；工作的时候，如果没有明晰的目标，就会很容易被一些小挫折吓倒；拿到一个新的工具，如果操作过程缺少直观的引导，就很容易放弃这个工具。这是因为碰到复杂的、新的事物时，人必须进行判断和思考，这个过程势必会降低使用的流畅性和体验的舒适性。

在无障碍设计中，有很大一块内容是标识牌的设置。初衷是对的，为了减少他们判断、猜想哪些设施是可以让自己使用的这一过程。但以突兀、显眼的标识来达到这个目的的手段是融合设计所反对的。融合设计希望通过设计，让空间或物品本身就具有足够的引导性，而不是额外增加无障碍标识。将引导性融合进空间或物品本身，是最优解；后加的标识，则是无可奈何时的最后手段。与其将轮椅坡道设置在隐秘处然后又外加一个坡道的标识，还不如在主入口以平坡的方式将人群引入建筑内（图3-2-1）；与其在靠边处特意设置几张标有"无障碍座椅"标识的凳子，还不如让所有的座椅都高度合适且带有扶手（图3-2-2）；与其在长长的服务台的尽端增加一个带标识的低位服务台，还不如将整个服务台的造型都设计得高度合适且带有容膝空间（图3-2-3）。

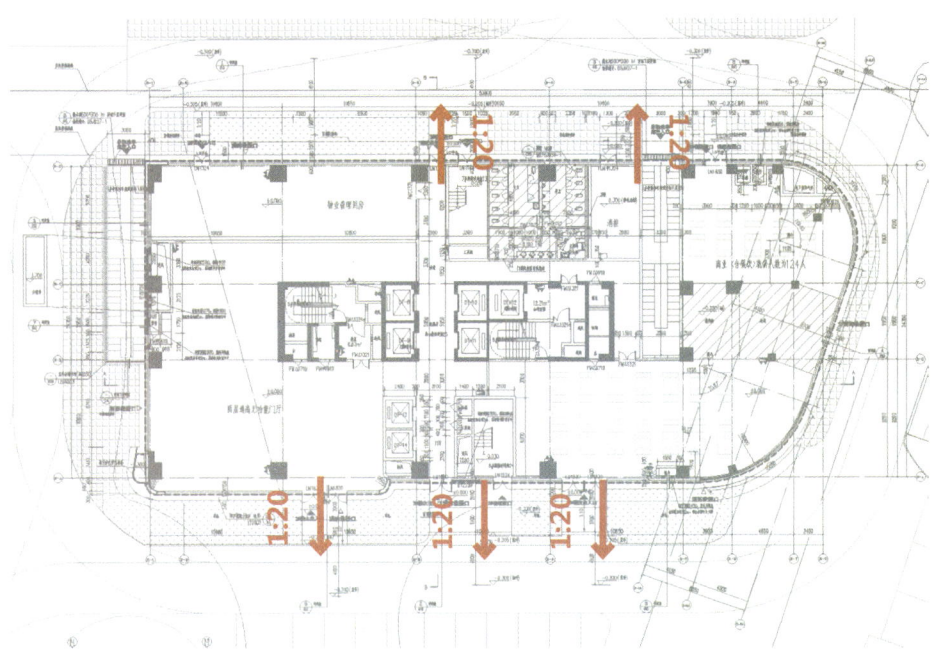

图 3-2-1　建筑的入口都做成了平坡方式
图片来源：浙江大学建筑设计研究院

图 3-2-2　嘉兴某党群中心休息区
图片来源：作者自摄

图 3-2-3　浙江大学建筑设计研究院服务台设计
图片来源：作者自摄

　　日常生活中，有许多小设计，已经体现了融合设计的"减少使用者判断和思考的动作"这一思想。例如，开关控制按钮，将按钮与房间的平面布局融合，可以轻松地搞清楚哪个按钮对应的是哪个房间（图 3-2-4）。组装过家具的人，都知道寻找零件是个很烦人的过程。按照拼装顺序来包装零件，使用时只要按照顺序拆开，就可以知道何时何地使用何种零件，不需要看说明书，也省去了来回翻找的麻烦（图 3-2-5）。在牛奶包装上融合三个透明的部位，无须摇晃牛奶盒或者打开盖子，就能知道剩余的牛奶量（图 3-2-6）。加

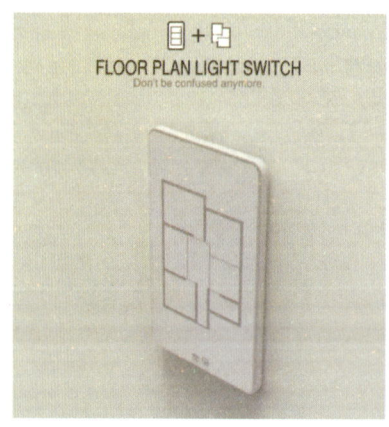

图 3-2-4　将开关与平面布局融合的设计

图片来源：https://www.qiduoyu.com/article/read/id/2047.html

图 3-2-5　按照拼装顺序的零件包装

图片来源：https://xw.qq.com/cmsid20190426A0-BAPY00?f=dc

图 3-2-6　能显示牛奶量的包装

图片来源：https://xw.qq.com/cmsid/20190426A0BAPY00?f=dc

拿大多伦多布罗德维尤 100 号建筑内，用鲜明的颜色、放大的箭头来指示方向（图 3-2-7），直观、便利，又将标识融入整体的室内设计中。

图 3-2-7 多布罗德维尤 100
号大厅标识设计
图片来源：《世界建筑》2019
年第 10 期

（二）让使用更加自然

融合设计希望让使用的过程更加自然。

这个自然一方面可以通过更加符合人类最原本的行为习惯来实现。比如，人类最原始的交流方式是对话，而不是文字，所以语音输入是更加方便使用的。使用手机时，势必会有一个拿起手机的动作，那么以拿起手机这个动作就唤醒屏幕，而不是去按解锁键，是更加自然的使用方式。人脸识别的解锁方式，几乎是在将手机拿到眼前的过程中，就完成了解锁，省去了输密码或按指纹的动作，也是减少多余步骤的做法。

这种自然另一方面也可以通过将新加的元素融入整体来实现。美国圣路易斯的拱门博物馆是优秀的无障碍设计案例（图 3-2-8），其入口坡道也符合融合设计的指导思想。博物馆主入口有两个对称的环形坡道从地面缓缓导向地下[1]，既满足无障碍需求，又给来访者留下深刻的印象，展现了很强的艺术效果。这种艺术效果和博物馆作为文化类建筑的身份是非常契合的。此外，环形的坡道和整体的弧形外环境又十分呼应。于是，环形的坡道不再是无障碍的设施，而成了反映建筑文化特性和景观特色的一个不可缺少的设计要素，因此这个坡道的出现就变成了情理之中的事，它的使用也变得非常自然。

---

[1] 库珀·罗伯逊建筑事务所. 拱门博物馆，圣路易斯，美国 [J]. 世界建筑，2019（10）：39-41.

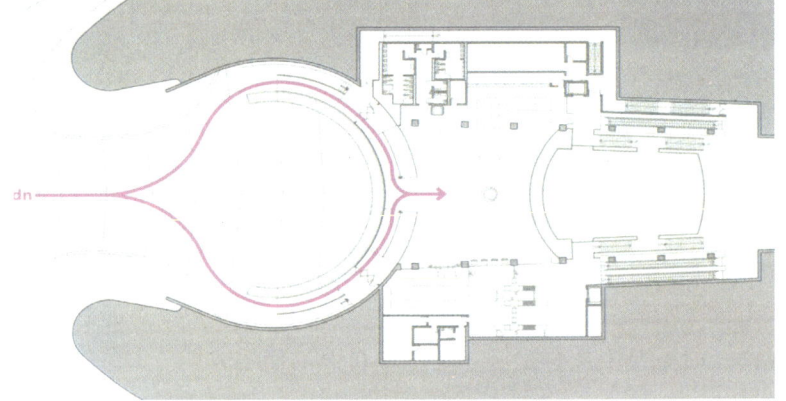

图 3-2-8
拱门博物馆鸟瞰照片与平面图
图片来源:《世界建筑》2019年第 10 期

二、能激发人的进步

融合设计是赋能设计,试图通过设计激发使用者的进步,主要体现在以下三个方面。

(一)增加能力,促进人的社会参与

辅具是通过改变残障人士的自身条件,来提高他们的能力;无障碍设计是通过改变外面环境,来提高残障人士、老年人和其他遇到情境性障碍的人的能力。融合设计也是为了增加使用者的能力,让他们能够顺利地参与到社会活动中,体验到归属感,而且将同时兼顾用户自身和外部环境两个方面。

首先,是提高用户自身能力。

Be My Eyes 是一款帮助视障人士的 APP。它的原理非常简单:视障人士

在日常生活中如果需要帮助看东西（比如读产品包装），打开这个APP、点击呼叫，在世界的某个角落，一个愿意帮忙的志愿者就会接通视频，帮他完成一件需要视力才能做到的事情（图3-2-9）。

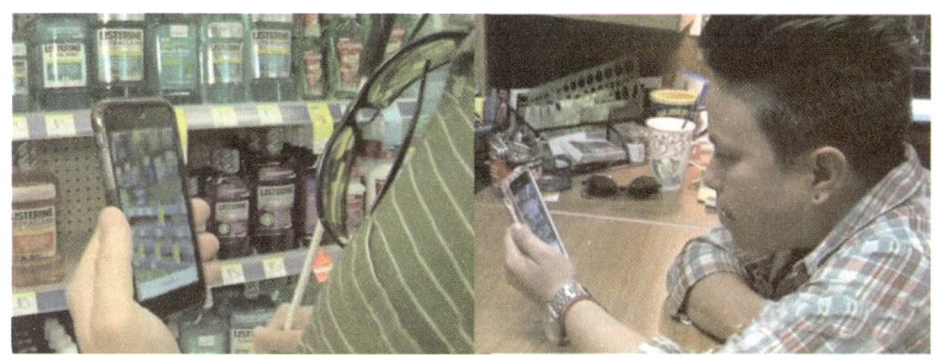

图3-2-9　Be My Eyes 应用场景　左图：正在购物的盲人；右图：志愿者
图片来源：https://zhuanlan.zhihu.com/p/120801677

这个技术本身一点也不复杂，其实就是远程视频通信，Skype在2003年就已经开发完善了这个技术。这个APP融入了一个广播求助的功能进去，让视障人士通过类似众筹的模式，可以随时免费"借"来一双眼睛用。这是一个非常简单的想法，事实证明其效果非常好。

据谷歌用户体验设计师夏冰莹女士介绍，她在这个APP里注册当志愿者已经快两年，收到过几次寻求帮助的推送，但是每次都被别人抢先回应，她觉得这根本就是个丧心病狂比手速的游戏。这说明，世界上缺的不是热心人，而是缺让热心人发挥能量的途径。据统计，在2015年，这个平台上已经有1万多名盲人、11万多名志愿者，比例为1∶11，想帮助别人还不一定能抢到这个机会，从侧面说明这个实用的APP的确给视障人士带来了实时的帮助。而这个APP除了帮助视障人士，也很大程度上提高了想要去帮助别人的人的能力，因为它降低了助人的难度和成本，通过它，所有注册用户都可以帮助千里之外的残障人士。

第二，是改变外部环境。

新加坡马林台组屋区是一片有50年历史的住宅区，[①]老龄化严重。但是老

---

①DP建筑事务所.快乐中心！Makan，马林百列，新加坡［J］.世界建筑，2019（10）：42-47.

人们多年的生活经历和故事，让这片区域变得丰富多彩起来。随着时间的推移，独居老人遭遇的社会隔离问题也开始显现出来（图 3-2-10）。建筑师在组屋区 52 的底层设计了一个"快乐中心"（图 3-2-11），期望帮助解决社区人口日益老龄化的问题。

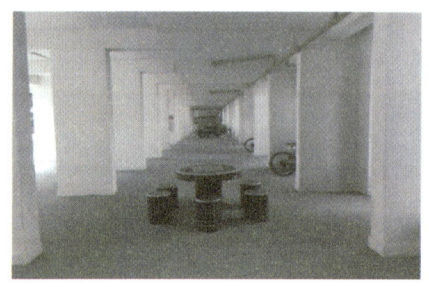 

图 3-2-10　场地改造前照片
图片来源：《世界建筑》2019 年第 10 期

图 3-2-11　"快乐中心"照片
图片来源：《世界建筑》2019 年第 10 期

新加坡东海岸地区丰富的饮食文化为设计带来灵感，建筑师希望通过食物将老年人及更多社区成员聚集到一起。设计团队通过了解老龄化社区居民的情感、心理和社会需求，最终探讨出了一个舒适、具吸引力的活动空间，将原本的内向封闭空间打破，形成老年活动中心的新模式（图 3-2-12）。

图 3-2-12　打破内向封闭空间的"快乐中心"
图片来源:《世界建筑》2019 年第 10 期

设计以厨房为中心，围绕中央布置一系列公共活动区域，便于老年人进行日常的烹饪、就餐、清洁行为，鼓励他们向社区展示备餐时的各项技能。此外，分享美食原本就是这个地区的传统活动[①]，老人们通过这些活动分享故事，建立友谊。而可以通过厨房活动回馈社会，老年人似乎又回到了年轻时代，他们重新成为社会的积极贡献者（图 3-2-13）。

设计团队充分利用底层架空的通透性营造出开放包容的环境，以减轻独居老人的孤独感。传统的总是有实墙隔断的设计手法被摒弃，取而代之的是活动空间去边界化。快乐中心外立面采用可移动落地玻璃门，使室内外边界变得灵活通透，营造出开放友好的场地氛围，也增强了老年人的安全感（图 3-2-14）。通透的设计也形成了极佳的通风条件（图 3-2-15），舒适的活动空间也为中央厨房创造灵活变换运作模式的可能性。通透的格局实现了包容性，创造出开放、无隔阂的环境，促进独居老人之间的交流，减少了社会隔离。这种格局，也促成了空间与功能的融合。当然，这种空间布局不是为了融合而融合。老年人的认知、交流和行动能力相对下降，细分的空间不太适合他们，所以这种融合是适合他们能力和行为的。

室内设计部分致力于创造活跃的生活，无论老年人的能力如何，他们的行为模式和无障碍需求都尽可能地被满足，通过设计帮助他们一起做饭、吃饭和打扫卫生。内部空间活泼生动的色彩，暗示不同功能分区，也有助于空间活力的提升。此外，还可以为老年人，尤其是轻度痴呆的老年人带来一丝

---

①DP 建筑事务所.快乐中心！Makan，马林百列，新加坡［J］.世界建筑，2019（10）：42-47.

愉悦（图 3-2-16）。活动中心拥有一体化存放架系统，系统性放置的存储食材的器皿及锅碗瓢盆不但位置一目了然，还构成了丰富的空间纹理，产生了强烈的韵律感，也形成了鲜明的标识符号。设计中的包容性也体现在图标细节里（图 3-2-17），简洁易懂的图案使图标成为一种通用的语言，便于不同语言与文化背景的高龄人士使用。

图 3-2-13 "快乐中心"促进老人的社会参与
图片来源：《世界建筑》2019 年第 10 期

图 3-2-14 "快乐中心"通透的格局
图片来源：《世界建筑》2019 年第 10 期

图 3-2-15 通高的开窗有利于通风和采光
图片来源：《世界建筑》2019 年第 10 期

图 3-2-16 "快乐中心"鲜明的色彩模式
图片来源：《世界建筑》2019 年第 10 期

　　快乐中心的设计秉承以人为本的精神，超越简单的环境塑造，达到了精神关怀的层面，给老人们以自我实现的机会，为老龄化的新加坡社会提供新的活力。

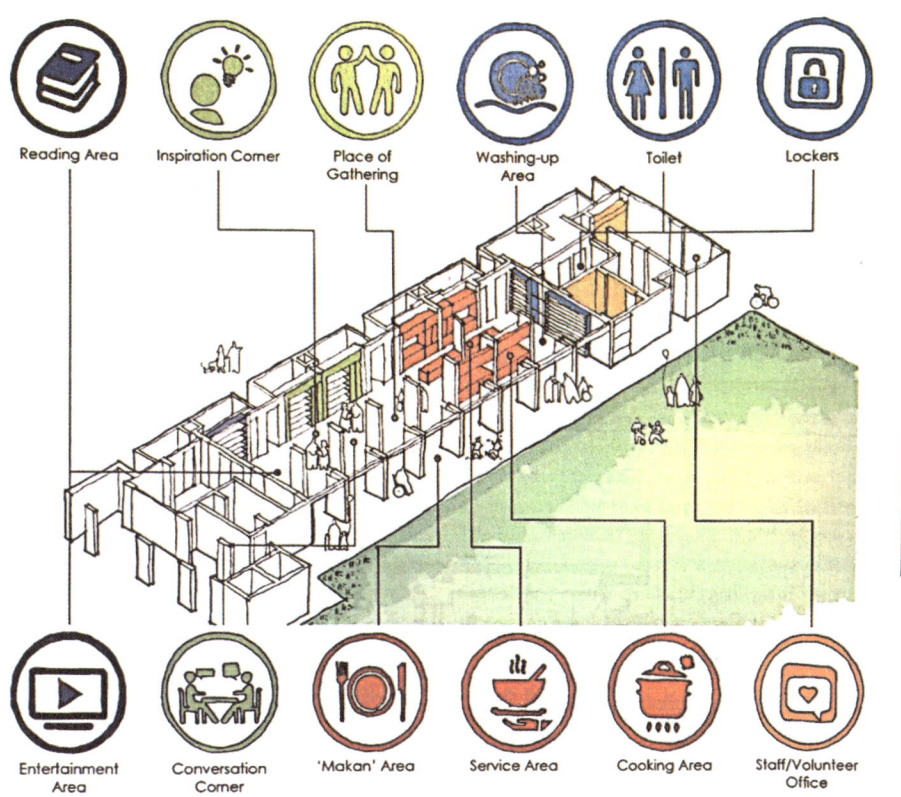

图 3-2-17 "快乐中心"特别设计的符号标识
图片来源：《世界建筑》2019 年第 10 期

（二）通过增加便利性，让人更愿意去做应该做的事情

　　人们做不符合道德规范的事，或不去做好事，并不全是人性本恶，而是有时候按规矩做事实在是一件很麻烦的事情。比如一条过长的缺少人行横道的马路，一旦走错，就必须要重新走上很长一段路才行，这种情况下，有些人不得不穿越绿化隔离带。这种情况完全是可以通过设计来避免的。

　　车技不好的人倒车入库总是不能整齐地停在两条线之间，好不容易停进去了，却很可能因为停的位置太靠边，而影响其他车位的使用。不是他们不愿意好好停车，而是对车技不好的人来说规规矩矩把车停好有点难。图3-2-18所示的做法是把车位线延长到墙上，和学车时定位用的竖杆有异曲同工的作用，大大方便了开车新手，他们自然更加愿意把车子准确停在车位中间的位置，为两边的人留出腾挪的余地。

用单纯的口号呼吁大家节约水资源略显空洞，而如图3-2-19的马桶设计则为大家节约水资源提供了方便的路径。洗过手的水直接流入马桶水箱里，不需要额外动作就达到了水资源多次利用，原来做好事也可以如此简单。

图3-2-18　将车位线延伸到墙面上　　　图3-2-19　将洗手池和马桶水箱融合
图片来源：https://xw.qq.com/cmsid/　　　图片来源：https://xw.qq.com/cmsid/
　　20190426A0BAPY00?f=dc　　　　　　20190426A0BAPY00?f=dc

（三）通过增加趣味性，让人们做好事

大家一定有过这样的经历：走路的时候扔垃圾，可能会一不小心扔到垃圾桶外面，但是因为已经走过去了，就不愿意再折回来把垃圾捡起来再扔进垃圾桶。通过合理的设计可以大大减少这种情况的发生（图3-2-20）。在垃圾桶上面增加一个篮球筐，顿时，扔垃圾这个过程变得充满趣味性。篮筐的存在，首先会吸引大家的注意力，觉得这个东西很好玩；其次，能激发人的好胜心，一定要准确地把垃圾扔进去才甘心，似乎投放垃圾的过程就是三分投篮的过程。

这也正是融合设计的魅力所在，它让日常的东西变得有趣，从而激发人们内心对美好的渴望，引导人们自然而然地去做好事。

图 3-2-20 与篮筐结合的垃圾桶设计
图片来源：左图 https://xw.qq.com/cmsid/20190426A0BAPY00?f=dc
右图 https://www.qiduoyu.com/article/read/id/2047.html

第三节 融合设计的原则

无规矩不成方圆。在实践过程中，应遵循六大原则，以保证融合设计在包括空间设计、产品设计在内的各个领域有效地展开。这六大原则为：简洁性、隐藏性、包容性、灵活性、地域性和可持续性。

一、简洁性

（一）用最简单的方法、最少的元素满足使用的需求

在设计功能以满足用户需求时，融合设计试图将运用的方法和元素减少到最少，以最简约的手段，呈现最简洁的作品。

1. 将使用的材料降到最少

2018 年 9 月 28 日，浙江理工大学艺术与设计学院衍设计工作室（YAN DESIGN）作品《Snack Mask》从来自全球 55 个国家的 5640 余件作品中脱颖而出，夺得红点设计大奖。Snack Mask 是一款便携易用的趣味口罩，设计非常简洁，包装即是口罩（图 3-3-1）。这种小巧独立的包装保证了产品的便携卫生，包装一体化的设计方式，为用户创造了一种便携高效的使用体验：只需向左右两边轻轻撕开，口罩立现，顺势戴上即可快速完成整个使用过程，打开方式传递了"秒戴"理念（图 3-3-2）。

将包装与口罩融合的设计，没有任何多余元素，适应当代快速的生活节奏和人们对个性化的追求；零包装垃圾的产生的绿色设计，也体现出积极健康的生活态度。因此，这个设计才能获得素有设计界"奥斯卡"美誉的红点概念设计奖（Red Dot Award：Design Concept）的认同。

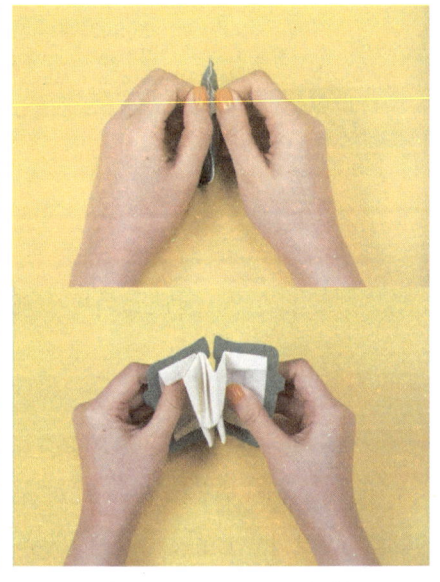

图 3-3-1　Snack Mask 的一体化包装设计　　　图 3-3-2　Snack Mask 的"秒戴"过程
图片来源：http://ad.zstu.edu.cn/info/1151/3784.htm　　图片来源：http://ad.zstu.edu.cn/info/1151/3784.htm

2. 简洁的设计结果背后是不简单的设计过程

融合设计希望给使用者呈现出简洁的设计结果，让使用者能更加专注地去体验使用的乐趣，而不是被烦琐的造型、复杂的使用过程分散注意力。但是要实现这样的结果，必须依靠反复的推敲与琢磨。

京都下鸭茶寮推出了一款新型粉末酱油，"Kona-shoyu"（"kona"意为粉末状，"shoyu"意为酱油）。与液体酱油相比，这款酱油的优点在于不会将食物润湿，从而可以让油炸菜品保持清脆口感。但是传统的酱油瓶都是细瓶口的，倒粉末酱油容易一下倒出太多，而往瓶内增加酱油粉时，又因为口部太小而很不方便。为了寻找一款革命性的容器，素有"设计鬼才"之称的日本设计师佐藤大从茶道中使用的长柄勺和水舍会使用的水桶中寻找灵感，这种用水清洗的仪式也许能用到新的设计中（图 3-3-3）。在水舍会的清洁仪式中，人们不会将手直接放进水中，而是先用长柄勺将水盛出再洗，这一"间接"动作被佐藤大巧妙转化到了倾倒酱油粉的过程中。

新容器如同一个俏皮的娃娃，有大大的脑袋和大大的肚子，而中间细细的脖子无形中可以提供一个"间接"来进行缓冲。大脑袋是漏斗状的口部，很方便就可以补充新的粉末，但是因为"脖子"的存在，在撒酱油粉时又能避免一下子倒出来太多的问题。平时，"娃娃"稳稳地站立，粉末存放在"肚子"里。使用时，将瓶子倾斜，部分粉末进入前端，但是因为有"脖子"这个设计，不会有过多粉末涌出，这相当于是一个"校验（check）"的过程，使用者可以在每次使用时对用量有比较清晰的把控。最后，仅需要轻轻转动手腕，粉末就可以均匀撒在食物上，自然不会一下子倒出太多的粉末（图 3-3-4）。

这款酱油瓶的造型非常简洁，只是改变了瓶子本身，没有在瓶子上附加多余元素。但是倾倒和添加酱油粉的功能已经被很好完成了（图 3-3-5），而且瓶子的外观也十分精致，让人们加料的过程变得美好，可谓是一个设计就

图 3-3-3 传统酱油瓶（左）和本设计（右）的对比
图片来源：http://www.360doc.com/content/17/1027/21/32221064_698678297.shtml

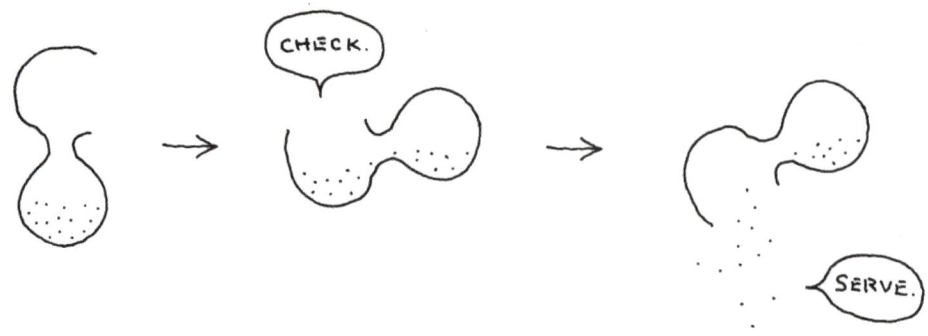

图 3-3-4　使用过程示意图
图片来源：http://www.360doc.com/content/17/1027/21/32221064_698678297.shtml

图 3-3-5　倾倒和添加酱油粉
图片来源：http://www.360doc.com/content/17/1027/21/32221064_698678297.shtml

同时完成功能和造型需求。

当然，简洁的背后蕴含的是精雕细琢的设计过程：瓶子的尺寸和颈部的倾斜度都经过了反复试验，从而可以准确地控制倒出的酱油粉末的量，并且没有用完的粉末也可以很方便地重新装回容器内。

（二）在完成功能的同时塑造美，不必额外增加装饰

被科技耽误的"建筑设计师"——苹果公司——几乎每一个门店都是融合设计简洁性的代表。它以近乎极简的方式，呈现出一尘不染的"未来科技感"。每一个设计都是从功能出发，但是却用功能完成了美，不需要添加任何额外装饰。这里，将以苹果纽约第五大道旗舰店的两个元素——入口的玻璃盒子和广场上的雕塑与地灯——为例进行阐述。

1. 入口的玻璃盒子

纽约第五大道旗舰店入口的玻璃盒子，是将用户引入内部的仪式空间，也是苹果科技感的象征。苹果公司希望以一个极简的盒子模糊室内外的边界。2006 年，纽约第五大道旗舰店刚刚开放的时候，尽管苹果公司已经将玻璃的通透性和颜色做到了极致，但是由于当时幕墙玻璃和结构的技术限制，无法做出如此大块、完整的玻璃，只能采用一定的分割，结构也比较复杂。这个时候本来是优点的高透玻璃，反而成了它的软肋，将内部的结构完全暴露了出来，显得非常凌乱。所以，那个时候的苹果公司只能加强灯光处理，将整个玻璃盒子照得特别亮，试图打造一种钻石一样闪耀且晶莹剔透的感觉。之后，玻璃幕墙的工艺得到了提高，每面的 18 块玻璃减少到现在每面只有 3 块玻璃（图 3-3-6），内部的支撑结构也变少了，才形成了现在这种内敛的气质。

　　这是一个不断简化的设计过程，结构在做减法，但依靠了不断叠加的结构技术。一个有独特体验的入口这一功能完成了，玻璃盒子的美也同步实现了。

图 3-3-6
玻璃盒子改造前后对比图
图片来源：
https://mp.weixin.qq.com/s/
s8J06nArLXSdnpIFvPgv1Q

2. 广场上的雕塑与地灯

走近旗舰店的公共广场，首先映入眼帘的是九个依次排列在玻璃盒子两侧的"Skylenses"雕塑，曲面的线条和镜面的设计使其能够同时兼顾装饰性和实用性，游客可以舒适地坐在上面，而且雕塑下方内置的循环冷却系统还能确保这些雕塑不会在冬季出现霜冻，实现全年可用。在这些雕塑的周围，还有 62 盏嵌在地上的圆形灯，站在广场上，圆形地灯完美融入到整体的铺地中（图 3-3-7）。

进入室内，"Skylenses"雕塑和 62 盏圆形灯在地底下成为了"天窗"（图 3-3-8），它们负责将自然光引流到室内，配合上由弯曲织物制成的"云状"背光天花板，室内的采光能够全天将人造光和自然光线融合在一起，以适应不同时间段的日光色调。即使在弱光条件下，天窗周围的光线强度能够自动调节，营造出自然光充斥室内的感觉。晚上，这些灯发出的光线也会照亮整个广场（图 3-3-9），同时实现了对室内室外的照明。

无论是玻璃盒子还是广场上的雕塑与地灯，都是从实际功能出发的，但都以毫无多余装饰的设计，打造了极简的空间，再次强化了用户心中"苹果 = 美"的观念。

图 3-3-7 "Skylenses"雕塑与地灯

图片来源：https://www.6sqft.com/APPles-fifth-avenue-flagship-with-famed-glass-cube-reopens/

图 3-3-8 从室内看"Skylenses"雕塑与地灯
图片来源：https://www.6sqft.com/APPles-fifth-avenue-flagship-with-famed-glass-cube-reopens/

图 3-3-9 "Skylenses"雕塑与地灯夜景效果
图片来源：https://techcrunch.com/2019/09/17/natural-lighting-is-the-key-to-APPles-
remodeled-fifth-ave-store/

二、隐藏性

（一）从一开始就避免人为制造障碍

隐藏性，首先要求在设计之初，就避免因考虑不周而产生的障碍。融合设计最反对的就是先自我制造一堆障碍，然后以补丁的方式去解决。好的设计，可以在一开始就为使用者提供便捷、通达的使用环境。以珠海中海富华里商业步行街为例，所有的店铺都和步行街无高差衔接（图 3-3-10），省去了后期加坡道的工作。此外，隐藏的排水系统，也保证了雨水不会进入店铺中。没有添加任何无障碍设施，但是却没有产生任何障碍。

图 3-3-10　中海富华里商业街
图片来源：https://www.meipian.cn/1lmmy0q4

（二）以更友好的形式隐藏突兀的无障碍设施

无障碍环境建设，真正的目的是提供符合残障人士身体状况和使用需求的设施，而不是满足无障碍规范要求的形式。融合设计提倡结合每个场地独特的环境，进行一对一的设计，从而将突兀的无障碍设施隐藏在友好的形式中。例如：传统黄色双层无障碍扶手虽满足使用，却也凸显了肢体残障人士的特殊性。丹麦残疾人士协会大楼的栏杆设计，将较高侧木扶手结合穿孔铝板作为保护（图 3-3-11）。对肢体障碍者来说，木质扶手相当于双层扶手中850—900mm 高度的扶手，铝板上的圆孔在一定程度上可以发挥 650—700mm 高度的扶手的作用。对视觉障碍者来说，木材和不同大小的孔洞可使他们通过触觉识别，起到引导与保护作用。因此，丹麦残疾人士协会大楼融合设计的栏杆，隐藏了双层扶手的形式，却优化了它的功能，美观又好用。

图 3-3-11　丹麦残疾人士协会大楼扶手设计
图片来源：http://www.chinabuildingcentre.com/show-6-3850-1.html

（三）以秩序感去隐藏必要的功能构件

随着人们对空间舒适性要求的提高，以及消防规范的越发严格，建筑室内必有的元素越来越多：照明系统、空调系统、喷淋系统，等等。这些功能构件如何处理呢？将它们统一在一种秩序感中，是一种可行的办法。

以苹果公司杭州旗舰店为例。吊顶进行纵向划分，11 块，每块之间的接缝都与立面的划分一一对应，在视觉上从立面延伸至室内，增加了室内空间的进深感和韵律感（图 3-3-12）。吊顶板采用白色半透明面板，将灯管藏在面板内部，消防喷淋系统的喷口被藏在黑色的接缝处。这样处理，在室内就看不到屋顶杂乱的布线，还可以将灯光进行均匀散射——在满足照明的时候，不至于刺眼，也不会像射灯那样周边产生阴影。于是，使用者虽然得到了照明，得到了喷淋系统的保护，但是他们不会觉察到灯具、管线的存在，他们看到的，只是充满秩序感的吊顶。

图 3-3-12　苹果公司杭州旗舰店
图片来源：https://mp.weixin.qq.com/s/s8J06nArLXSdnpIFvPgv1Q

再以三星的几家旗舰店作对比（图 3-3-13）。同样是简约的现代建筑风格，同样也很有黑科技的效果，但是它的吊顶反而非常平淡无奇，甚至略显杂乱。因为灯还是灯，风口还是风口，每个元素都在凸显自己，整体的艺术性自然大打折扣。

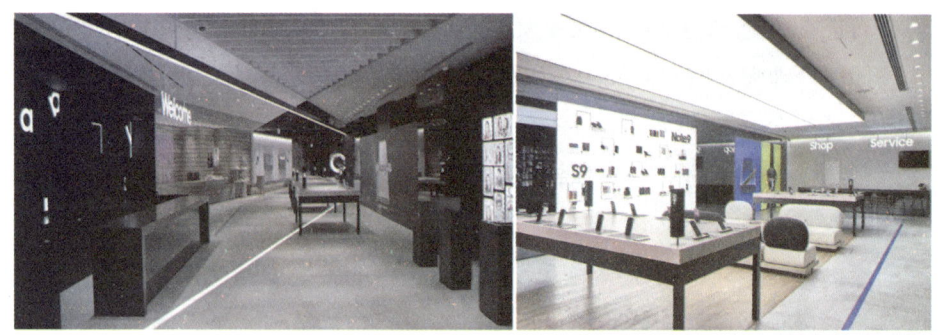

图 3-3-13　三星旗舰店吊顶
图片来源：https://mp.weixin.qq.com/s/s8J06nArLXSdnpIFvPgv1Q

（四）装饰与用途隐藏在物品本身的特征里

2017 年，佐藤大又以一组拉链设计的作品（zippppper project）在设计界和网络上掀起了一阵狂澜。这组作品包括五款不同的拉链（图 3-3-14），将拉链的表现形式和使用方式隐藏在拉链本身的咬合结构中，并进行了再定义，似乎在拉链本身中，融合了另外一个自己。毫无多余元素的外观，表面上隐藏了所有的设计手法，但又能激发使用者无限的好奇心，从而不由自主地去研究拉链中的"小心机"，获得无限的乐趣。

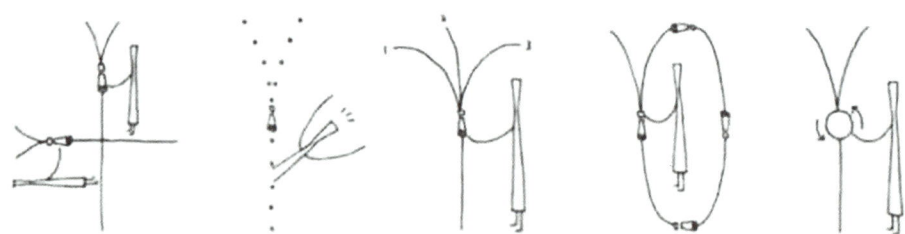

图 3-3-14　佐藤大 "zippppper project" 拉链设计
图片来源：https://m.sohu.com/a/203054564_165440/?_trans_=010005_pcwzywxewmsm

第一款拉链是十字形拉链。与通常只可以一个方向开关的拉链不同，它是一个可以互相交叉的拉链。佐藤大在两个拉链交叉处的中间设计了一个十字系统（图 3-3-15）：这是整个设计中的核心所在，它利用一个小的卍形机关，负责在纵横交错连接处进行咬合。借助这个小机关，水平方向的拉链可以顺利开关，另外一个拉链在垂直方向也可以开关。这样一来，就轻松地解决了普通拉链只能拉向一个方向的问题，完成了在拉链界原本不可能完成的"十字交叉"，实现了拉链的"纵横捭阖"。将这个拉链用在包袋上，拉链在灰色的包袋表面形成了白色的十字交叉，让一个简单的包袋同时拥有了两个不同方向的开口（图3-3-16）。用户可以根据需要，选择水平或垂直方向拉开拉链，轻松地取出包内的物品。

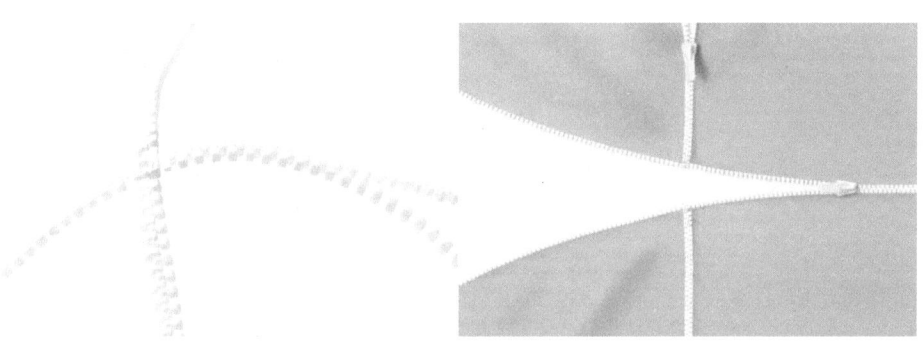

图 3-3-15　十字形拉链结构示意图
图片来源：https://m.sohu.com/a/203054564_165440/?_trans_=010005_pcwzywxewmsm

图 3-3-16　十字形拉链的包袋样式（左）以及不同的适用方式（右）
图片来源：https://m.sohu.com/a/203054564_165440/?_trans_=010005_pcwzywxewmsm

第二款是带有间隙的拉链。在保留了普通拉链使用简单方便的特点外，它将自己分裂，融合了一段空隙。在这个拉链的设计中，每隔一段拉链齿就会出现一个类似于磁铁或纽扣的小结构，用户在使用时可以将它们全部拉开，也可以利用这个小结构使得拉链产生空隙（图3-3-17）。这种间隙在增加了透气性、灵活性和柔软性等新特性的同时，使其仍具有典型普通拉链的可用性。这些小结构彼此互相固定，耳机线、充电线等可以轻松通过。很明显，这个方案能让用户在无须完全拉开拉链的情况下，更灵活方便地操作

（图 3-3-18），使用者只要从包上拉链的一个小口里就能拿出耳机、纸卷等小物品。也特别适合手机放在包里，连着耳塞听歌或接打电话，或手机拿在手上使用，同时连着放在包里的充电宝之类的使用场景。

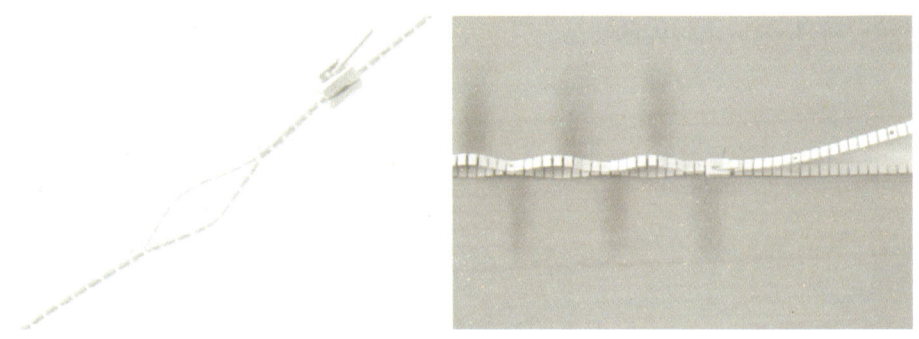

图 3-3-17　带间隙拉链结构示意图
图片来源：https://m.sohu.com/a/203054564_165440/?_trans_=010005_pcwzywxewmsm

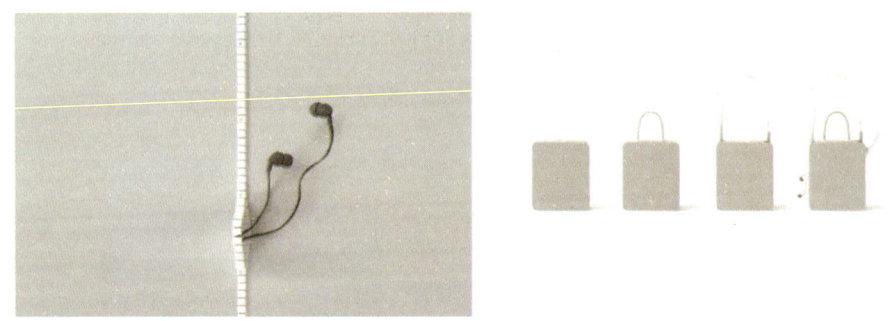

图 3-3-18　带间隙拉链应用场景示意
图片来源：https://m.sohu.com/a/203054564_165440/?_trans_=010005_pcwzywxewmsm

第三款是三维的拉链。它没有采用传统平行的设计手法，而是让织物以立体的形态连接在一起！佐藤大设计了一个三字形的滑块，从而将三组拉链组合在一起，如同普通的拉链又融合了半个自己。于是，在一个空间内，拉链所关联的织物同时可以分成 3 个方向来分离与连接（图 3-3-19）。这个设计将拉链直接上升到三维空间，打破了原始拉链的平面界限，甚至很有可能激发服装设计师们创作出非常不一样的设计。应用在包袋上，可以直接将包袋的手柄与包身全部用拉链连接，随意打开或者收合（图 3-3-20），具有很强的趣味性。

图 3-3-19　三维拉链结构示意（左）三字形滑块（右）
图片来源：https://m.sohu.com/a/203054564_165440/?_trans_=010005_pcwzywxewmsm

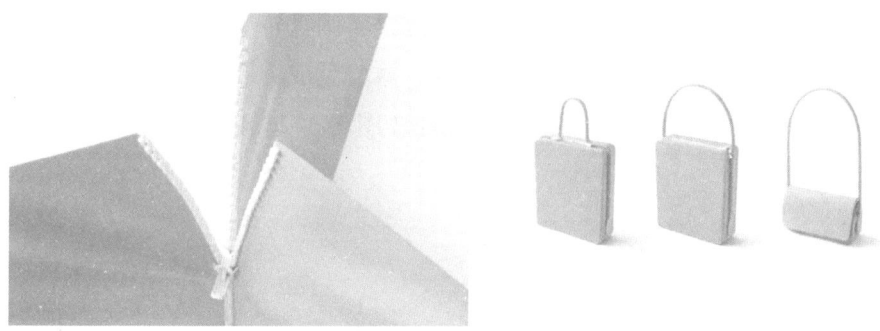

图 3-3-20　三维拉链应用场景示意
图片来源：https://m.sohu.com/a/203054564_165440/?_trans_=010005_pcwzywxewmsm

　　第四款是无限循环拉链。以往的拉链是有始点与终点的，而这个拉链则是"环状"，没有起点也没有终点，360 度任何方向都可以拉伸（图 3-3-21）。佐藤大将拉链做成了一个个大小不一的环形封闭状（图 3-3-22），拉链首

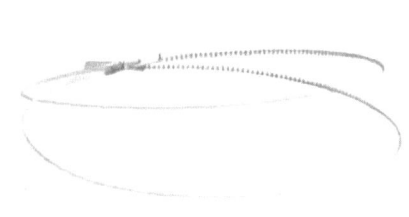

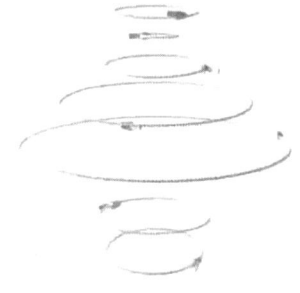

图 3-3-21　无限循环拉链结构示意
图片来源：https://m.sohu.com/a/203054564_
　165440/?_trans_=010005_pcwzywxewmsm

图 3-3-22　可做成大小不一的环
图片来源：https://m.sohu.com/a/203054564_
　165440/?_trans_=010005_pcwzywxewmsm

尾相连，自己和自己完全融合。于是，两个使用这款拉链的布料或产品之间可以进行无限延伸（图 3-3-23），用户也可以根据自身喜好不断地添加上去。当应用在包包上时，可以利用这款拉链将包袋产品完全分割或者拼接（图 3-3-24）。

第五款是圆盘拉链。以往在移动拉链时，用户总需要用另外一只手来拉住拉链的末端，使其成为直线形状，这样才能方便开关。正是捕捉到了这种不便的情况，佐藤大将新的拉链设计成了一个圆圈，内部齿轮的运动使得新的拉链可以简单地用单手操作（图 3-3-25）。它将传统的形式彻底抛去，换成全新设计的圆盘系统来完成"咬合"的动作。圆盘的内部由一系列大小不一的齿轮来实现传动。用户在使用时，只需要将圆盘转动，即可实现开关和闭合。当这个圆盘拉链被应用在包带上时，本身就成为一个装饰物。同时，用户用一只手就可以操作，轻松地放取物品（图 3-3-26）。

图 3-3-23　可将产品无限延伸
图片来源：https://m.sohu.com/a/203054564_
165440/?_trans_=010005_pcwzywxewmsm

图 3-3-24　在包袋上的应用
图片来源：https://m.sohu.com/a/203054564_
165440/?_trans_=010005_pcwzywxewmsm

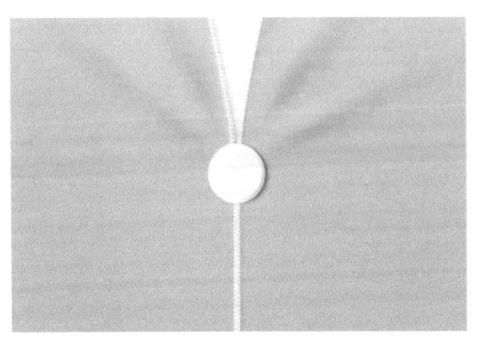

图 3-3-25　圆盘环拉链结构示意
图片来源：https://m.sohu.com/a/203054564_165440/?_trans_=010005_pcwzywxewmsm

图 3-3-26　圆盘拉链应用场景示意
图片来源：https://m.sohu.com/a/203054564_165440/?_trans_=010005_pcwzywxewmsm

三、包容性

融合设计的包容性不仅仅要包容各种不同人的特性，也要包容诸如便利性、选择性、自立性、舒适性和经济性所代表的所有诉求。这样的包容性也意味着对各种矛盾的平衡和多种复杂因素的融合，以恰如其分的美，实现无障碍环境的目标。具体到设计上，体现在对差异的包容和对错误的包容。

（一）包容差异

这个差异包括使用者身体情况的不同以及使用爱好的不同。

1. 包容身体情况的差异

布罗德维尤 100 号原是两条繁忙街道拐角处的一个自助存储设施[1]，位于一栋新建公寓楼的下方，曾经是多伦多东区一栋不起眼而处境尴尬的建筑。布罗德维尤 100 号大厅除了毫无存在感，还不易通行：入口通道没有直接的无障碍通道，采访者需拾级而上几英尺才可到"底楼（Ground Floor）"，或下行几级台阶前往较低楼层。[2] 走廊没有路标或标识导向，进一步造成了混乱，租赁效果不理想。负责改造的 Quadrangle 建筑事务所需要挖掘该建筑的潜力和历史，同时注入当代精神，整体提升布罗德维尤 100 号——让它不仅转变为一个设计巧妙且具有吸引力的空间，还可以充当富有活力的社区中心。

该建筑最大的改动之处是将楼板拆除，把底楼的大部分空间都变为一个引人注目的大厅（图 3-3-27）。设计师们设计了一段之字形的混凝土坡道，引导人们前往上面的楼层或地下室层，营造出一种进深感和动感（图 3-3-

---

①②Quadrangle 建筑事务所．布罗德维尤 100 号大厅［J］．世界建筑，2019（10）：54-59.

28）。与该坡道相交的是贴有橙色可视条的下行楼梯以及带木踏板的黑色钢制上行楼梯。这些元素重叠交错，创造了一个具有质感且气派的建筑入口。

无障碍坡道在很多情况下都被布置于不起眼的角落，但布罗德维尤100号以极大的包容性，将坡道变成了空间的焦点，向人们展示了融合设计如何超越无障碍设计（图3-3-29）：其功能性坡道为轮椅使用者和骑自行车的人提供了便利，而明亮的色彩则为视力障碍者提供了具有高对比度的路径，坡道、楼梯的动感组合，则深深吸引了年轻人。

图3-3-27　布罗德维尤100号大厅内景
图片来源：《世界建筑》2019年第10期

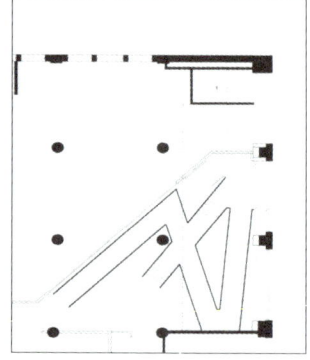

图3-3-28　布罗德维尤100号
大厅平面图
图片来源：《世界建筑》2019
年第10期

图3-3-29　布罗德维尤100号大厅的设计包容了多种使用者
图片来源：《世界建筑》2019年第10期

2. 包容使用爱好的差异

照顾到不同使用爱好的设计，可以给使用者带来自主性和趣味性，是融合设计赋能思维的体现。佐藤大设计的可以卷的纸手电筒（图 3-3-30）很好地体现了这一点。

这款手电筒运用了 AgIC 的技术，可通过银粒子墨水将电路板打印在纸张、胶片或者布料上。在测试了各种类型的纸张之后，佐藤大采用了一种选票用纸。这种纸的光滑表面保证了墨水的流畅扩散，并使纸张能够在受力最小的情况下被卷成圆筒形，同时不容易发生形变。此外，这款纸十分耐磨，且具有防水性，因此具有极高的应用性。

纸张两面的电路以方格的形式被打印出来，两个按钮和七个 LED 灯由导电胶粘贴在纸上。根据不同的卷曲力度，LED 灯的电路路径长度会发生变化，从而改变电阻，调节光的亮度。电路路径越长，电阻就越大，反之亦然。因此当卷纸的力度较轻时，灯光就比较暗，卷得较紧时，灯光则变亮。此外，基于 LED 灯在接触纸张时会改变颜色的特性，当 LED 灯所在的一面朝上时，手电筒会发出温暖的橙色灯光，而向反面卷曲的话，则会发出白色灯光。这样一来，使用者就可以根据场景的不同，和对光线的偏好，选择不同亮度和不同颜色的灯光。

另外使用者可以根据喜好，将灯卷成不同的形状来使用，可以作为台灯，也可以作为吊灯（图 3-3-31）。据介绍，在未来，纸手电筒还将可能运用于应急或灾难预防。[①]

图 3-3-30　纸手电筒卷曲示意
图片来源：http://www.360doc.com/content/20/0221/10/68675018_893599528.shtml

---

① 陌半仙儿. 佐藤大为 YKK 设计的拉链火了，你却才知道他？［DB/OL］. http://www.360doc.com/content/17/1027/21/32221064_698678297.shtml.

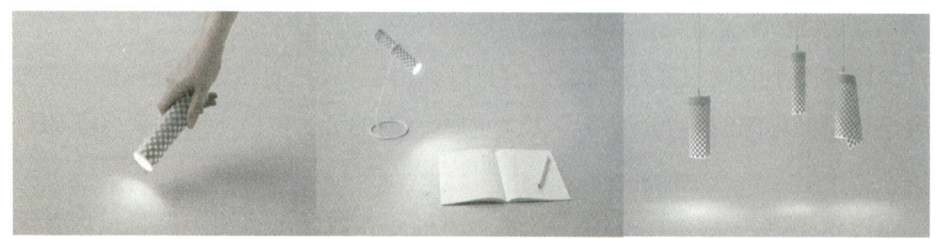

图 3-3-31　纸手电筒不同的应用形态
图片来源：http://www.360doc.com/content/20/0221/10/68675018_893599528.shtml

（二）包容错误

包括减少错误发生的可能，以及一旦发生错误时将损害减少到最低。

1. 减少错误发生的可能

通过设计，增强引导性，可以减少错误的发生。如上文图 3-2-5 所示的按照拼装顺序来包装零件，使用时只要按部就班将包装拆开，将零件组装起来就行。相较于常见的所有零件在一块儿，必须根据说明书来翻找的情况，基本上不用担心会丢失零件，或者弄不清下一步应该如何拼装。

有时候，减少错误也可以通过叠加形式的方法来实现。用耳塞，最尴尬的莫过于需要经常整理缠绕在一起的线（图 3-3-32），以及内部电线断了只有一边能听到声音。这款将拉链融合进耳塞的设计，对症下药。拉链将耳线合并，可大大减少耳线缠绕的可能；两股线合并为一股，耳线内的内线也不容易被扯断。

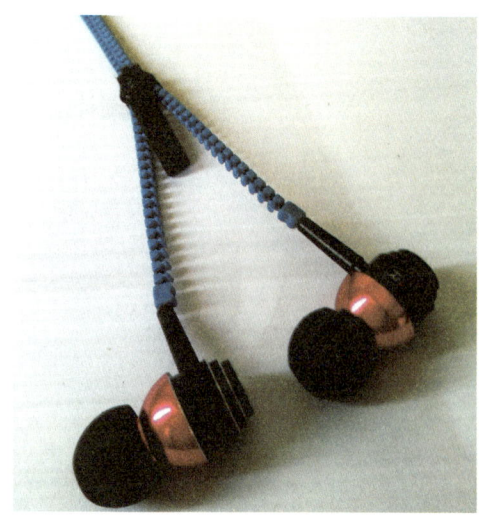

图 3-3-32　结合拉链的耳塞
图片来源：https://detail.1688.com/pic/
523896902844.html

2. 将错误带来的损害减少到最低

作为使用者，发生错误总是不可避免的，因此应该考虑到如何将错误发生后造成的损害降到最低。其实，越来越智能的电子产品已经很好地反映了这一点。过去的卡片相机，要等到洗出照片以后才能看到拍摄的效果，而这个时候去重拍，往往已经来不及了。而且每多拍一张，就需要多消耗一张底片，在物资不宽裕的年代，也不容许使用者在同一个角度多次拍摄。所以在那个年代，拍照时发生失误的代价是比较大的。接着，出现了拍立得，短时间内可以看到拍照效果，如果拍不好可以及时重拍，已经是一种进步。但拍立得的相片纸比较贵，所以并没有完全解决这个问题。而到了用数码相机或者手机拍照的年代，则完全不用担心这些问题了。大屏幕，可以直观看到拍照的效果；拍完立现，可以即时重拍；数码的储存方式，没有任何金钱损耗，完全消除了重拍的经济代价。这种容错的设计，使大家可以尽情地拍照。更进一步来说，为所有人学习摄影提供了十分便宜的途径。融合设计，以其容错性，实现了对使用者的赋能。

在无障碍环境建设中，十分需要关注智力障碍者、精神障碍者以及儿童因为行为不受控制而撞上墙面或者家具。这个时候，就需要对建筑空间进行一定的处理，以降低碰撞发生时对人体产生的损害。嘉兴市某党群服务中心报告厅的桌角都贴了防撞条（图 3-3-33），能有效降低碰撞发生时产生的损

图 3-3-33　嘉兴市某党群服务中心报告厅的桌角

图片来源：作者自摄

害。但这种补丁式的做法只达到了基本的无障碍要求，和融合设计所追求的容错性有较大差距。相反，位于福建某县城的柏安教育教室设计，则完美呈现了融合设计追求的效果。

在这个教室设计中，建筑师以弧形的墙体和外包了厚厚软皮的楼梯来降低意外事件带来的伤害（图 3-3-34）。当然，如果仅仅局限于此，那这个作品还无法成为融合设计的作品。这个案例最巧妙的是，弧形墙体不仅仅实现了安全功能，还为孩子们带来了充满趣味性的成长场所。

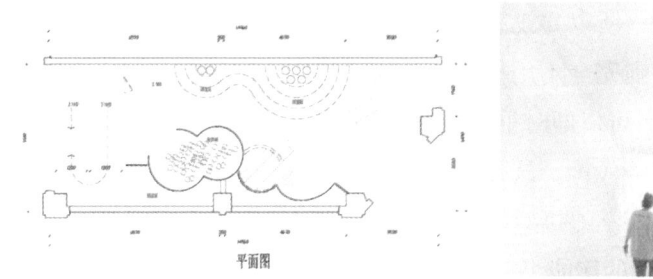

图 3-3-34 平面上的弧形墙体（左）和软皮厚包的楼梯（右）
图片来源：https://www.gooood.cn/poan-education-china-by-artisan-of-cun-panda-architecture-design.htm

项目伊始，建筑师希望创建一个儿童与教师能共同探索、玩耍与生活、学习的多功能空间。为此，建筑师插入了弧形墙体，形成 10 个不同体量的圆筒（图 3-3-35），像森林里高低错落的蘑菇群，不仅提高空间的复合性，而且激发孩子探索冲动，培养和构造孩子的空间认知能力。当代儿童研究发现空间认知能力被证实与语言能力和数学能力一样重要，而空间探索难度的增加可以帮助孩子提高海马体体积和增加神经细胞数量。通过圆筒，建筑师将空间的垂直和水平流线进行规划，让孩子们可以在空间里尽情探索与嬉戏，同时将不同的功能属性依据需求规划置入空间。例如通过透明圆形亚克力玻璃筒的连接，让孩子们能在穿行于各个空间的过程中可以从更多的角度观看这个空间，增加孩子们身体机能的同时丰富了孩子的空间体验（图 3-3-36）。他们在探索的游戏中，掌握各种技巧，快乐地成长。所以，这不是补丁式的容错设计，而是符合整体功能逻辑、遵循整体空间秩序的容错设计。

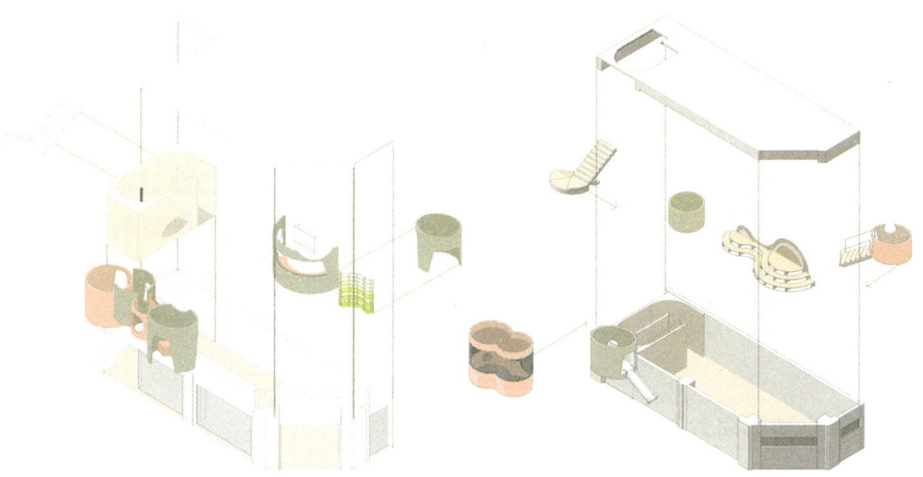

图 3-3-35　插入的圆筒（左）和其他弧形构件（右）
图片来源：https://www.gooood.cn/poan-education-china-by-artisan-of-cun-panda-architecture-design.htm

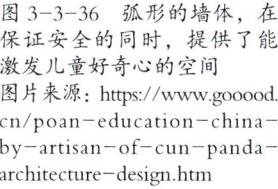

图 3-3-36　弧形的墙体，在保证安全的同时，提供了能激发儿童好奇心的空间
图片来源：https://www.gooood.cn/poan-education-china-by-artisan-of-cun-panda-architecture-design.htm

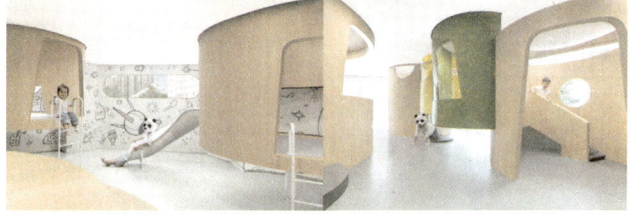

四、灵活性

灵活性，从功能组合上来讲，是对各种功能采取开放性的态度，根据每个设计任务具体的情况，选取其中合适的功能加以组合；从时间上来讲，表现为物品或空间考虑到了随着时间变化，使用状态可能随之变化的状态；而从结果上来讲，就是使用上的灵活，设计作品提供选择的余地，可以同时适应不同个体的意愿和能力。因此，后文将从这几个角度论述融合设计的灵活性。

（一）功能组合上的灵活性

这种灵活的功能组合，不是随意的功能拼装，需要设计师从使用的角度出发，探索看似风马牛不相及的物品之间的内在关联性，就像这款盲文乐高积木所进行的组合一样（图3-3-37）。

虽然现在语音技术越来越发达，导致很多盲人不再愿意学习盲文、只靠听书来阅读，但是有很多书面语言细节只靠语音是没法做到的，比如精准的标点符号和拼写、数学公式、音乐标记、编程等，这些"进阶功能"目前还没办法只通过语音实现。所以在盲人学校里，盲文是必不可少的课程，以提高盲人孩子们的整体教育水平，使他们进入社会具有更高的竞争力。那么，如何让盲人小孩们更加愿意，而且更加有效学习盲文呢？

盲文和乐高，看似毫无联系，但是却有这样一个深层次的关联点——都需要组合。盲文的每一个字母都是一组2×3的小点点的不同排列组合。而乐高积木的玩法就是将单个积木进行不同的拼装组合（图3-3-37）。

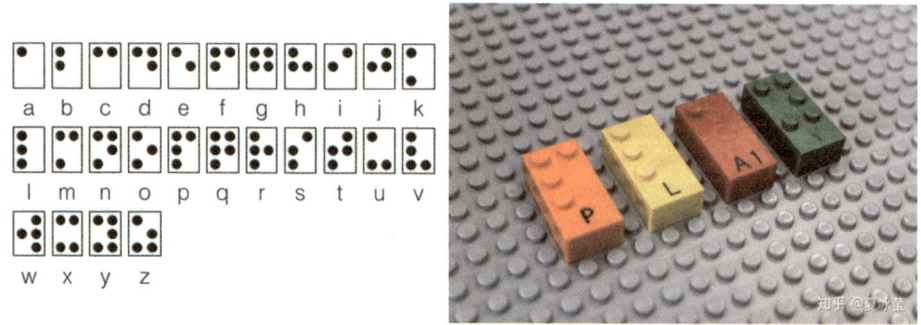

图3-3-37 盲文字母表（左）与乐高积木（右）
图片来源：https://zhuanlan.zhihu.com/p/120801677

2019 年，乐高基金会发起了乐高盲文积木项目，通过乐高这个深受全球小朋友喜爱的益智玩具，让盲人孩子们一边玩一边学习盲文（图 3-3-38）。据视障学校的老师介绍，用传统的盲文打字机手打学习盲文的时候，每一个写作错误都会被直接刻进纸里而无法修改，这对刚开始学盲文的小朋友是很不友善的。用乐高来学习拼写盲文，写错了也可以随时拆开重来，就像游戏一样有趣。这是完美的寓教于乐。

图 3-3-38　盲人儿童在通过盲文乐高积木学习盲文
图片来源：https://zhuanlan.zhihu.com/p/120801677

（二）时间上的灵活性

有些场合下，使用情况会发生周期性的变化。这时候，就需要设计在时间维度上的灵活性，以满足不同时段的特定情况。三段魔方座椅就很好地考虑了家庭活动在 24 小时内的周期性变化，同一个座椅可以满足就餐、休息、学习、睡觉等多个场景（图 3-3-7、图 3-3-8、图 3-3-9）。座椅也可以是一个在时间上具有灵活性的设计（图 3-3-39）。公园里上午和下午太阳方向不一样，椅子的靠背可以转动，正好可以应对日照方向的变化，使用者在上午、下午、冬天、夏天的不同需求都可以被很好满足。

图 3-3-39　可以调整方向的椅背
图片来源：https://xw.qq.com/cmsid/20190426A0BAPY00?f=dc

（三）使用方式上的灵活

融合设计希望给使用者提供多种选择方式。再以手机为例，当前的手机融合了越来越多的密码输入方式，包括数字密码、手势密码、指纹密码、面部识别密码等，每种密码各有优势，供使用者在不用情况下选用。最方便的当然是面部识别，但如果戴了口罩无法识别，可以用指纹；如果戴了手套或手指湿了无法识别，那么还可以用手势密码或者数字密码。

许多建筑案例，也融合了多重可能，具有极大的灵活性。在设计斯波尔丁康复医院时，设计团队与无障碍专家合作，进行了广泛的研究，以创建一家不仅仅满足《美国残疾人法案》要求的未来医院。[①] 医院的设计考虑到了每一个方方面面——底层的入口、低而圆的前台、带定制橱柜和自动遮阳的病房、病员电梯、私人浴室及私人冰箱、家属就寝设施、病人与访客的无线网络连接等设施。最值得一提的是康复医院病房的灵活布局（图 3-3-40）。

---

① 帕金斯威尔建筑事务所.斯波尔丁康复医院，马萨诸塞州，美国［J］.世界建筑,2019（10）：72-77.

病房提供了可以灵活移动的病床和沙发，而且提供足够宽敞的空间保证病床和沙发的快速移动。白天（图 3-3-41a），病人躺在床上，陪护家属靠在大沙发或单人座椅上；夜间，若病人正常睡觉了（图 3-3-41b），病床转 90 度，留出了空间，家属可以把大沙发的坐垫抽出，变成床，躺下来休息；夜间，若病人还需要照顾（图 3-3-41c），那么把病床移到靠窗位置，家属坐在单人座椅上休息，可以快速响应病人的需求，疲劳时也能就近躺在沙发上；紧急情况下（图 3-3-41d），将病床移到中间，医生可以从三个方向对病人施以急救。

图 3-3-40 斯波尔丁康复医院病房照片
图片来源：《世界建筑》2019 年第 10 期

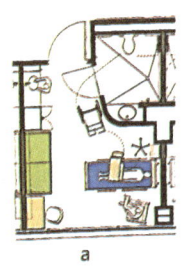 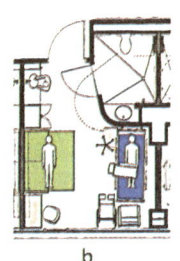 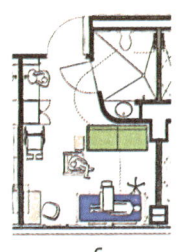 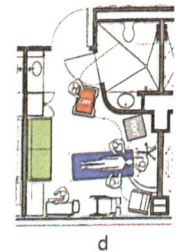

a   b   c   d

图 3-3-41 斯波尔丁康复医院病房在不同情况下的平面布置
图片来源：《世界建筑》2019 年第 10 期

在一个 46m² 老公房的改造项目中，建筑师通过提供多种灵活使用的可能，给予遗传性共济失调（症状类似渐冻症）患者极大的关怀。屋主郁女士的丈夫身患遗传性共济失调去世。他病重的最后两年，为了避免频繁摔倒，躲过下楼的 13 级阶梯，郁女士只能忍痛将丈夫安置在窄小、潮湿的 4 ㎡ 地下车库里。更让她痛心疾首的是，还没等她缓一口气，这种遗传率高达 50% 的疾病，在儿子小李 19 岁时突然降临，比他父亲整整提早了 14 年。被命运捉弄的母亲，拿出 10 万元积蓄，改造 46 ㎡ 的老公房（图 3-3-42），希望给自己孩子一个不怕未来的家，让他的余生多一些便利。

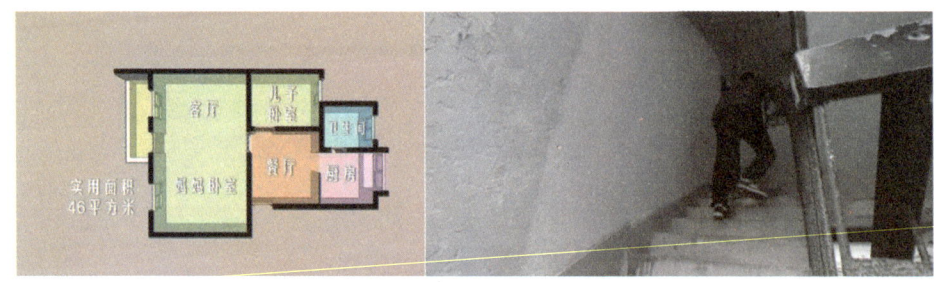

图 3-3-42 老公房原始平面（左）和原始照片（右）
图片来源：http://k.sina.com.cn/article_2311362642_89c49852027002jzx.html

朴素的改造希望里，隐含着诸多改造难题：遗传性共济失调症四年一个阶段，总共 20 年的病程周期，以及郁女士今后的养老……多重问题叠加在仅有 46 ㎡ 的老公房中，这让日本一级建筑师、有着"神之手"之称的本间贵史颇感头疼。如何完成一个能安全使用至少 20 年的家？他通过和小李一起生活，了解其生活轨迹和日常困难，去医院学习遗传性共济失调症相关知识，终于以一个非常灵活的布局，实现了郁女士的希望。改造后的房子没有华丽的装饰，一切以实用、安全、专业、贴心为目的。

小李最大的问题是行动困难。小李住在二楼，虽然上、下楼仅有 13 级阶梯，但这 13 级阶梯对于行动不便的小李来说，仿如天堑。想要方便上下楼，电梯必不可少，然而一开始，没有电梯厂商愿意承接这个项目，一楼到二楼装电梯，距离越短，难度越大。而且，屋子的空间本来就小，电梯不管放在哪里，都令原本已经捉襟见肘的空间雪上加霜。不过设计师绞尽脑汁，匠心独运地解决了这一难题。电梯占空间是吧？那就让它"消失"。利用一楼车库和二楼厨房的空间，建筑师在狭小的老公房里，为电梯留出了位置（图3-3-43）。在一楼时，顶面与二楼地面持平，露出一个完整的厨房。更加巧妙的是，建筑师在厨房地板盖下方四角，加了4根弹簧，每当有人站在上面，会触发限位开关，电梯停止运行，避免电梯在上面有人使用时升起（图3-3-44）。于是，空间就可以在电梯、厨房之间灵活切换，没有上下楼要求时，电梯几乎抹去了自己的存在感。

　　第二个灵活使用表现在卧室的设计上。最初，建筑师考虑到小李的病情，需要随时随地照顾，为了方便起见，打算设计一间大卧室，供母亲和小李一起使用。但在施工期间，母亲和小李提出：希望各自的卧室独立。因为小李认为，母亲上了年纪，睡眠浅，而他夜间经常咳嗽，一有动静就会吵醒母亲，怕她白天上班时体力不支。如何在小空间中留出两个卧室，同时又便于母亲照顾患病的儿子？建筑师采用了折叠门加隔音窗帘的设计。白天拉开，形成一间大卧室；夜间合上，则成为独立的两个空间（图3-3-45）。精挑细选过的窗帘，上面的亚克力涂层可以起到极好的隔音效果，经过测试，小李咳嗽时产生90分贝的噪音，传到母亲屋里时，被减弱到30分贝。

　　无缝切换的厨房和电梯，可开可合的卧室，为郁女士和小李提供了最大程度的灵活使用，更为小李提供了独立完成正常生活的最大可能。这也体现了融合设计为人而生、以人为本的思想——让人活得更加有尊严。

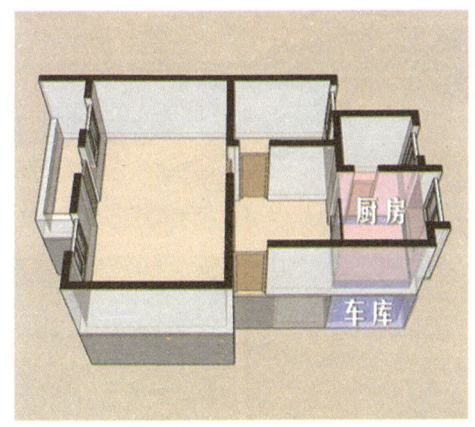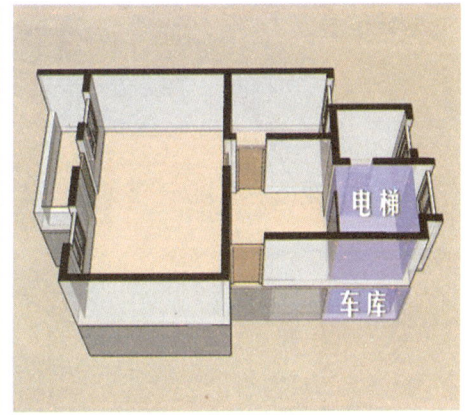

图3-3-43　厨房与电梯切换示意图
图片来源：http://k.sina.com.cn/article_2311362642_89c49852027002jzx.html

图 3-3-44 电梯运行实景照片
图片来源：http://k.sina.com.cn/article_2311362642_89c49852027002jzx.html

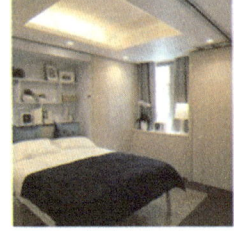

图 3-3-45 可开可合的双人卧室
图片来源：http://k.sina.com.cn/article_2311362642_89c49852027002jzx.html

五、地域性

每一个城市，都有各自的身份特征。北京的首都身份、上海的海派气质、杭州的传统水乡和当代智能名片……在当今的全球化潮流中，各个城市变得越发雷同，许多区域文化正在丧失。融合设计希望以设计手段改变这一点，将地域特征与设计作品融合，设计出最适合此地、只有在此地才能展现出最好面貌的设计作品。

（一）不追求放之四海皆准的统一答案，讲究因地制宜

当前的无障碍环境建设中，有很大一个难点是文保建筑和历史街区的改造。《无障碍设计规范》中规定的文保建筑的无障碍改造应以保护文物为前提，就是对因地制宜思想的体现。在实践中，也有一些能够体现融合设计思想的文保建筑无障碍改造案例。

杭州上羊市街居民委员会是新中国第一个居民委员会，目前，其坐落于金钗袋巷的党群服务中心是由一个历史建筑改造而来的，除了办公，还有较大一块用来展示新中国居民委员会发展史的空间。建筑出入口有门槛是中国传统建筑的特点，也成了无障碍改造的难点。而设计师巧妙地从展示这个功能出发，将新的功能——无障碍的使用要求融入传统的建筑中。门槛的外侧，采用了颜色和原有木结构相似的木质坡道（图3-3-46）。门槛内侧，则将

图 3-3-46　室外照片　　　　　　　　图 3-3-47　室内照片
图片来源：作者自摄　　　　　　　　图片来源：作者自摄

地面整体抬高到和门槛相同的高度（图3-3-47）。架空地板的颜色和原始地面青砖颜色接近。架空地板下的空间，正好可以用来铺设各类服务于展品的强弱电管线。这些改造手段都不会破坏原始建筑结构，一旦功能发生变化，可以快速复原。

越来越流行的喜茶，其各地的门店，也体现了与地域融合的设计原则。一方面，所有门店都遵循了喜茶一贯的简约美；另一方面，在不同地区又有各自的特色。

当喜茶与杭州的饮茶文化相遇，如何呈现"茶生活"的状态？杭州产茶，茶更融入当地的市民生活。人们在茶田茶铺小憩、饮茶。产茶之茶园与品茶之茶楼在这里共生。于茶田喝茶是最原始自然、放松的品茶方式。在一系列对于杭州茶文化的探索之后，杭州国大广场喜茶热麦店以"茶园之禅"作为空间的表达主题，结合功能流线和概念意向，借用"茶园"的空间逻辑和造型语言，构建了一座符合杭州特征的"喜茶园"（图3-3-48）：茶山、茶田、茶座，热麦与茶文化相映成趣的空间（图3-3-49a）。借鉴于依山傍水的茶树种植原型，茶田的脉络被用于组织整个空间布局。园内的流线依功能分为三股：热麦面包、茶饮和外卖取单。每一股的脉络沿设定的方向流动，从主入口起始，由引导装置带去面包队列、茶饮点单和取单处，延展到茶田的末端而形成了"茶山"。"茶山"依地形坡上，田埂间错落的台阶可供歇息，沿台阶的两组扶手缓缓上升、指向山顶的镜面门洞，错生无尽延续的意向（图3-3-49b）。"茶山"的座位既有构成茶山的台阶也有充当茶树的软座，而

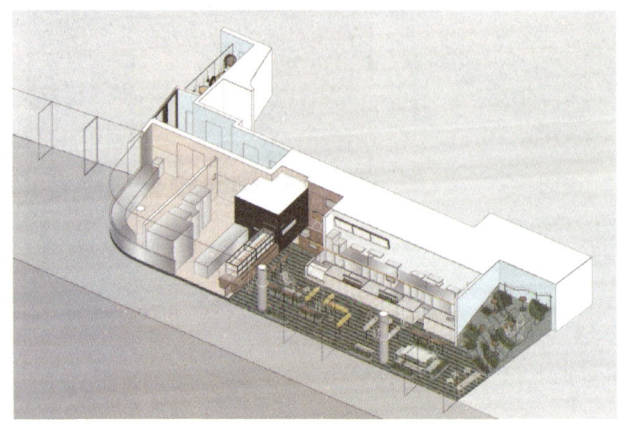

图3-3-48 杭州国大广场喜茶热麦店轴测图
图片来源：https://www.gooood.cn/heytea-bakery-hangzhou-guoda-plaza-in-zhejiang-china-by-nota-architects.htm

落座的方式更隐藏了多种可能（图 3-3-49c）。"田埂"间的户外座椅同样适应灵活的使用方式，低矮的种植树槽和高置的背靠软包装置一齐扮演"茶树丛"（图 3-3-49d）。

图 3-3-49　杭州国大广场喜茶热麦店内部照片
图片来源：https://www.gooood.cn/heytea-bakery-hangzhou-guoda-plaza-in-zhejiang-china-by-nota-architects.htm

喜茶深圳 dp2 店——"山溪涧"，从传统文人的"曲水流觞"之乐出发，打造了富有文人气质的空间。围水而坐，曲水流觞，携客煮茶吟诗作画，向来是古代文人墨客诗酒唱酬的一件雅事（图 3-3-50）。根据店面的特殊空间结构，设计师用自然的曲线来串联各个尺度的桌子，充分利用空间的同时，也制造出人与人之间不同的距离。地面稍作抬起，形成小丘陵，定制的流线型餐桌由内至外自然蔓延，化作"溪流"（图 3-3-51）。山溪两侧可坐宾客 30 余人，绿意盎然的植物穿插其中，顶部起伏的水波纹隐隐荡漾。用自然的曲线来串联各个尺度的桌子，充分利用空间的同时，也制造出人与人之间不同的距离，在有限的空间中打造出了现代版"曲水流觞"的社交空间（图 3-3-52）。

与从文人诗酒唱酬中吸取灵感的"山溪涧"店相似却又不同，喜茶广州

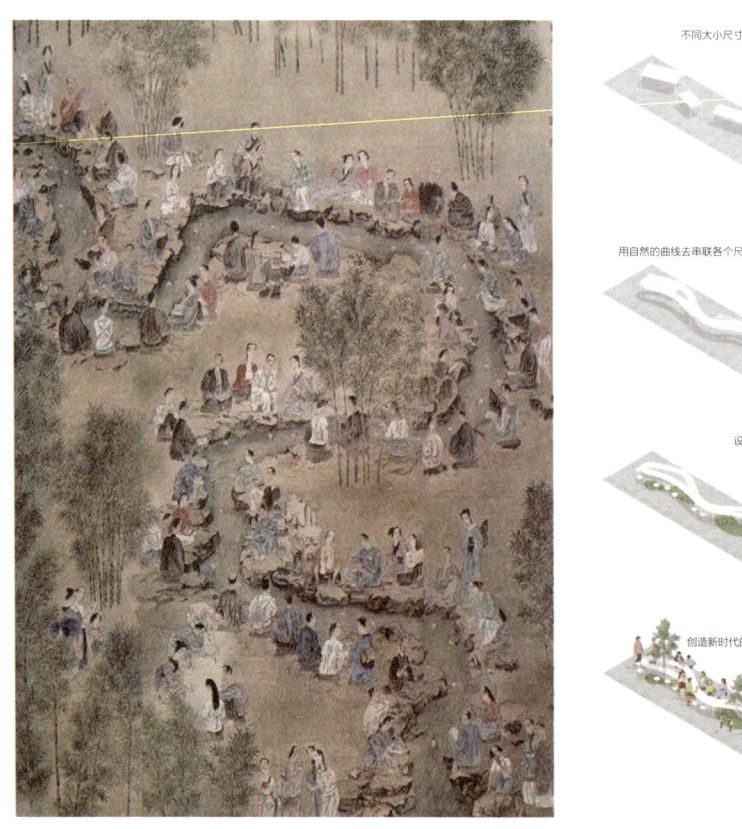
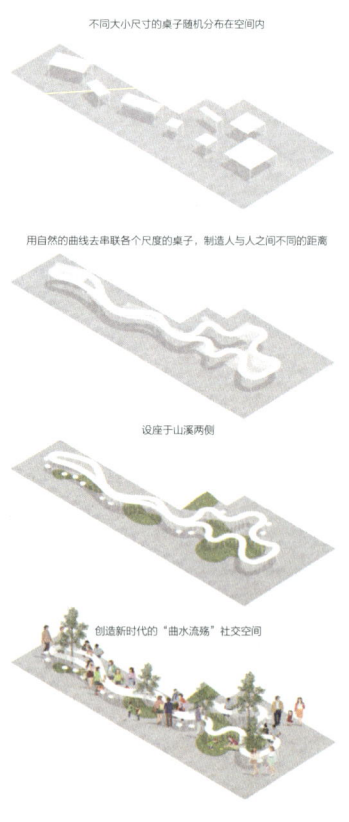

图 3-3-50　以"曲水流觞"为灵感的空间生成分析图
图片来源：https://www.gooood.cn/heytea-daydreamer-project-china-by-aan-architects.htm

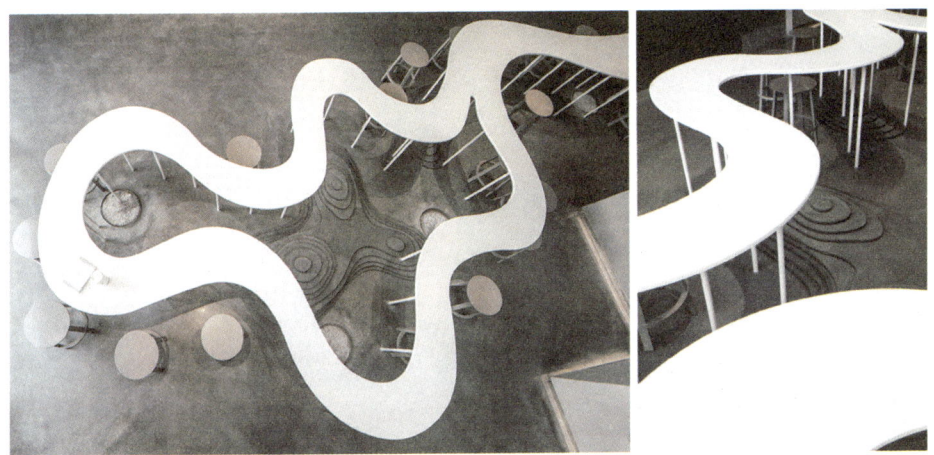

图 3-3-51 以地面为丘陵,以桌面为溪流

图片来源:https://www.gooood.cn/heytea-daydreamer-project-china-by-aan-architects.htm

图 3-3-52 现代"曲水流觞"的社交空间

图片来源:https://www.gooood.cn/heytea-daydreamer-project-china-by-aan-architects.htm

dp3 店——"山外山",则从中国传统山水画中获得创意,探索人们在喜茶空间内聚合、散落的新方式。与普通茶饮店的分散布置方式不同,贯穿整个空间的长桌把茶客们聚合起来,桌面上不规则隆起的山丘,在功能上区隔了不同组别的茶客,在形式上如若层云叠嶂的东方意象(图 3-3-53)。天顶之上是山形的白色弧形顶棚,如无垠穹顶笼罩四野。茶客如置身宋代画家米芾的《春山瑞松图》里(图 3-3-54),在云雾满谷、掩映山林翠色间,且茶,且座。长桌带来了多样化的社交活动,单人独坐、二人约会、小组工作、多人聚会,都可以在同一长桌中找到合适的空间(图 3-3-55)。

图 3-3-53 "山外山"室内空间
图片来源：https://www.gooood.cn/heytea-daydreamer-project-china-by-aan-architects.htm

图 3-3-54 《春山瑞松图》式的桌面和吊顶设计
图片来源：https://www.gooood.cn/heytea-daydreamer-project-china-by-aan-architects.htm

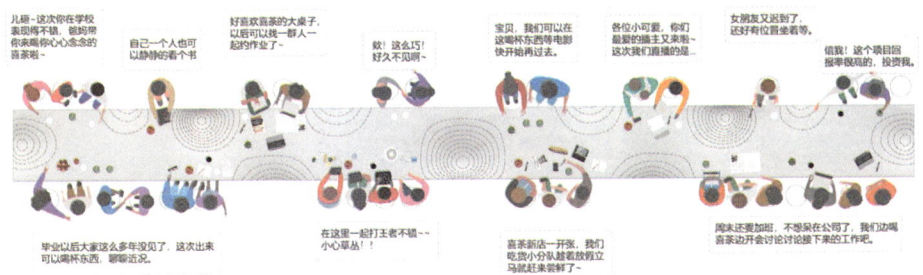

图 3-3-55 长桌带来了多样化的社交活动

图片来源：https://www.gooood.cn/heytea-daydreamer-project-china-by-aan-architects.htm

（二）结合地域特征的设计，更能带来人文关怀

当一个设计融入当地的地域特征，就能给使用者带来熟悉感和归属感，进而形成有温度的设计，带来无限的人文关怀。苹果公司香榭丽舍大街旗舰店正是以地域性设计带来人文性的案例。以谦逊的姿态，融入了整体的地域环境中。

Foster + Partners 的工作室负责人 Stefan Behling 表示："这间门店是全球最与众不同的苹果旗舰店之一，它坐落于全世界最美丽的街道，展示出真正的巴黎风格，以丰富的建筑肌理包裹着振奋人心的内部感官体验。新旧并置的理念贯穿了整个内部空间，将过去与现在、室内与室外以及天空与大地连接起来。"

香榭丽舍大街旗舰店，苹果公司舍弃了最常用的高冷做法：矩形尺度的玻璃外立面，没有任何多余线条的室内空间。从两个方面体现对地域特征的尊重。

首先是对"旧元素"的精心修复（图 3-3-56）。门店内部，由木材和大理石构成的大楼梯经过谨慎的修复，变得比往日更加精致优雅。原本作为公寓楼使用的建筑至今已经经历了多次变化，本次设计旨在通过恢复原始的细节和相互连接的空间来找回建筑最初的质感与内涵。

其次是以谦逊的姿态增加新的元素。出于对开放大空间的需求，设计师置入了一个别致的内部庭院。顶部设有一个万花筒般的采光天窗，装有镜面的棱锥结构在室内的墙壁和地板上投下斑驳的光影。万花筒的上方表面由光伏板覆盖，以碎片的形式反射出周围建筑的形象和肌理，呈现出一种立体主义的观感。这种轻盈的结构不会对原始结构产生任何破坏，碎片化的体量也不会破坏原有的立面秩序，反而在新旧之间产生了对话，轻盈的玻璃和厚重的石材互相强化，相得益彰（图 3-3-57）。

图 3-3-56　历史元素得到了精心的修复
图片来源：https://www.gooood.cn/APPle-champs-elysees-by-foster-partners.htm

图 3-3-57　新旧之间的对话，新元素态度谦逊
图片来源：https://www.gooood.cn/APPle-champs-elysees-by-foster-partners.htm

六、可持续性

将不同功能灵活组合，又能包容不同使用情况的融合设计，是具有可持续性的。通过"融合"，资源的使用效率被最大化，这是融合设计在当下环境恶化和资源短缺时代背景下的一种负责任的追求。

（一）可以来回切换的建筑

几乎所有的体育场都会遇到同样的尴尬：利用率低，没有比赛时，往往只能空置，这对资源是极大的浪费。但日本的埼玉超级竞技场却以可以动的墙，解决了这个问题。

取决于市民什么时候进入，竞技场可以在一个有 3 万个座位的足球场、一个有 2 万个座位的篮球场或一个有 5000 个座位的音乐厅和一个展厅之间无缝切换。使这种转变成为可能的技术是一个独特的系统，它可以移动包含 9200 个座位、相关的墙壁、地板、天花板和观看设施的巨大区域。这个区域高 135 英尺（41.5m），重 15000t。但是只需 20 分钟，这个区域就能被移动 230 英尺（70m）。体育场配置的侧面也有几个可伸缩的座椅区域，可以移开用于体育场配置（图 3-3-58）。

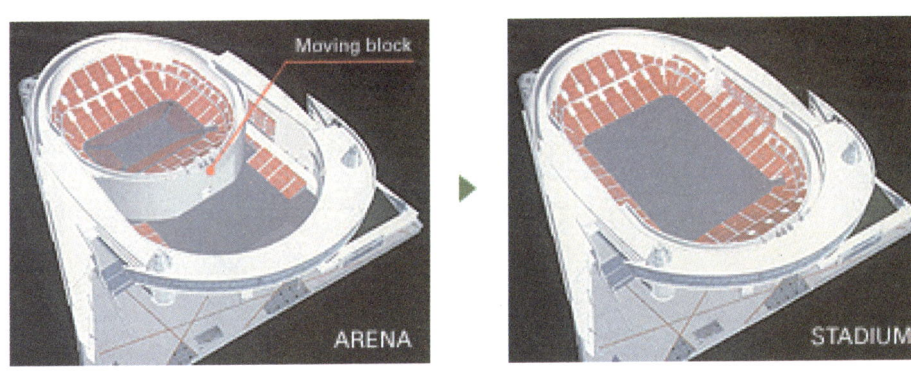

图 3-3-58　埼玉超级竞技场的移动区块
图片来源：https://www.saitama-arena.co.jp/e/facility/12,500

移动 15000t 的结构物本身就极具复杂性，建筑还必须保证结构构件在地震期间移动而不发生重大故障且保留安全封闭的疏散通道，则进一步增加了难度。在移动时，还需要保证各类管线的使用，这必须依靠一个灵活、快速连接的公用设施系统，用于供水、排水和供电，以便在竞技场和体育场模式之间快速转换。

上述的建筑多用途使用和系统的复杂转变，是依靠垂直移动的地板、可移动的隔墙和可移动的天花板面板实现的。竞技场的楼层配置可以上下移动，以提供最理想的音乐会舞台或体育活动楼层位置，并确保每个活动的最佳质量视线。天花板的高度也可以调整，从而在音乐厅模式中，为每个座位提供适宜的音响效果。

表 3-3-1　埼玉超级竞技场的不同空间形式和使用模式

（作者根据竞技场官网 https://www.saitama-arena.co.jp/e/facility/12,500 信息整理）

模式	不同模式下的模型	不同的使用情况			
体育场		Center Stage 音乐会、集会：约容纳37000人	美式足球，足球（展览）：约容纳27000人	End Stage 音乐会、集会：约容纳30000人	Exhibitions, trade fairs 展厅，面积14600m²
体育馆模式的主要使用区		Center Stage 音乐会、集会：约容纳22000人	篮球、排球、网球、冰球、体操、拳击、职业摔跤：座位约19000–22500人		
		End Stage 1 音乐会、集会：约容纳12500人	End Stage 2 音乐会、集会：约容纳16000人	Exhibitions, trade fairs 展厅，面积7100m²	
体育馆模式的社团区		小型体育活动空间	Exhibitions, trade fairs 展厅，面积7500m²		
体育馆模式两区同时使用		Main Court　Warm-up court 国际体育赛事（篮球、排球、网球）			
音乐厅		音乐会、集会：约容纳6000人			

（二）建筑全寿命周期的使用

随着建造技艺和材料性能的提升，建筑的结构寿命可以达到50年、100年，甚至更久。但是因为人们不断变化的使用需求，建筑的功能寿命远远短于结构寿命。融合设计希望在建筑空间中融合更多变化的可能，以实现建筑在全寿命周期内都实用、好用。

在房价越发高涨的年代，买房换房越发不易，但是不容否认，家庭的组成情况是会变化的——单身、结婚、有了小孩、长辈同住照顾小孩、孩子长大离开、老去——不同的阶段对住宅的户型需求是不同的。面对不变的住宅和变化的需求之间的矛盾，融合设计希望通过灵活空间布局，打造在整个生命周期都便于住户使用的住宅建筑。当前，较多可以灵活调整平面的住宅设计方案，虽然落地的项目不多，但对于理解融合设计作品的全寿命周期特征，有很大的参考意义。以其中最具有变化性的一款为例进行说明。

阶段一应对单身狗阶段，提供了一种单身贵族户型（图3-3-59a）。朝南留出一个全面宽的多功能起居室，无论是单身狗友聚会，还是宅男的游戏之夜，统统搞定。

阶段二应对创业咖阶段，提供了一种家庭SOHO户型（图3-3-59b）。这款户型针对精英人士。将原先的多功能起居室改成了办公区和会议室，适合在家里和好友一起家庭SOHO。

阶段三应对创业成功阶段，提供了一种社区分享户型（图3-3-59c）。适合创业成功后，在家里要接待各种各样的来访人士，因此在房间内留有较大的活动室。

阶段四应对新婚阶段，提供了一种两人世界户型（图3-3-59d）。事业有成之后，步入婚姻阶段，也该重新布置房间，好好享受二人世界了。考虑男女主人各自的生活要求，设计了舒适的书房和宽敞的可自然采光衣帽间。

阶段五应对三口之家阶段，提供了一种小太阳户型（图3-3-59e）。第一个小孩出生了，要给家里的"小太阳"重新布置房间。独立规划出的宝宝房，让宝宝在成长的过程中能得到细心的照料和关爱。

阶段六应对三代同堂阶段，提供了一种三代同堂户型（图3-3-59f）。现代家庭，常常需要长辈过来帮忙照顾宝宝，因此，将两室变三室，为长辈提供一个卧室。

阶段七应对当房屋有空余的阶段，提供了一种双钥匙户型（图 3-3-59g）。当小孩长大去外地读书，只是偶尔回家住，家里多了一个卧室出来。独立出一套小户型，一房变两房，用于出租，赚取额外收入。

阶段八应对安享晚年阶段，提供了一种适老户型（图 3-3-59h）。当人步入晚年都希望落叶归根，这一阶段，无障碍的适老空间，就是晚年生活最重要的保障。通过减少房间数量，将每个房间的尺度都扩大，便于轮椅的回转。可开可合的卧室，在方便夫妻相互照顾的同时，又减少了夜间睡眠时的相互干扰，特别适合老年人睡眠浅、起夜多的身体情况。

图 3-3-59　平面布局可灵活改变的住宅设计
图片来源：https://www.sohu.com/a/155437617_654336

第四节　融合设计的模式

　　根据融合设计的六大原则，有四种主要的融合模式：物物融合、物网融合、物美融合以及文化融合。物物融合，自然体现了包容性、灵活性和隐藏性。物网融合，则是拥抱最新的智能化、数字化成果，以包容使用者的差异，帮助他们灵活地使用空间和物品，也能增加每个设计结果的可持续性。物美融合，是融合设计的核心目标。文化融合，则是实现包容性、地域性的根本途径。

一、物物融合

（一）物物融合，满足人"懒"的原始本性

　　人类发明的每一个工具，设计的每一个物品，都是为了使生活更加方便：从原始人打磨的石斧，盖的棚屋，到现代人设计的越发多样的家用电器，建造的越发舒适的住宅。所有人都有对方便、省事、简单的追求，即每个人的内心都保留了"懒"的原始本性。因此，曾经风靡一时的BP机、相机、MP3、车载导航仪都已经或正在逐步退出市场，都被集成了以上诸多功能的手机取代了。当代智能手机是一种非常"融合"的产品，它以软件的叠加，改变了过去每一个功能需要一个硬件的情况。手机也让大家变得越来越"懒"：出门时再也不想带钱包、银行卡、交通卡、医保卡、门禁卡、身份证了；回到家也不想费力找各种家电的遥控器了。

（二）物物融合，满足人对趣味性的追求

　　从功能出发，将不同物品融合，可以达到消解一些生硬的形式的目的，满足人对趣味性的追求。比如楼梯，可以设计得很豪华，但总给人一种纯粹交通空间的感觉，难免有些单调。而以下的楼梯设计，或将扶手与书架结合（图 3-4-1a），或将踏步与书架结合（图 3-4-1b），或将梯段与滑梯结合（图

3-4-1c），或者干脆把整个楼梯都变成了类似积木的形态（图 3-4-1d）。于是，上下楼梯的过程变得非常有趣。楼梯也似乎变成了图书馆、游乐场或者是一个可以探险的地方。

美，需要消解约定俗成的建筑构件的形式，创造新的趣味，避免干巴巴的印象。不得不存在的一道栏杆是束缚，将栏杆变成花蔓是一种常见的装饰手法，但是这种栏杆本身的美，和将栏杆与书架结合而产生的美，是不同的。漂亮栏杆的美不如融合设计的美。以变花样超越目的性，欲盖弥彰。融合如果单纯只是融合形式，没有功能，有的时候会成为一种束缚。类似手铐上雕花，也是一种束缚，并没有获得自由。

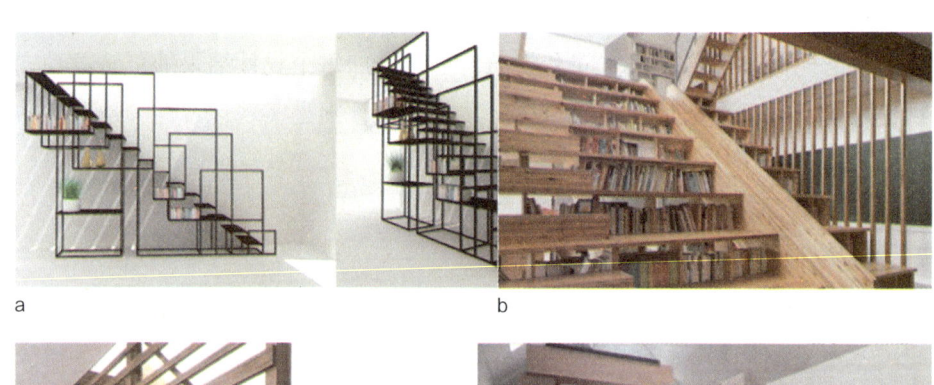

a   b

c   d

图 3-4-1　物物融合的楼梯设计
图片来源：https://www.duitang.com/blog/?id=452107323

（三）物物融合，从目的到超越目的

近年越来越多的建筑综合体，其实就是物物融合的直观案例。以下将从融合设计的视角，以案例形式，对建筑综合体进行分层次的论述。

1. 相近功能融合的建筑综合体

近几年，中国新建的火车站融合了较多的相近功能：火车、地铁、公交、商业。这种功能集成的模式，缩短了交通换乘的距离，也让候车的时间变得更加有意义。

2. 更广泛功能融合的建筑综合体

相对于国内的火车站，柏林中央火车站（Berlin Hauptbahnhof）的集成度更高，融合了更多的功能。除了火车、地铁、公交、出租车和私家车、商业，两座主楼还融合了办公功能（图 3-4-2）。

图 3-4-2　柏林中央火车站鸟瞰照片
图片来源：《时代建筑》2009年第 5 期

对不同交通工具的融合非常灵活，并没有把不同的交通局限在固定楼层上，如地铁在地下，火车在地面，公交车则在站外的地面上，或者地面与地下的夹层。柏林中央火车站的交通设置在以下 3 个楼层[①]（图 3-4-3，图 3-4-4）：地下二层包含南北方向的长途和区间列车以及地铁 5 号线；地面层包含短途公共客运交通，个人交通（机动车行使权、临时停车位），旅游业交通（大巴和游船）；二层包含城际和长途火车，轻轨 3、6、7 和 9 号线。不同交通直接更紧密地融合，为换乘带来了更便捷的体验。

商业与交通的交融度更高（图 3-4-5）。地下一层有整整一层的商业功

①麦哈德·冯·格康.柏林中央火车站——轨道交通的新平台［J］.时代建筑，2009（5）：64-71.

时代建筑 Time+Architecture 2009/5 **69**

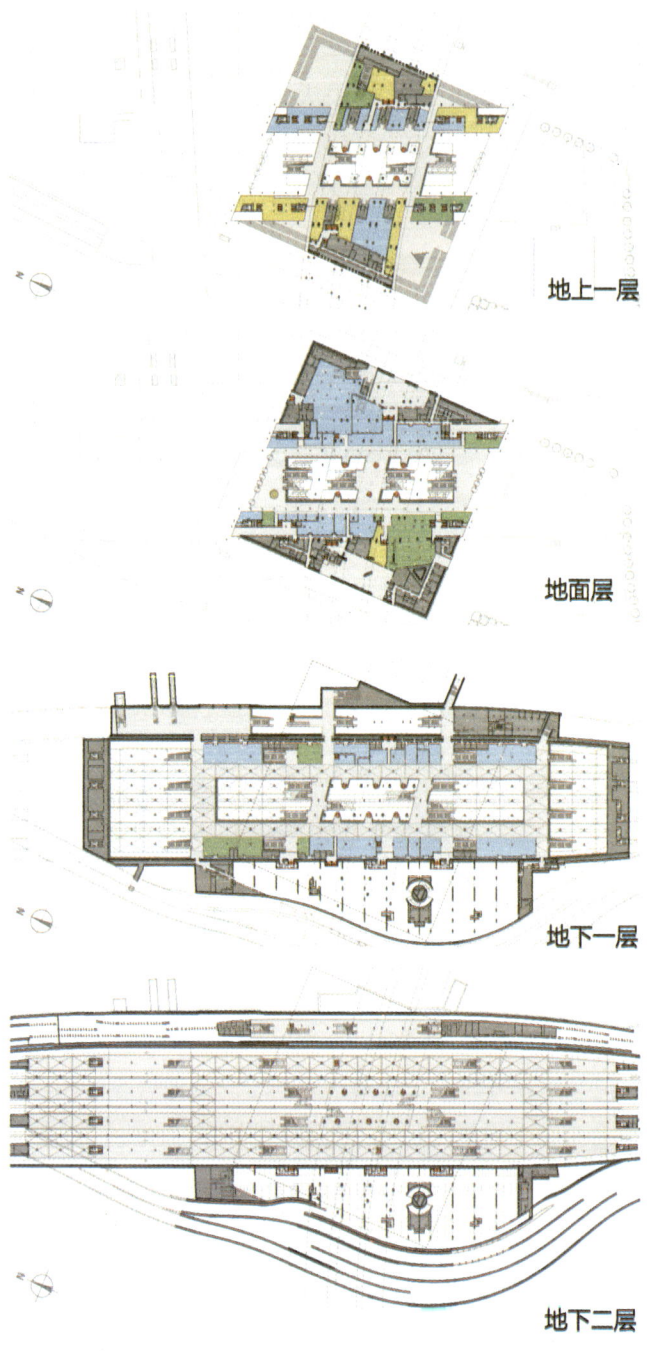

地上一层

地面层

地下一层

地下二层

图 3-4-3 柏林中央火车站平面图
图片来源：《时代建筑》2009 年第 5 期

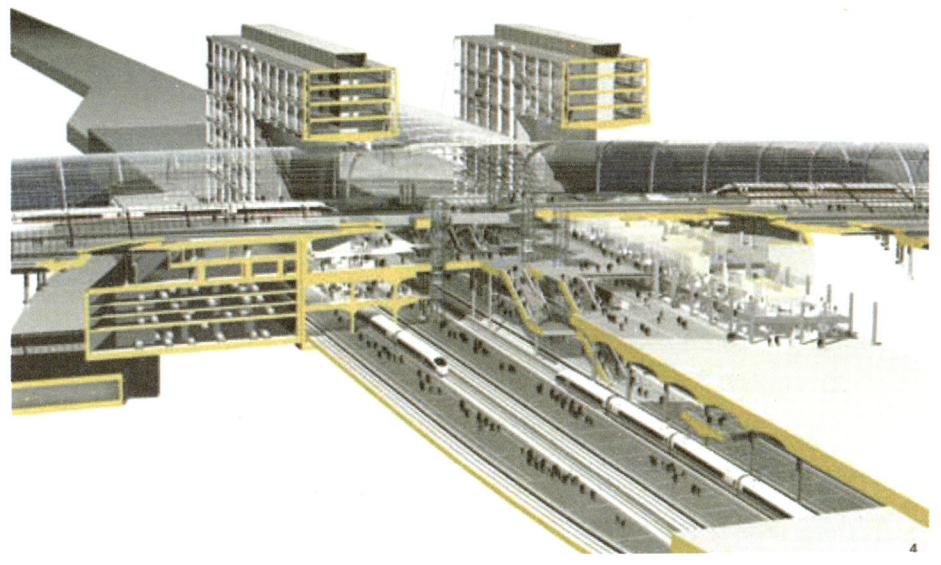

图 3-4-4 柏林中央火车站剖透视，不同功能多层穿插融合
图片来源：《时代建筑》2009 年第 5 期

图 3-4-5 柏林中央火车站室内照片
图片来源：《时代建筑》2009 年第 5 期

能，除了常见的餐饮店，还有水疗中心、购物中心等业态。[①]交通层的商店也很多，购物也非常方便。

另一个明显优势是，有更大的开放性。火车站一般需要过一道道森严的安检，然后进入巨大的候车厅，总有一种类似完成一项艰难任务的感觉，并且总要预留比较长的时间。而柏林中央火车站给人的感觉却非常友好。似乎只是进入了城市的另外一个商业区而已，没有重重的关卡，也不需要提前很多进站，似乎就是在很自然的购物、休闲、餐饮活动后，跳上了一辆火车而已。

3. 超越目的性的建筑综合体

具有极大开放性和包容性的柏林中央火车站已经是一种进步，但它的物物融合还是有很强烈的目的性的，即：建造一个高效率的交通综合体，快速输送人流；在交通空间中引入商业，获取更大的经济效益。体现的是物资还不是足够充裕、社会还不是足够发达时，一种野心勃勃的进取姿态。而赫尔辛基新中央图书馆（图3-4-6）——颂歌图书馆（Oodi）的物物融合，则超越了目的性，体现了一种自由随性的态度。

图 3-4-6　Oodi 图书馆夜景鸟瞰
图片来源：《建筑技艺》2019 年第 4 期

---

① 麦哈德·冯·格康.柏林中央火车站——轨道交通的新平台 [J].时代建筑，2009（5）：64-71.

被誉为图书馆新纪元的颂歌图书馆由芬兰 ALA 建筑事务所设计，2018 年 12 月 5 日正式对外开放使用。图书馆坐落于赫尔辛基市中心，几乎全部由公共空间组成，同时也提供了多种多样的功能服务供选择。图书馆的主体功能被分为三个不同的层次（图 3-4-7）：活跃的首层、平静的顶层以及这两层之间包含更多具体功能的封闭体块。[①] 这样的功能布局衍生出一个拱形的空间形式，吸引人们使用其上、下和内部的不同功能空间。[②] 这座图书馆也成为一处极具启发性和高度功能化的场所，为赫尔辛基市和 Töölönlahti 地区人们的城市生活带来了活力。

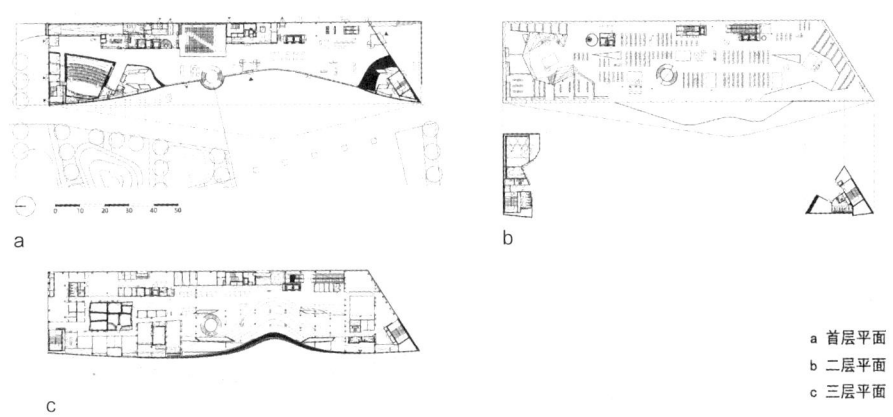

a　首层平面
b　二层平面
c　三层平面

图 3-4-7　Oodi 图书馆平面图
图片来源：《建筑技艺》2019 年第 4 期

图书馆首层空间与议会大厦对面的市民广场无缝衔接，这个灵活的空间既可以用来举办小型活动，也可以用于承接大型活动。建筑内的电影院和多功能厅可以作为这个开放大厅空间的一部分，也可以在举办特别活动时分开使用。穿行于建筑首层，可以一瞥图书馆内的各种公共功能和服务。雕塑般的木质表面从地面拱起，形成了类似"桥梁"的戏剧性结构。

这种创新的结构设计方案打造了一个无柱的公共空间，最大程度地提升了建筑的可达性和辨识度。同时，拱形的木质体量在朝向市民广场方面的入口上方形成了一个巨大的顶棚，覆盖了建筑的一部分室外入口空间，图书馆的一部分功能得以延伸到广场上，如首层的餐厅。顶棚上端的大型公共平台

①② ALA Architects 建筑事务所.赫尔辛基 Oodi 中央图书馆［J］.建筑技艺，2019（4）：48-
53.

又为图书馆增加了一倍的室外空间，也为人们营造了一个可以会面交流以及观察城市的好去处。

顶层的"天堂书屋"（图3-4-8）本身是一个巨大的开放式景观，屋顶是绵延起伏的类似云朵的白色天花板。在这里，现代主义图书馆的最佳特质与最新技术的各种可能性碰撞出了火花。在这样平静、安宁的氛围中，人们放松下来沉浸于阅读、学习、思考中，也可以远眺城市，欣赏360°城市全景。

首层和顶层的中间是"阁楼"，用于支撑顶部"桥梁"结构的桁架之间的缝隙形成了灵活的、不规则形状的空间。[①] 不论是嘈杂还是安静的活动，都可以在这个封闭空间内发生。这一层中心开放区域的阶梯式座位也呼应了建筑西立面的悬臂体量的扭转。

Oodi图书馆直接向周围的城市景观开放（图3-4-9），消除了室内外空间的边界，使得建筑可以直接与Töölönlahti区域产生紧密的联系。首层的大型门厅和玻璃幕墙多功能厅就是室外空间在图书馆室内的延伸。图书馆有三个主要入口：南侧的入口主要服务于从中央火车站方向来的人流（图3-4-10）；西侧的入口与市民广场相连，由其上悬挑的公共平台提供遮蔽；东北角的入口服务于从家庭图书馆和电影院方向来的游客。图书馆的设备和后勤空间都位于地下，行政管理和仓库空间处于尽可能远离公共区域的地方，以最大化地提高图书馆的开放性和可达性。

图3-4-8　顶层"天堂书屋"
图片来源：《建筑技艺》2019年第4期

---

① ALA Architects建筑事务所.赫尔辛基Oodi中央图书馆［J］.建筑技艺，2019（4）：48-53.

图 3-4-9　向城市开放的立面
图片来源：《建筑技艺》2019 年第 4 期

图 3-4-10　Oodi 图书馆南侧入口
图片来源：《建筑技艺》2019 年第 4 期

正如 ALA 建筑事务所的三位合伙人之一安蒂·诺斯乔基所表述的，Oodi 是图书馆组织下运作的一个将思想和行动结合在一起的大型公共论坛，其影响范围和功能远远超出了传统图书馆以藏书为主的功能理念。"它是公共生活、思想及生产的精通者和实践者。"Oodi 图书馆使 Töölönlahti 地区的新城市环境更加活跃和多样化。它为所有年龄段的人提供活动和体验，在大量的开放公共空间中，人们尽情欢聚，共享美好时光。来到图书馆的人们，也将从被动的媒介使用者转变为主动的参与者和内容生产者。作为一个非商业的开放公共空间，新的 Oodi 图书馆也将成为赫尔辛基居民的公共客厅。这个公共客厅超越了一般图书馆灌输知识的目的，为市民提供了一种自由闲适的生活场景。

马斯洛的五级需求层次，从生理需要到自我实现需要，是逐级提高的。融合设计对待功能的态度也是逐级提高的：从满足功能，到组合功能，最后到超越功能。借助功能的超越，帮助人实现目的性的超越，从而获得真正自由的方式。

二、物网融合

不论是否愿意承认，世界正在无可逆转地进入"物联网"的时代。"物联网（The Internet of Things，简称 IOT）"是继计算机、互联网之后世界信息产业发展的第三次浪潮，据预计，未来十年，全球物联网将实现大规模普及，形成下一个上万亿元规模的高科技市场。物联网是一个强大的设备网络，所有设备都嵌入了电子元件、软件和传感器，使它们能够交换和分析数据。将近二十年来，物联网一直在改变着人们的生活方式，为实现响应迅速的解决方案、创新型产品、高效制造铺平了道路，并且最终将带来令人惊喜的全新业务方式。物联网已经运用在各行各业，并且与人工智能、大数据结合，不断发展。

在当下这种物网融合的年代，人与计算机／机器的交互频率越发频繁，范围越发广阔，层次也越发深入，人们的生活方式也在经历翻天覆地的变化。而在无障碍领域，已经有了很多得益于物网融合的技术成果，比如智能语音互动设备、实时手语翻译、智能化城市无障碍地图等。这些设施系统，将早期辅具人机的单向交互，扩展到双向多维交互，大大提升了残障人士的活动能力。融合设计拥抱不断更新的科技成果，并以设计手段将科技成果与人文关怀融合。

（一）人机交互的定义

融合设计的物网融合是从人的角度出发的物网融合，是利用物联网技术发展成果来弥补人的缺陷，进而不断优化改善生活，因此，首先必须要深入探究人与机器之间的互动关系。

人机交互（英文：Human-Computer Interaction 或 Human-Machine Interaction，简称 HCI）是指通过计算机自带的输入、输出设备，通过有效的方式实现人和计算机之间对话的技术。人机交互主要是研究人和计算机之间的各种信息交换，是与认知心理学、人机工程学、多媒体技术等密切相关的综合科学。中文对人机交互的解释中，只提到了人与计算机之间的交互。其实，从英文可以看出，这个"机"，其实不仅仅是计算机，而是包括计算机在内的所有机器。

欧美国家人机交互的研究可以分为三个阶段[①]：第一，从纯粹数学符号逻辑到实体世界，以"计算机科学之父""人工智能之父"——英国艾伦·麦席森·图灵的"图灵机""人工智能"概念和"图灵测试"为代表，1950 年图灵首次提出；第二，从人机工程学到人机交互，从上世纪中叶到 90 年代，人们的关注点从怎样轻便操作计算机，到面向用户的操作界面；第三，从原子时代到信息时代，上世纪 90 年代以后，人机交互的研究开始转向以多通道多媒体交互、虚拟交互和人机协同交互为代表的智能交互，以人为中心的人机交互技术成为人机交互的基本趋势。从这三个发展阶段可以看出，对人机交互的研究正在朝着用户友好、多维交互的方向发展。

（二）辅具技术的发展其实就是一种人机互动

据记载，人类很早开始使用辅具。最早发掘的辅助器具图像来自古埃及 18 王朝（公元前 1424 年—公元前 1398 年）古墓中出土的石碑，上绘有一个踮着尖足的人在使用拐杖（图 3-4-11a）；最早制造的假肢是底比斯墓地的古埃及 18 王朝的木乃伊，脚与彩色趾甲的木假趾用麻线缠成一体（图 3-4-11b）；最早的假肢文献记载出现在公元前 484 年，希腊历史学家希罗多德描述

---

① 俞宏良.科技创新视域下我国人机交互发展问题研究［D］.延吉：延边大学，2018:2-3.

了一个波斯军人被俘囚禁后，为逃出监狱而切断了被铁链锁住的脚，随后装了木假脚。目前世界公认的轮椅历史中，最早的记录是中国南北朝（公元525年）石棺上带轮子的椅子的雕刻（图3-4-11c），也是现代轮椅的前身。[①] 这就是一种简单的人与机器的互动。这些略显"幼稚"的辅具，让肢体有障碍的人，可以比较自如地行动。

 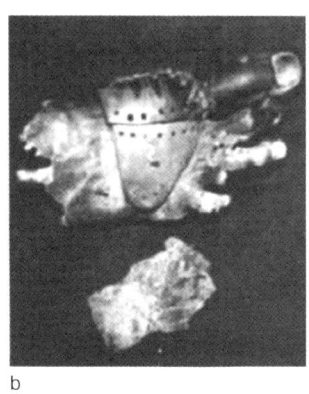 

a　　　　　　　　b　　　　　　　　c

图3-4-11　古代的"辅具"
图片来源：《中国残疾人》2007年第12期

在中近代，辅助器具的技术含量有所提高。中世纪，欧洲战争频繁，骑士们伤残后需要补偿肢体功能，加之武器大量生产，促进了金属锻造技术的提高，于是出现了金属假肢和矫形器。[②] 德国盖鲁斯道鲁夫在1517年出版的著作中描述了穿铠甲并能用螺丝杆调节上臂和前臂之间夹角的金属矫形器（图3-4-12a）。1529年被誉为"现代外科之父"的法国外科军医安伯路易斯（1510—1590）提出了截肢术作为医学中挽救生命的措施，不久便开发了假肢和矫形器，并成为首位脊柱弯曲矫形器制作人。其中设计的铁手有能做简单动作的肘关节和手指，在他的著作中提到"小洛林人的假手"，每根手指都安装了带有齿轮的机械装置，实现了假手的抓握功能（图3-4-12b）。在轮椅发展方面，1595年西班牙国王菲利普二世的带轮子和脚踏板的椅子已具有特色（图3-4-12c）。1655年，一名截瘫的钟表工匠制造了通过手柄摇动齿轮箱来带动前轮旋转的轮椅。1783年，约翰

---

①②朱图陵."辅具"史化［J］.中国残疾人，2007（12）：49-51.

沃森制作了两个大轮一个小轮的手推轮椅。日本 1870 年明治维新后，工业化发展迅速，在当时的锦绘上已经记载了双手摇杆式三轮车和手推轮椅。

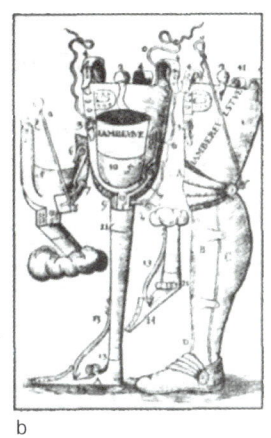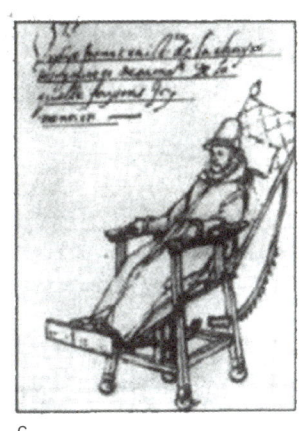

a　　　　　　　　　　　　b　　　　　　　　　　　　c

图 3-4-12　近代的"辅具"
图片来源：《中国残疾人》2007 年第 12 期

在现代，辅助器具形成行业化。两次世界大战以来，由于战争和交通事故不断发生，造成残疾人不断增加，使残疾人的辅助器具也不断被开发。特别是医工结合的新学科——康复工程学在二次大战后的兴起和发展，更促进了辅具产品的日新月异。[1] 依靠与这些越来越合身的辅具的互动，许多过去看起来只能被照顾的人不但自立生活，而且活得非常精彩。就像这位双腿截肢的国际超模 Lauren Wasser（图 3-4-13）。金属假肢让她重新站上国际舞台，也让她重获信心，坦然接受自己的残缺，甚至重新定义了时尚模版。

图 3-4-13　国际超模 Lauren Wasser
图片来源：https://baijiahao.baidu.com/s?id=1655907041612252892&wfr=spider&for=pc

近年，辅具和智能化物网融合，出

---

[1] 朱图陵."辅具"史化［J］.中国残疾人，2007（12）：49-51.

现了很多智能化辅具，包括智能假肢、智能轮椅车、智能移动辅具、智能识别辅具、智能提示辅具等。可以说，辅具变得越来越有技术含量、越来越智能的历程，就是人与辅具之间的交互越来越多元的发展过程。而目前，这种交互正从人与实体机器的互动，变成了人与虚拟软件的互动。

（三）当今社会人机交互的多种方式

主流的人机交互设计可以分为如下四种：植入式、穿戴式、手持式和环绕式。

1. 植入式

这一类包括已经比较成熟的人工器官和近年兴起的脑机接口技术。浙江大学求是高等研究院"脑机接口"团队与浙江大学医学院附属第二医院神经外科，合作完成国内第一例植入式脑机接口临床研究。通过把微电极阵列直接插入大脑运动皮层里面，检测单个神经元细胞放电情况，获取人体的信号。72岁，四肢完全瘫痪的张先生，通过"意念"控制外部机械臂及机械手，不仅可以握手，还能拿饮料、吃油条、玩麻将（图 3-4-14）。

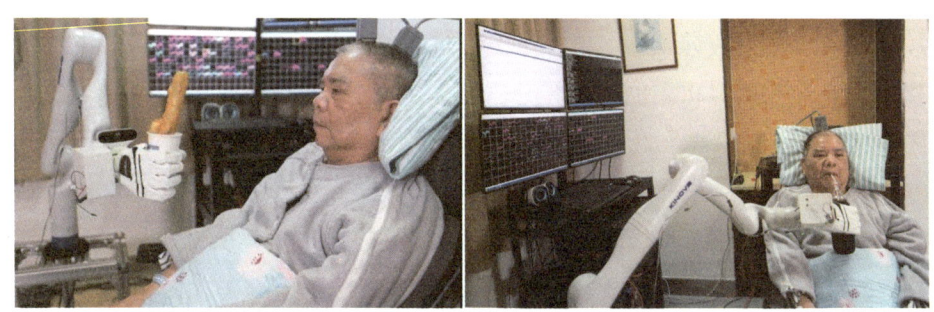

图 3-4-14　张先生通过植入式人机交互方式，控制机械手臂
图片来源：http://www.news.zju.edu.cn/2020/0123/c775a1957993/page.htm

2. 穿戴式

这一类包括智能手表、智能眼镜、智能首饰等。穿戴式智能设备的本意，是探索人和科技全新的交互方式，为每个人提供专属的、个性化的服务，而设备的计算方式无疑要以本地化计算为主——只有这样才能准确去定位和感知每个用户的个性化、非结构化数据，形成每个人随身移动设备上独一无二的专属数据计算结果，并以此找准用户内心真正有意义的需求，最终通过与中心计算的触动规则来展开各种具体的针对性服务。重要的穿戴式设

备案例之一，曾经备受期待的谷歌眼镜（Google Glass）才正式开放网上订购8个月左右时间，就被停止销售，而且其背后的 Google X 研究实验室被拆分至另一个独立部门之下。探究其原因，很多人赞同这个观点：在手机功能如此强大的情况下，有谁会花一万多去买一个应用少、拍照不好、录像最大分辨率只有 720p 且录像时的电池续航只有两个小时的智能眼镜呢？这反映了当前穿戴式设备因功能融合度不够而面临的技术窘境。

3. 手持式

这一类里，包含了手持的阅读器、学习机、健康检测器等。不过，当今的智能手机功能太强大，应用领域太多，以至于手持式几乎就和手机画上了等号。

4. 环绕式

这一类指在日常生活中，环绕在人们身边的各类设备与系统。其中，最主要的是智能家居。

四种人机交互的方式都需要设计与技术的融合。设计指导整体系统的架构，技术完成系统的实现。本节的剩余部分将以案例形式，阐述手机（手持式）和智能家具（环绕式）的融合思维和人机交互结果。

（四）手机辅助应用程序（APP）的两个方面

1. 从残障人士到健全人士

为残障人士设计的 APP 可以为健全人带来更大的便利。

谷歌公司开发的 Sound Amplifier 是一款 Android 系统 APP，可以帮助人们更清晰地听到声音。其工作原理如下：当用户插入耳机并使用扩音器时，可以定制频率来增强重要的声音，比如放大和别人交谈的声音，并过滤掉背景噪声。[①] 它可以帮助用户在嘈杂的餐厅里更清晰地听到谈话，在不打扰他人的情况下，以个性化的频率放大电视发出的声音，或者在演讲中增强主持人的声音。

对听障人士来说，可能很难知道什么时候扩音器在检测或增强声音。为此，软件设计师添加了一个音频可视化功能，可以显示何时检测到声音，帮助用户以可视化方式对其做出更改。就像电视上的音量数字一样，即使听不

---

① 安卓官方博客［EB/OL］.https://blog.google/products/android/sound-amplifier-more-people-can-hear-clearly/.

到声音，也能知道声音被放大了多少。①

这款 APP 可以帮助世界上 4.66 亿有听力损失的人更加清晰地听到声音。对健全人来说，也具有极大的实用性。谷歌公司的用户体验设计师夏冰莹女士就将此 APP 配合蓝牙耳机使用，这样在另一个房间里也能听清电视的声音。在厨房做家务或者在书房工作的妈妈，也可以清楚地听到在客厅里玩的小孩子的动静。

谷歌公司还有另一款帮助听障人士的 APP——Live Transcribe，这款 APP 优势正是在于它的简单。语音识别的产品，其实市面上并不少见，但是它实现了真正地为听障人士考虑：立即打开立即开始转录，毫无干扰，并且操作极其简单。当用户打开这个应用程序时，它会用大而容易阅读的文本写出它听到的内容。转录的过程非常有效，包括添加标点符号，甚至理解一些上下文。② 软件设计师在和听障人士交流时，发现他们会不小心把水龙头开着就忘了关，或者有人敲门意识不到，于是还增加了环境音识别功能，可以识别到流水、敲门这样的声音。

谷歌公司的用户体验设计师夏冰莹女士开会时会用它来记笔记，也会用来和英语不是那么流利的同事交流。从这个角度看，大家更加熟悉的微信的语音输入功能也具有类似功能。平时，突然有了什么灵感，或者需要快速记录一些关键词，都可以用语音输入，然后被快速转化成文字记录下来，尤其适合高节奏的上班族。

2. 从健全人士到残障人士

原本为了给身体健全的人带来一点点方便的产品，往往能够给残障人士带来改变人生的巨大变化。

手机相机：近视、弱视等在视觉上有障碍的人群经常会把手机相机当作放大镜/望远镜使用，来阅读产品包装上的小字，或者用来看清远处的东西。比起单独买一个昂贵的扩视仪，直接用手机自带的相机要便宜方便得多。比

① 安卓官方博客 [EB/OL].https://blog.google/products/android/sound-amplifier-more-people-can-hear-clearly/.
② Dieter Bohn.Google Live Transcribe could be a big help for people who are deaf or hard of hearing？[DB/OL]. https://www.theverge.com/2019/2/4/18209546/google-live-transcribe-sound-amplifier-accessibility-android-deaf-hard-hearing.

起在公共场合使用一些看似奇怪的辅助仪器，直接用手机也更加不容易给用户带来歧视和偏见。

语音助理和智能音箱：对于大部分人来讲，这是偶尔会有点用的方便小物。比如，在做事，不方便正常操作手机，就可以用 iOS 的 Siri，Windows 的小娜，Android 的 Google Assistant。但是据资料显示，盲人朋友们非常热爱语音助理和智能音箱。[①] 对他们来讲，直接用说的就能搞定很多操作，可以省去在手机屏幕上摸来摸去找图标的麻烦。这一点对于触摸屏幕有困难的肢体障碍用户也是一样。

共享出行 APP：像滴滴这样的 APP，对大多数人都挺方便的，对于聋人 /聋哑朋友，更是格外的方便，让他们不需要任何口头沟通就可以打车。谷歌公司的用户体验设计师夏冰莹女士在旧金山甚至遇到过耳聋的 Lyft 司机。共享出行让原本没有办法当计程车司机的他得到了一份养家糊口的工作。

无人驾驶：很多人非常期待无人驾驶，是出于对新事物的好奇，也出于"偷懒"的目的。但是，对于有视力或行动障碍、没有办法开车的人来讲，无人驾驶将给他们带来更大程度的自由。据介绍，Google 的无人驾驶车辆，最早的演示也是邀请盲人朋友来做的。[②]

从以上的案例，也可以有这样的理解：手机以它高度复合的功能，和越来越方便的交互方式，已经成为身体的一部分或者说是身体的延伸，它可以作为眼睛、耳朵、手，甚至可以取代一部分大脑的功能。

（五）智能家居，让生活更方便，也能创造新的生活方式

比尔·盖茨耗巨资、数年建造起来的大型科技豪宅——"未来屋"（图3-4-15），完成了高科技与家居生活的精美融合，被世界称为最聪明的房子，其融合体现在如下几个方面[③]：利用手机远程操控，可以指挥家中的任何设备，如开启空调、简单烹饪、调节浴缸水温等；通过给每位访客发送内置微晶片的胸针，自动设定客人的偏好，如温度、灯光、音乐、画作、电视节

---

① 夏冰莹.盘点那些让人眼前一亮的无障碍黑科技［DB/OL］. https://zhuanlan.zhihu.com/p/120801677.

② 夏冰莹.盘点那些让人眼前一亮的无障碍黑科技［DB/OL］. https://zhuanlan.zhihu.com/p/120801677.

③ 陈根.互联网＋智能家具：传统家具颠覆与重构［M］.北京：机械工业出版社 2015：Ⅴ－Ⅷ.

目、电影爱好等，电脑根据接收到的客人数据满足甚至预见客人的需求，将环境调整到宾至如归的境地；有多重安全系统，保障未来屋的安全，包括隐藏在房屋各处的先进的微型摄像机、电子胸针的识别功能、安全备用系统等；建筑内有长达84公里的光纤缆线，将主人的需求与电脑、家电完整连接，并用共同的语言彼此对话，让电脑能够接收手机和各种感应器的信息，而卫浴、空调、音响、灯光等系统均能够听懂中央电脑的命令，这个家居控制建立在一个典型的数字控制基础之上。比尔·盖茨的这座"未来屋"真实再现了美国大片的智能场景。虽然一直被指是有钱人的游戏，但从另一方面来说，"未来屋"映射出了家居住宅装修的发展新方向：智能家居。

图 3-4-15　比尔·盖茨的"未来屋"
图片来源：https://www.tuko.co.ke/282128-bill-gates-house-cost-pictures.html

　　目前，受当前科技发展限制，人们对家居环境的人工智能化的理解还仅仅停留在"物联网"的概念阶段。物联网的目标，是用户端延伸和扩展到了物品与物品之间，人与物、物与物都能进行信息交换和通信。体现在实践上，表现为对智能单品设备的过分关注。其实，智能家居可以给人类生活带来的变化远远不止单个的智能家具设计。

1. 智能家居可以改变整体的室内景观

智能家居，是和人工智能密切相关的，随着智能化程度提高，很多功能复合叠加，一个物体必然会承担多种功能。以墙壁和地面为例，随着材料学及人工智能发展，墙壁可以看成遮挡光线的实体，也可以允许其中一部分墙体让光线进入。于是，墙就具备了窗户的功能；而到了夜晚，墙体的一部分区域可以转换成播放视频的屏幕，也可以发出合适照度的光线。这样，室内灯具、屏幕或者其他外设装置完全可以取消，科幻片中简洁一体化的室内大空间就会变为现实。单个家居物品也会随着室内造型的简化而简洁。如在书房里，当显示器以墙面显示或者全息显示时，可以不再占用书桌空间；虚拟键盘取代实体键盘，并与办公桌桌面合体；操作上多采用手势控制；所有的虚拟资料甚至不需要硬盘，转而存储在云端，整个书桌上面了无一物。这样的家居局部也肯定是具有简洁效果的。另外，消费者的居家行为特点决定着家居产品设计的智能化。[①]

2. 智能家居会引发更加简单易用的人机交互操作模式

人工智能对于家居服务来讲，已经不是单纯地存储信息、处理海量数据，它的要求是让设备能够听懂人类的话、明白人的意图，进而做出正确的判断，最后将方案付诸实施。

设备通过摄像头等广电转换设备来读取信息比较容易。但听懂人类的语言、情绪、行为，并理解其中的含义，就比较困难了。这也是当前人工智能研究的重点之一，如果设备能零失误接受并正确、快速理解主人的语言，在家居设施服务的人机交互操作上，肯定是重大革命。人与设备之间的交互，最早依靠直接操纵，之后逐渐发展成为无线控制以及集成图形控制，但这些都还不是终极之道。在理想的交互情境中，人与设备之间的交流应该就像人与人之间一样，用最自然、最简单、最直接的语言方式进行交流。

这种人机交互操作，还处于不断研究发展中，也已经取得了较大的成果。如在国内率先推出语音云服务的科大讯飞公司，其推出的语音输入法对标准普通话的识别正确率已提升到 95% 以上，[②] 而人类专业的语言学家也

① 谭嫄嫄，耿道双. 生活形态下的智能家居产品设计研究［J］. 包装工程，2016，37（22）：112.
② 裴悦舟，刘颖希. LED 智能照明产品创新设计应用研究［J］. 包装工程，2016，37（16）：16.

为 95%，^① 这说明机器在这方面已经高度地接近人类水平。除了语言交互外，以人类肢体语言为基础的体感交互，^② 以人体各种数据检测为基础的反馈及预测，以图形化、具象化的输入终端，也都是重要的人机交互手段。^③ 这些高质量的人机互动交流方式，都将让未来家居设备的操作便利而又简单。

3. 智能家居将改变人的生活起居方式

2007 年，智能手机问世，短短十几年时间内，智能手机已经深层次地改变了人们的生活方式。从早上被手机上的闹钟惊醒到上班途中的读新闻、刷微信、看学习强国，从随时随地的手机支付到今年因疫情而迅速火热的远程办公，从观看快手、抖音的娱乐视频到刷朋友圈，一整天几乎都离不开手机的运作。而功能要超过智能手机数千百倍的人工智能，将给人们的生活方式带来更加翻天覆地的影响。

家庭活动场景在变化。人工智能主导下的家居生活，大部分家务由机器设备代劳，智能化的操作将人从家务琐事中解放，最终可能导致人们一般家务技能的消退。但从另外一个角度说，正因为家务中低技、烦琐的部分由机器代劳，人们可以从事其他更加有趣、更加需要创造性的部分。于是，很可能出现如下的生活场景：一对小夫妻，在厨房里不是从事着家务劳动，而是享受生活，享受科技带来的无比乐趣；在厨房、餐厅、客厅一体化的住宅里，三口之家，可以边看电视、边上网、边健身打球、边烹饪自己喜爱的菜肴。

低效率的信息获取方式可能绝迹。^④ 人工智能可以从亿万海量信息中根据人的需求进行有效搜索。看电视、看报纸等方式早就已经落伍，当前以搜索引擎搜索信息的方式可能也被淘汰。未来，交互式的信息传输，大数据将根据读取到的人的偏好，进行针对性的信息推送。

虚拟现实可能是娱乐方式中最吸引人的。人工智能主导的虚拟现实网络，作为娱乐接口，可以容纳众多项目，运算能力的提高带来高度沉浸感，成为主流娱乐方式。融入家居的 VR 游戏，将获得更多人的青睐。

① 郭宇. 人工智能与家居设计［J］. 包装工程，2017，38（16）：12-15.
② 赵婧. 基于体感交互的智能家居三维设计与系统架构［J］. 电视技术，2018，42（6）：117-120.
③ 郭宇. 人工智能与家居设计［J］. 包装工程，2017，38（16）：12-15.
④ 郭宇. 人工智能与家居设计［J］. 包装工程，2017，38（16）：12-15.

生活方式更加健康。智能家居以立体环绕的方式，24小时无死角地监控人体各项数据指标，对身体机能进行评估，根据评估资料提出健康建议，指导主人进行锻炼活动。具备深度学习能力的人工智能，还可以将主人日常的生活行动进行记录，并不断积累，再根据主人当前的观测数据，做出推断，并及时发出警告。在这样每时每刻的"监视"与不厌其烦的"引导"下，人们对自身的身体状况有更直观的了解，也会去选择更加健康的生活方式。

三、物美融合

美的形式，可以给人带来愉悦感，也可以让使用的过程更加快乐。所以，融合设计讲究物美融合。当然。这个"美"不是通过增加装饰实现的，仍然是从物体或空间本身的功能出发。

（一）功能合理，就可以很美

现代主义四大师之一勒·柯布西耶设计的马赛公寓，正是以合理的功能设计去呈现美的建筑（图3-4-16）。

图3-4-16　马赛公寓外景
图片来源：http://www.mmia.com/product/detail/290235.html

二战结束之际，欧洲房屋紧缺情况严重，市民的居住安顿问题急需解决。马赛公寓正是在这种功能急需的情况下设计的，为马赛轰炸后无家可归的人提供住所。

勒·柯布西耶是一名想象力丰富的建筑师，他对理想城市的诠释、对自然环境的领悟都别具一格。此外，他对社会问题、对低收入阶层都十分关注。①柯布的这些特点最明显地表现在马赛公寓上面。如追求空间分配的公平；追求社会细胞——家庭与整个社区乃至城市更密切的交流和联系；追求社区内部设施的极端完善，以满足社区的自给自足……甚至可以说，柯布西耶的建筑学设计不仅是在规划空间和面积，更是在规划人的活动、性格和存在方式。

关于住宅柯布有两个著名理论——"住宅是居住的机器"和"多米诺系统"。柯布西耶强调近代住宅应以合理、明晰的空间秩序作为标准，而这种合理、明晰就是从功能角度做出评价的。在马赛公寓中，柯布还提出了一种"啤酒箱"式结构模型。②这种体系采用整体骨架现浇，形成类似酒瓶架的框架结构。这个框架结构保留了原始混凝土裸露的表面，呈现一种粗犷原始、朴实敦厚的艺术效果（图3-4-16）。接着，一套套住宅就像啤酒瓶一样被插入框架结构中。根据这个逻辑，作为啤酒瓶的单套住宅自然是具有很大的灵活性的。

依赖于这种独特的结构体系，马赛公寓提供了23种、共337户，可供1500—1700名居民居住，从单身住户到8个孩子的家庭都可找到合适户型的住房。当代，住宅标准化、商品化，在一个小区中容纳这么多户型就很难得，更不用说在一栋楼里面了。因此，这种丰富的户型是非常难能可贵的，满足了不同使用者的需求，提高了居民选择的自由度。

在居住单元中最典型的户型是以"L"形方式互相错层咬合的跃层户型，③这样使得三层空间共用一个交通廊道，不仅大大节省了交通面积，还让每一户获得一个横贯通透的私密空间（图3-4-17）。以一个标准户型平面为例，一个住宅容纳（3.66×24×3.3）m的空间。24 m是很大的进深，人在其中会很不舒服，但柯布西耶做了很巧妙的处理（图3-4-18），24 m=（2 + 8

---

①②③勒·柯布西耶，博奥席，斯通诺霍．勒·柯布西耶全集（第六卷）[M]．北京：中国建筑业出版，2005.

＋4＋8＋2）m，其中，2 m是凉廊，8 m是卧室，4 m是衣柜、儿童浴室的进深。两个8 m的卧室拥有2 m的阳台，通透的布局加速了空气的流通，也省却了地中海常年烈日的烦恼。[1]阳台的侧面墙上涂了红、绿、黄等鲜艳的色彩，在裸露混凝土的粗犷中又显出了一丝俏皮（图3-4-16）。住户内部的楼

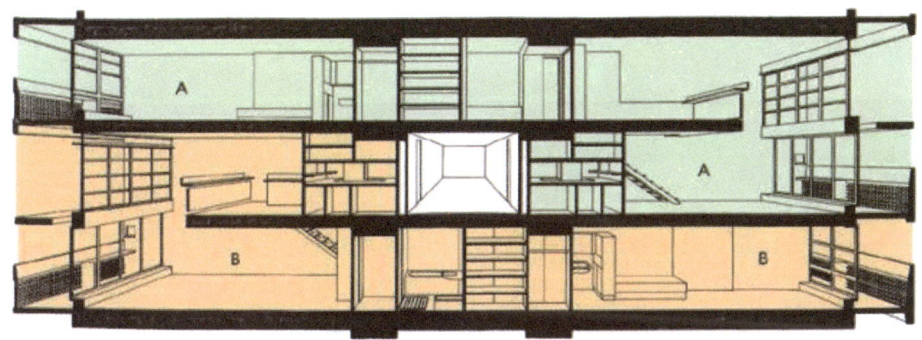

图3-4-17 "L"形咬合，三层共用一条公共走廊
图片来源：https://www.sohu.com/a/152525956_556721

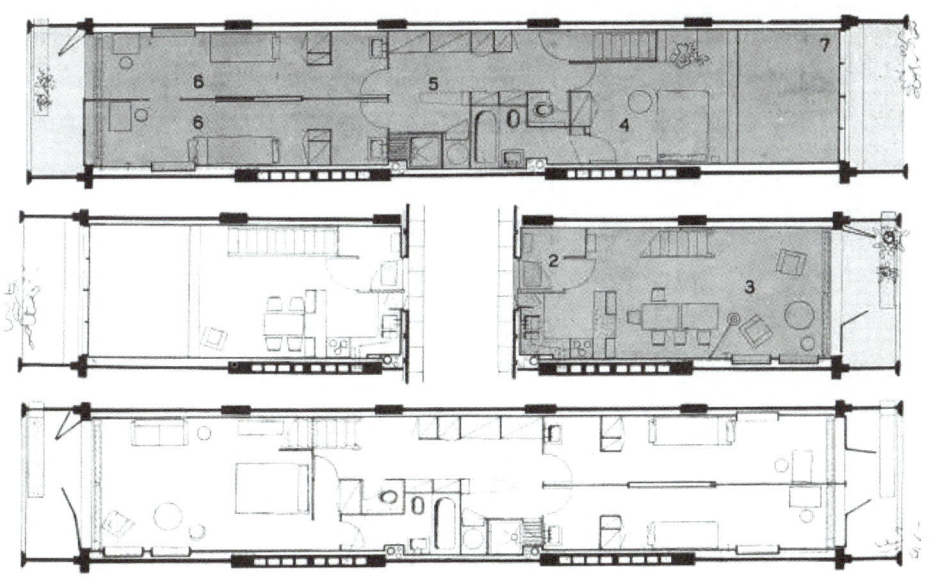

图3-4-18 标准单元平面
图片来源：https://www.sohu.com/a/152525956_556721

①卜天，施立阳."真"与"善"的美作——柯布西耶马赛公寓赏析［J］. 城市建筑，2014（14）：218.

梯连接上下层，形成了"跃层式"，享有两层挑空式设计的起居室，其顶板高达 4.8 m。柯布西耶的许多作品中都可见一种以家庭主妇为中心展开的其乐融融的理想居家模式，因此，厨房、浴室等空间，在柯布看来都是圣地中的圣地。他将厨房视同传统住宅中壁炉一样的核心地位，所以厨房与起居室之间仅以一道类似吧台的半隔断分界，厨房不必再隐蔽在住宅的某一角落，而要充分与起居交流（图 3-4-19）。

图 3-4-19 50 年代照片，厨房占重要位置的室内空间（左）和就餐场景（右）
图片来源：https://www.sohu.com/a/152525956_556721

这种方式在马赛公寓中不仅解决了居住问题，同时完成了柯布创造一个具有"亲和力"住宅公寓的美好想法。公寓就像一个巨大的混凝土和玻璃组成的框架，内部分为居住区、休闲区、商店和学校。从走廊或"街道"都可以穿过街区的中心，街区的四周也非常的宜人，使一个孤立的住宅群变成了一座小城镇。[①]

这种"亲和力"也体现在公共场所的创建上。底层架空可以停车和通风，并融合城市绿化及公共活动场所，这样居民可以尽可能接触社会和自然，促进相互交往。大楼的 7、8 层是商店和公用设施，满足居民的各种需求。屋顶平台设置有健身房、小游泳池、剧场等为人们提供更多活动场所（图 3-4-20）。

"户内生活像一次海上旅行"，这种思想贯穿于马赛公寓设计的始终。农庄里的水渠、小棚屋、甲板等元素被重新定义、改装，呈现在屋顶的公共空间中（图 3-4-21）。

---

① 勒·柯布西耶，博奥席，斯通诺霍. 勒·柯布西耶全集（第六卷）[M]. 北京：中国建筑业出版，2005.

图 3-4-20　50 年代照片，公共空间活动场景
图片来源：https://www.sohu.com/a/152525956_556721

图 3-4-21　呼应"户内生活像一次海上旅行"的设计元素
图片来源：http://www.vtjz.com/html/weituoxueyuan/weituozhilv/1677.html

毋庸置疑，马赛公寓是"美"的，这种美来自于贴合使用者需求的户型设计，来自于具有"亲和力"的公共空间营造，也来自于建筑师对理想家居模式的精心营造。

（二）顺应结构形态，美就能自然流露

当代，西班牙的圣地亚哥·卡拉特拉瓦（Santiago Calatraw）是公认的能将结构与美学融合得最好的建筑师之一。他接受的艺术、建筑与土木工程的教育经历使其能自由地游走在结构、建筑与美学之间，成为"继意大利著名建筑大师奈尔维（Pier Luigi Nervi）之后，最善于发挥结构和材料特性的结构表现主义建筑师之一"[①]。与那些持有"结构服从建筑形式"观点的建筑师不同，卡拉特拉瓦追求结构与美的融合，他一直探寻结构材料、构造节点、艺术造型上的交汇点，以诗般的浪漫表现建筑的结构韵律与秩序，赋予现代技术人文情感和优雅的古典韵味。[②]

卡拉特拉瓦的建筑，将构件简化，保留下来的几乎都是有结构功能的。从结构的柱、拱乃至箱型梁和密肋，到维护结构的支撑杆件，这些都可以从结构作用上找到其存在的逻辑性依据。因为深谙力学知识，卡拉特拉瓦可以自如地给结构构件赋予独特的造型，如使用"V"形柱、树状柱（图3-4-22）。而这些结构构件以富有韵律感和节奏感的方式排列，呈现出强烈的动式，进而成为空间和造型的主体。于是，这些结构便呈现出以下三种美：

图3-4-22　里昂机场结构柱
图片来源：www.donemag.com

---

①《建筑师》编辑部.国外建筑大师思想肖像（上）[M].北京：中国建筑工业出版社，2008：240-252.

② 庄葳，刘松茯.技术的作用力——圣地亚哥·卡拉特拉瓦建筑形态解读[J].华中建筑，2007,25（1）：189-194.

1. 骨感美

形象被艺术性强化的结构构件和玻璃这一透明表皮互相对比，受力上结构的浑厚与受力点的轻巧形成反差，形成一种骨感美（图 3-4-23）。体现了卡拉特拉瓦一直坚持的理念：没有必要在建筑的结构上去增加所谓的建筑艺术，也就是说没有必要去穿最新的时髦外衣，结构就是建筑。①

图 3-4-23 巴伦西亚科学城科技馆（右）
图片来源：https://www.sohu.com/a/277488488_656460

2. 韵律美

结构被构件化，形成模块，然后进行多次的重复和渐变的排布，富有节奏感（图 3-4-24），就像音乐的音符一样，给人以韵律的美。

图 3-4-24 充满强烈韵律感的建筑
图片来源：http://www.fxysw.com/thread-4618-1-14.html

① 蔡军，郑锐鲤. 大空间公共建筑的空间设计与传统文化表达［J］. 华中建筑，2009（2）：89-93.

3.动态美

这种动态体现在两个方面。一是动态造型，就是空间可开合，构件可运动，如巴伦西亚科学城天文馆的动态屋顶（图3-4-25）；二是"静"态造型，通过构件的造型，赋予建筑以动感，通过材料的"运动"和动感予以表达，如纽约世贸中心中转站，给人一种随时会飞起来的感觉（图3-4-26）。

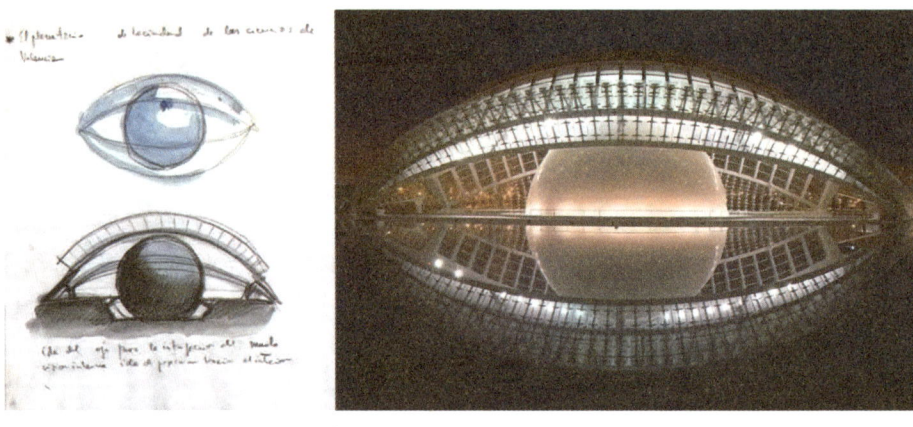

图3-4-25 巴伦西亚科学城天文馆如同眼睛一样能动的屋顶结构及设计草图
图片来源：https://www.sohu.com/a/277488488_656460

图3-4-26 世贸中心中转站
图片来源：http://k.sina.com.cn/article_2288064900_8861198402000dof0.html

（三）简单常见的东西，也可以变得很美

一些简单的、人们习以为常的东西，经过设计师的巧妙设计，融合了不寻常的表现形式，就能呈现出美。田中达也是个日本"80后"大叔（图3-4-27），他每天要做的事情，就是从最普通的事物中寻找灵感，然后通过摄影表达出来。日常被人们忽视的小细节，被他巧妙地排列组合后，都变得生动可爱，他的作品总是能令人会心一笑，看了心情大好。在他的世界里，小小的人物模型和真实世界一样，自娱自乐地过着惬意的生活……文具、零食、蔬菜和水果，等等，田中达也的模型素材全部取材于现实生活，再通过布置、摆拍，融入天马行空的想象力来完成。他非常擅长用颜色和形状，模拟出真实场景的质感，一秒带你进入情境中。生活中无论是在逛超市还是带孩子去公园玩耍，他都在暗暗观察身边的事物。甚至会带上他的小人模型，随时带入一个缩小视角的模式，这样就会发现很多平日里注意不到的东西。一旦开启这样的思维模式，每看到一件物品，联系他的颜色、质感、形状，一件件脑洞大开的作品也就随之而来了。他从2011年开始，每天在个人网站上更新一幅创作，这个系列被他取名为"微型日历"，就像是一个"小人国的世界"。直至今天，他坚持了9年的每天更新，并且从未断更过，现在他的个人网站上已经发布了3000多张作品，而他的Instagram粉丝也已经超过了240

图3-4-27　田中达也在创作
图片来源：https://fashion.sina.com.cn/luxury/de/2020-02-19/1818/doc-iimxxstf2781915.shtml

万，单一幅作品就有超过 10 万人围观点赞，全世界的网友都被这位日本大叔的脑洞所深深折服。下表列举了他的一些作品，可以细细品味寻常事物不寻常的美。

表 3-4-1　田中达也部分作品列表
作者根据 https://fashion.sina.com.cn/luxury/de/2020-02-19/
1818/doc-iimxxstf2781915.shtml 图片整理

几个大叔在"牙签温泉"里泡澡	一家三口，在鸡蛋温泉里泡个澡	在香菇小船里，悠闲地钓个鱼
在面包岩石旁的沙滩上，来一场惊险的游戏	在花菜云朵上，享受飞行	即便病了也没关系，医生护士随叫随到
四色眼影，化身为冰淇淋冰柜，小朋友在旁边馋得流口水	乐谱上的五线谱，成了停靠在音乐车站地铁的轨道	几本杂志贴上便利贴，便成了香港街头的老屋

你眼中的卷心菜，可以是一个热气球	你眼中的樱花花瓣，可以是一叶小舟	你眼中的普通刷子，可以是农民的稻田
你眼中的别针，可以是河塘里嬉戏的小鱼	你眼中的订书针，可以是摩天大楼	用化妆品搭建的潮流街头，妙龄女郎穿梭其中
施工中的"魔方"大楼，工人们忙忙碌碌	书本变身攀岩墙	铃鼓变身摩天轮
玉米变身发射的火箭	"蓝色海绵擦"→"波浪形状"→"海浪"，于是便有了这个海绵"海浪"中翻船救人的故事	既然蓝色海绵擦是海浪，那黄色就是沙滩，绿色就是草坪。沙滩海浪边欢乐的一景由此而来

在柔软的香菇里，泡个温泉	在雪白的笔记本上，滑雪玩耍	在废旧的黑胶唱片上，进行摩托车比赛

（四）在塑造美的同时，也顺便解决了功能

比如，常见的双层扶手（图3-4-28），解决了功能，但样子无法和"美观"挂上钩。在如何满足扶手功能的同时又赋予它美，可以从苹果店的扶手设计中吸取灵感。

实例一

实例三

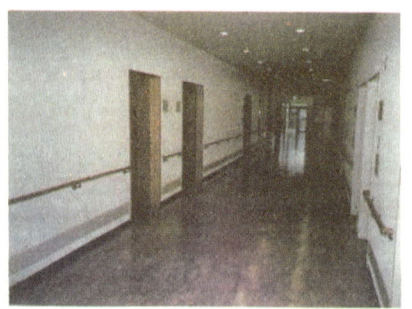

实例二

实例四

图3-4-28　常见的扶手设计

图片来源：《无障碍设计图集》（12J926）

京都苹果直营店的扶手设计（图 3-4-29），乍一看，就觉得这是一个很美的空间，如同一幅文艺复兴时期的油画。整个空间是如此浑然一体，以至于没有人会觉得那是一个扶手，只会觉得这是画面中的一个重要构图元素。这是一种形式的秩序化，功能不是主要的出发点，但却仍然非常实用。可以说，设计师在墙上设计了一道光，设计了一线阴影，光和阴影丰富了墙面的肌理，又解决了双层扶手的问题。这也再次印证了融合设计的简洁性和包容性设计原则。

图 3-4-29　苹果店扶手设计
图片来源：https://www.gooood.cn/APPle-marunouchi-by-foster-partners.htm

又如，一提起暖气片，大家的脑海中往往出现类似图 3-4-30 的图景，样式单调，像是整体室内设计中一个突兀的后加物。图 3-4-31 所列的四种暖气片设计则不会给人这样的感觉。设计师设计了墙面上的线条，使墙面变得丰富多彩，同时这些线条可以供暖，然后又能作为毛巾架，可谓兼顾美观和实用，一举多得。右上角的这种暖气片造型（图 3-4-31），和无障碍卫生间的安全抓杆造型又有类似，于是可以承担起抓杆的功能。而且因为是自身发热的，只要控制好温度不至于过热，甚至能解决现有安全抓杆冬天手感太冷的缺陷。

图 3-4-30　市面上常见的暖气片
图片来源：http://www.bjrelang.com/nuanqipian/
wenda/135.html

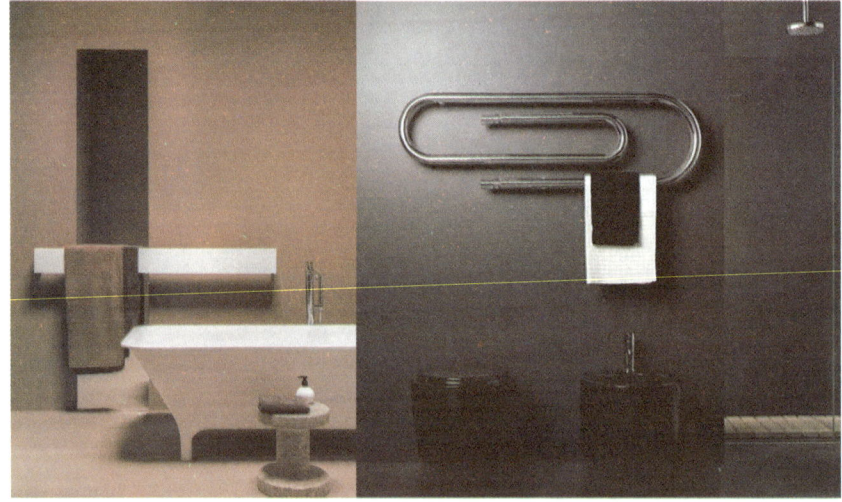

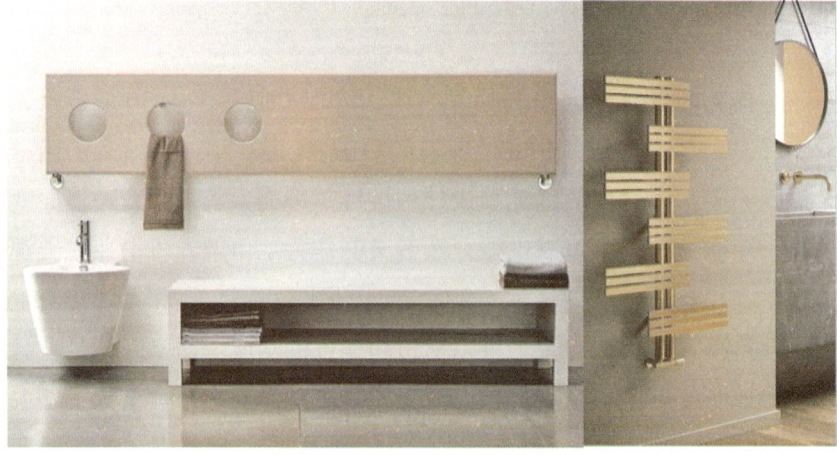

图 3-4-31　从艺术造型出发的暖气片设计
图片来源：https://www.sohu.com/a/341431872_120048397

四、文脉融合

融合设计的地域性原则，就代表了一种设计和文化融合的模式。这种融合，可以是历史、当下和未来的融合，也可以是中国和西方的融合。和而不同、兼收并蓄，以达到一种"美美与共"的和谐状态。

（一）与文脉融合，更能引起使用者的共鸣

其实，文脉融合已经成为一种设计趋势，几乎所有的大品牌，都在利用跨界的文脉融合，提升自己的产品形象。虽然可能本质上是从产品思维出发，但这种做法，对于推广地域文化真的十分有效。尤其是在全球化的浪潮下、在越发急躁的快餐时代、在年轻人几乎要忘却所有传统意识时，这样的融合，以一种所有人都喜闻乐见的形式，向大家展示文化的美。所有的人，都能对此产生共鸣。在这里，以网红奶茶品牌奈雪の茶为案例进行说明。

"奈雪の茶"出过一组地标海报（图 3-4-32），以手绘感很浓的插画形式，将奶茶和中国不同地域的文化特征融合。如与苗族雷山巴拉河支系融合

图 3-4-32　奈雪の茶地标海报
图片来源：https://mp.weixin.qq.com/s/p4wJw1kh3JlqbLoLx6_-LA

的贵州海报，与春城花海融合的昆明海报，与华侨文化融合的江门海报，与当地著名建筑（南宁国际会展中心）和当地温润气候特征融合的南宁海报，与泉城文化融合的济南海报，与海港文化融合的宁波海报，与水乡文化融合的绍兴海报，体现海上丝绸之路氛围的泉州海报，等等。每一张海报，都以低吟浅唱的方式，细细述说城市的故事。

图 3-4-33 "奈雪の茶"瑞兽系列包装
图片来源：https://mp.weixin.qq.com/s/p4wJw1kh3JlqbLoLx6_-LA

"奈雪の茶"出过的瑞兽系列海报和包装也十分值得借鉴。在 2020 年到来之际，品牌邀请插画师 Cinyee Chiu 推出了"新年瑞兽系列"（图 3-4-33），将国潮和奈雪淡雅的调性完美融合。这一系列共创作了 6 只开运瑞兽，分别为凤凰、独角兽、貔貅、玄武、白鹿、麒麟。插画图案颜色艳丽搭配和谐，配色上的过渡给人很舒适的感觉，带有层次感的渐变通体立透。每一款瑞兽代表一个美好寓意：升职、加薪、脱单、健康……表达出了年轻人的心声，让所有人都难以抵抗这一组融合传统瑞兽文化、给予自己祝福和鼓励的海报与包装。

（二）消解无障碍要素的差异性与特殊性

无障碍环境建设，尤其是无障碍改造，容易引起争议，往往是市民觉得新加的无障碍设施与原有环境不协调。如北京奥运会之后关于是否拆除无障碍设施的争议，以及无障碍设计研究所在浙江各地无障碍社区创建过程中遇到的居民的不解与抵制。究其原因，还是因为当前的无障碍设施形象往往比较突兀，如扎眼的坡道、亮黄色的扶手（图 3-4-34、图 3-4-35）等。

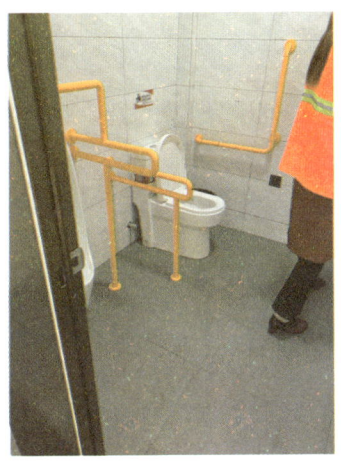

图 3-4-34 位置突兀的坡道　　　　　　图 3-4-35 颜色突兀的安全抓杆
图片来源：作者自摄　　　　　　　　　图片来源：作者自摄

正如上文所说，与文化融合，使用者的共鸣。当无障碍设施可以和文化融合，将形象融入整体人文环境中时，自然可以消除其差异性与特殊性，不但可以获得市民的谅解，甚至可以激发他们的自豪感，这与习总书记所倡导的"文化自信"也不谋而合。

第四章

融合设计的工具与方法

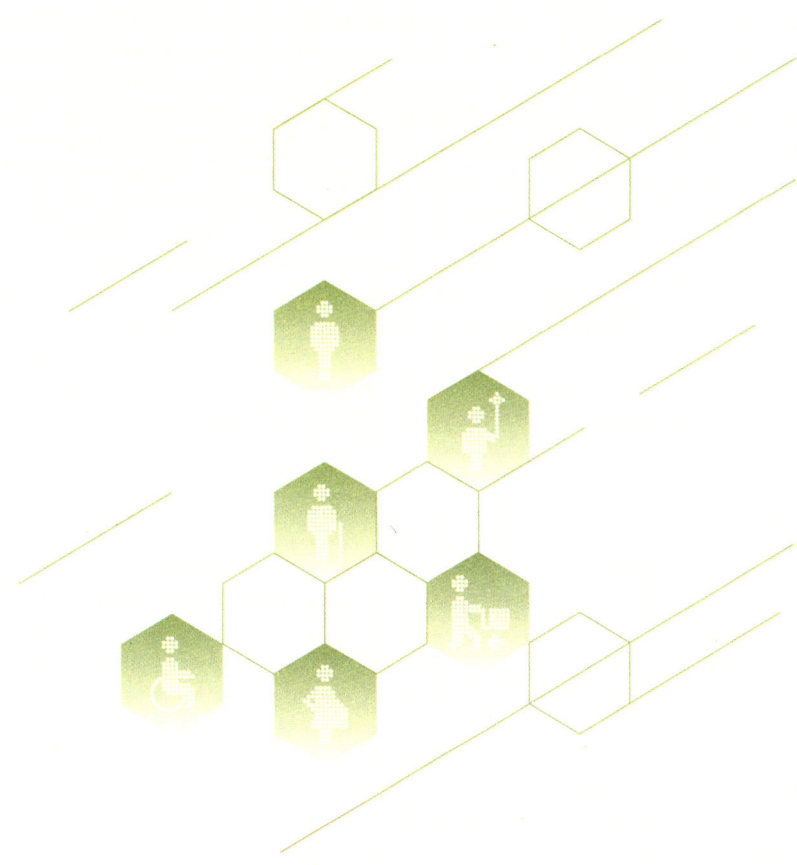

第一节　融合设计的跨学科工具

融合设计强调，设计的目的是人。因此，在具体的实践中，融合设计有意无意采用的跨学科工具，和使用者本身都有千丝万缕的联系。作为一本应用型书籍，不去纠结这些学科的渊源，忽略它们相互重叠的地方，而是选择当下大众耳熟能详的概念、挑选案例最有代表性的特点，来说明这些跨学科工具在融合设计中的应用，以及取得的设计成果。

一、用户体验

（一）用户体验的定义

"用户体验（User Experience）"的概念最早在 1993 年，由美国认知心理学家、计算机工程师、工业设计家唐纳德·诺曼（Donald Arthur Norman）博士在和苹果公司探讨个人电脑设计的时候提出。主要指用户使用产品过程中建立起来的一种主观感受，包括情感、信仰、喜好、认知印象、生理和心理反应、行为和成就等多方面。[①]

其思想渊源可以追溯到 19 世纪和 20 世纪早期。在机器时代的知识框架下，出于对速度的追求，管理者和科学家通过改善装配流程，提高生产效率和输出，实现重大的技术进步，如可批量和连续制造的生产线、可大批量移动货物的装配线、不间断的高速印刷机等。

管理学家和经济学家弗雷德里克·温斯洛·泰勒（Frederick Winslow Taylor）、企业家和工业家亨利·福特（Henry Ford）走在了探索新方法的最前沿，以提高人类劳动的效率和生产力。泰勒对工人和工具之间互动效率的开创性研究、福特创立的被后人称为"福特制"的流水作业法是最早的例子，

---

① 蔡军，蒋嘉琪 . 智能化办公家具设计原则［J］. 艺海，2016(3)：93-94.

类似于今天的用户体验基础。

进入 20 世纪后半叶，对用户体验的关注，从实践中被慢慢提炼，成为越来越明晰的概念。

唐纳德·诺曼在加州大学圣地亚哥分校心理学系任教期间，开始交叉应用自己过去的学术经验，将电机理论应用于数学、心理学的诸多实验，开展了认知心理学这一门新兴学科。并在加大圣地亚哥分校成立了认知科学系。1973 年，诺曼与人工智能专家罗杰·单克（Roger Schank）、艾伦·柯林斯（Allan Collins）等人一同创办了认知科学研究所与认知科学学会（Cognitive Science Society），逐步为后世推开了认知科学研究的门。

唐纳德·诺曼随后将认知科学的领域，带往了认知工程的方向，并成为该领域的主要引导者。

1993 年，唐纳德·诺曼辞去大学教职，进入苹果电脑公司，随后，他正式提出"用户体验"这一概念，而他也成为苹果公司的"用户体验架构师"。

（二）法兰克福厨房：从体验出发引发厨房革命

用户体验的本质，需要设计师从用户的基本体验着手，体现用户的自主性和参与性，从而强化用户的健康体验，尊重用户的正面感情。法兰克福厨房，就是从用户体验出发，为在厨房中忙碌的人消除了障碍，创造了一种更加健康、便利的烹饪体验。

1.旧式厨房

100 多年以前，绝大多数家庭的厨房和其他房间在本质上没有任何区别（图 4-1-1），灶台、桌子、置物架、柜子是一个个独立的个体，这些家具往往

图 4-1-1 早期厨房照片
图片来源：https://www.sohu.com/a/233408740_793547

体积巨大、不防火、不防水，装饰性强却不实用。位置杂乱的锅、炉令用户要做出许多多余的移动，不合理的上下水也让厨房极易积水。厨房工作，忙碌、不便，又充满安全隐患，体验极差。因此，劳碌的"煮妇"们（当然，可能也有"煮夫"）急需一种新式的厨房，为他们消解上述的障碍。

2.法兰克福厨房

第一次世界大战之后，德国面临着巨大的房荒，房屋建设成了当务之急。20世纪20年代，为了满足普通工薪阶层的需求，德国建设了大量的出租公寓。这样的公寓里，厨房必须符合两个标准：其一，在有限的面积中保证实用性；其二，要把成本控制在合理范围内，越低越好。在这样背景下，奥地利建筑师玛格丽特·舒特·丽霍茨基（Margarete Schütte Lihotzky）在1926年设计了法兰克福厨房。

在设计之前，没有任何烹饪知识的玛格丽特先深入调研了当时女性的生活方式和状态。一战以前，女性持家被视为必然，厨房也是为她们而设。但是一战结束不久的德国，人力短缺，不少女性除了继续持家外，还得到外面工作，可想而知，需要内外兼顾的她们必须分秒必争。因此，玛格丽特希望

图 4-1-2　法兰克福厨房照片
图片来源：https://nonagon.style/frankfurt-kitchen-design-history/

她的设计能帮助女性在忙碌的生命中争取时间，在厨房中的每一个工序各减少 1 分钟，一天下来，能为女性们节约下不少时间和体力。

将厨房用户的体验放在首位，同时也受到泰勒的工作流程《科学管理》理论启发，玛格丽特开始观察女性在厨房时的物理动向，重新规划厨房厨具等的位置和形态以提高效率。玛格丽特建立了一个 1.9m×3.44m 的 1∶1 厨房模型（图 4-1-3），仔细用秒表测量了完成某些任务需要多长时间，重复绘制了多种使用者在厨房中的移动路径图，从而获得最大效率预测指示图表。

通过研究，玛格丽特用 1.9m×3.44m 的空间涵盖了旧式的大厨房至少需要 3.6m×3.5m 空间才能容纳的设施（图 4-1-3），这种做法从面上看，是设施的集成，而深入挖掘，则是厨房流线的重组，优化功能与功能之间的组合方式，进而节约在厨房内工作的时间和体力消耗。

除了厨房整体布局优化外，玛格丽特还做出了其他许多贴心的设计，都大大改善了用户体验。如旋转凳可以让人以坐姿进行多个角度和位置的操作，内置储藏柜减少了清洁的工作，可折叠烫衣板节约了更多的空间，可调节天花板灯让厨房内的光线更加宜人，橡木做的装面粉容器有显著的防虫功能。最巧妙的要数内置于橱柜的调料容器，容器外面有小标签，可以清楚地

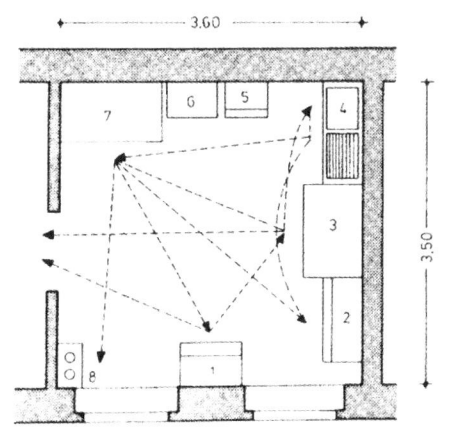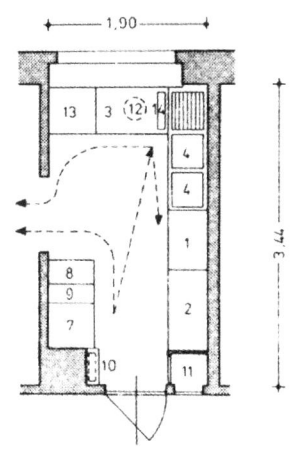

1 为铝制储物容器　2 为锅具储藏柜　3 为备菜操作台面　4 为水槽　7、8、9 集成了煤气炉、烹饪操作台和电磁炉（是对老式厨房中 5、6、7、8 的集成）　10 为暖气片　11 为扫帚储藏柜　12 为旋转凳。

图 4-1-3　法兰克福厨房平面
图片来源：https://www.sohu.com/a/233408740_793547

显示内部的调料种类。储藏和使用一体化设计的模式，使用户在加调料时，单手就可以操作，不用另找量匙。

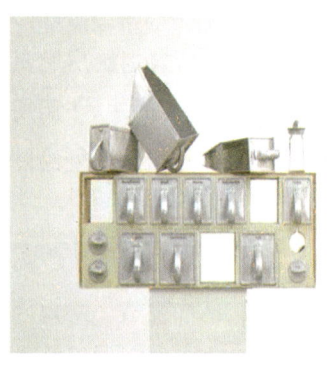

图 4-1-4　法兰克福厨房集成化工作台
图片来源：https://www.wallswithstories.com/interior/frankfurt-kitchen-the-worlds-first-fitted-kitchen-was-built-in-1926.html

从法兰克福厨房开始，厨房设计越来越科学。当代，人们已经习惯了在集成化厨房里面烧饭做菜，建筑师们也已习惯了洗菜、切菜、烹饪三角形格局设计，甚至已经出现了智能化的厨房。这些进步的背后，无不蕴含着用户体验——让用户越来越方便——这一核心思想。

（三）使用者体验新趋势：大数据用户画像建构

在大数据时代，用户体验也有了新的趋势。借助物网融合，用户留在网络上的"数字足迹"被实时采集、整理与归类，进而形成用户的个性化标签数据。后台利用自然语言处理、机器学习、聚类分析等技术，将海量、多元的数据进行分析、理解和可视化，从而更精准地推断出用户真实需求，形成了一幅巨大的用户画像。

无障碍环境建设过程中，也可依托大数据构建残障人士的用户画像。正在推广的智能残疾人证可以作为数据收集的基础。借助残疾人证内部封装的集成电路芯片，记录用户的行动轨迹，分析障碍的点位、类型等数据。而对于更大的群体，如老年人、孕妇、搬运重物者、伤员、外国人等，可借助手机、手环等各类植入式、穿戴式、手持式和环绕式设备，记录分析其行为模式，从而为更加完善的无障碍与设计融合奠定基础。

二、人体工程

（一）人体工程定义

人体工程学（Human Engineering）起源于欧美，其作为独立学科有40多年的历史。[①] 人体工程的最早应用可以追溯到第二次世界大战中的军事科学技术。当时，为了使军人在坦克、飞机等装备的舱内有效地操作和战斗，并帮助长时间在狭小空间内的他们尽可能减少疲劳，人体工程学的原理和方法开始被应用到武器的设计中。战后，军事科学技术领域人体工程学的实践和研究成果被迅速有效地推广到空间技术、工业生产、建筑及室内设计中。1959年，国际人类工效学联合会（International Ergonomics Association）成立，并出版《Ergonomics》会刊。20世纪70年代以后，已经出现了以研究不同行业为内容的工效学，如军事工效学、建筑工效学、服装工效学、VDT工效学、交通工效学和安全工效学等。

近年，建筑与家具设计界越来越喜欢采用人体工程学。同样，在无障碍环境设计领域，也可以采用人体工程，将其与设计融合。它首先基于一种理念，把使用者作为设计的出发点，要求产品的外形、色彩、性能等都要围绕人的生理、心理特点来设计。其知识基础来源于工程心理学、人体测量学、预防医学、技术美学等。然后是整理形成的设计技术，包括设计准则和标准等。这些设计技术再和特定领域的其他设计技术及制造技术相结合，就为产出符合人体工学的辅具、设施、空间等提供了理论基础和技术途径，从而让残障人士更健康、高效、愉快地工作和生活。

中国建筑照明、环境心理学和人类工效学研究的先驱者和开拓者之一的杨公侠先生认为人体工程学是研究"人—机—环境"系统中人、机、环境间的关系，[②] 在他所重点关注的内容中，有三点能为无障碍与设计融合提供有益的借鉴。

首先，是"人"的要素。"人"是指作业者或使用者，人的心理特征、生理特征以及人适应机器和环境的能力都是重要的研究课题。"机"与"环境"都是服务于"人"的。怎样才能设计出满足人的使用要求、符合人体尺

① 徐磊青. 人体工程学与环境行为学［M］. 北京：中国建筑工业出版社，2018：6.
② 徐磊青. 人体工程学与环境行为学［M］. 北京：中国建筑工业出版社，2018：4.

度和行为特点的机器产品，是人体工程学探讨的重要问题。在融合设计中，应首先考虑不同人群，包括残障人士和健全人士的人体运动能力，如肌肉的力量、不同的施力状态下对人体的影响；接下来，应全面掌握各类群体的人体尺度，残障人士因为身体限制，所能触及的范围和健全人完全不同；最后，结合这些资料，设计出造型、尺寸、材质都符合人体的空间与设施。

其次，是"健康"。健康包括身心健康和安全。近几十年来，人的心理健康受到广泛重视，心理因素能直接影响生理健康和作业效能。因此，人体工程学不仅要研究某些因素对人的生理损害，例如一个要费大力气才能过去的槛，会对坐轮椅者的人体造成的直接损伤，更要研究这些因素对人的心理损害，例如一些标识系统不清晰虽不会直接伤害人的身体，却造成心理干扰，引起人的应激反应。安全的保障取决于事故的避免。不合理的无障碍设计不但不会带来便利，还会埋下安全隐患，如铺设不合理的盲道、固定不稳的抓杆等。避免无障碍设施给残障人士造成二次伤害，是无障碍设计的一个重要关注点。依托人体工程学，可着重研究造成事故的人为因素。

第三，是"舒适"。应使工作者、生活者和操作者觉得满意和舒适。当然，这是人体工程学的更高要求，因为不安全的、不健康的环境肯定是不令人满意和舒适的。

可见，无障碍与设计融合中，研究残障人士的人体尺度、行为习惯和心理特征是基础，实现残障人士的健康与舒适是目的。

（二）从人体出发：眼镜的发展史

眼镜可以说是一种使用最广泛的辅具，而眼镜造型的发展史，就是不断适应人的因素，实现健康与舒适的一个过程。

1. 单片镜阶段

眼镜刚发明时，是只有一块镜片的，此时的眼镜在造型上和放大镜相似。但两者之间有一个显著的不同，放大镜需要将镜片放置在文字上，使得文字放大；而眼镜则是放置在眼前的，它会让文字变得更加清晰，因此眼镜有矫正视力的功能，而放大镜并无此功能。可以这么说，放大镜改变的是字，眼镜改变的是人，所以眼镜是视觉障碍者的一种辅具。明代的吴宽在一首名为《谢屠公送西域眼镜》的诗里描述"持之近眼眶"，生动反映了单片眼镜的使用方式，使用者需要将单片眼镜手持着放到眼睛的下方。为了更加便于使用，欧洲人还在镜片下加了一个手柄。[①]

2.夹鼻式眼镜阶段

单镜片眼镜虽然使人们可以更加清楚地看到东西，但是人们发现单镜片的眼镜在使用时并不方便，因为人们在看书或看物体时必须一直有一只手拿着眼镜，这不仅会造成使用者的手臂疲劳，同时也会带来诸多不便，因为只有一只手可以自由活动。此外，只用一只眼睛看书，会加剧眼睛的疲劳和负担。为了解决这个难题，双镜片的眼镜应运而生。但此时的双镜片眼镜是没有镜腿的，而是单靠镜片夹在鼻梁上的。

这种眼镜的发明时间无从考证，但可以从其他一些文献资料中窥见一二。这是一幅绘于1380年的圣保罗像（图4-1-5），说明此时欧洲已经出现了双镜片的眼镜。从图上可以看出，正在进行阅读的圣保罗的眼睛上佩戴着一副眼镜，但这副眼镜并没有镜腿。它的镜梁呈三角形，而且似乎是可以随意开合的（图4-1-6），佩戴者可以将角度调整到适合自己的程度进行佩戴。这种眼镜在使用时必须依靠镜梁之间的夹角将鼻梁夹住，才能相对较好地固定在眼睛前。

图4-1-5 绘于1380年圣保罗像
图片来源:《中国科学技术史·物理学卷》

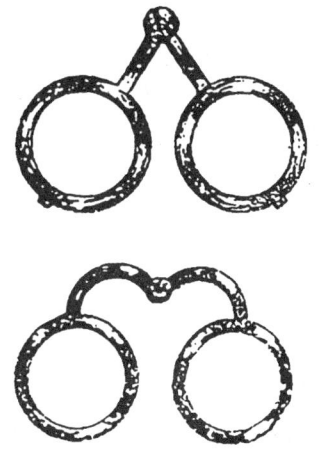

图4-1-6 欧洲最早的夹鼻式眼镜
图片来源:《中国科学技术史·
物理学卷》

① 宣臻.服装配饰设计［M］.重庆：西南师范大学出版社，2014：130.

在我国古代文献中也有和欧洲夹鼻式眼镜极为相似的眼镜描述，明代张宁曾在《方洲杂言》中写到"张此物（眼镜）于双目"[1]，"张"即"张开"，即先将可以自由闭合的镜梁张开以一定的角度，然后再夹到眼睛前。明代郎瑛也曾提到过夹鼻式的眼镜，他写到"（眼镜）……可开合而折叠，……置之眉间"[2]。清代赵翼也说到"（眼镜）合则为一，歧则为二"[3]，"二片可开合而折叠之"，这些都较为确凿地说明了夹鼻式眼镜的大体形态及其使用方式。

夹鼻式眼镜与单片镜相比，是个不小的进步。首先它将人们的双手解放了出来，人们在阅读时不需要再继续腾出一只手拿眼镜了。其次，镜梁可折叠，让眼镜在不使用时所占用的空间减小了一半，更加方便摆放。不过，夹鼻式眼镜还是不够贴合使用者，因为这种固定方式还是不够稳定。从图片中可以看到，圣保罗的头向上仰起，眼睛与书的角度有些别扭，因为如果他不这样做的话，眼镜容易从鼻子上掉落下来。这样的眼镜在佩戴的时候会显得很"松"，并不能完全固定在鼻子上，一旦人脸前倾，眼镜就非常容易滑落到地上。

3.有腿双镜片眼镜阶段

眼镜从无腿进化到有腿是个伟大的过渡，这标志着随着眼镜越来越符合人体工程学的要求，眼镜的造型也在此之后走向成熟。夹鼻式眼镜进一步发展后，出现了绳挂式眼镜（图4-1-7）。绳挂式眼镜是有腿眼镜的前身。在夹

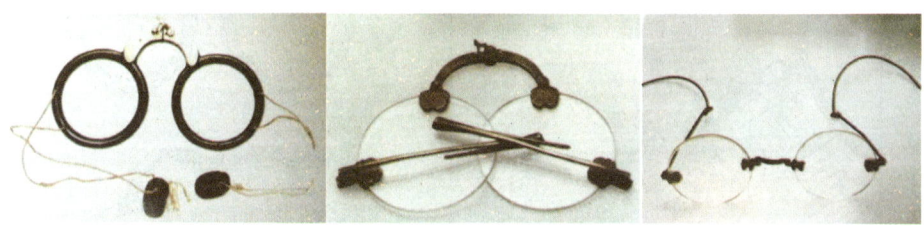

图 4-1-7
左：绳挂式可折叠眼镜
中：折腿可折叠眼镜
右：曲腿眼镜
图片来源：《中国眼镜历史与收藏》

---

① 张宁.方洲杂言［M］.上海：中华书局，1985：8.

② 顾廷龙.续修四库全书1123 子部·杂家类［M］.上海：上海古籍出版社，2002：384.

③（清）赵翼.陔馀丛考［M］.北京：商务印书馆，1957：706.

鼻式眼镜的镜框两边各系上一股绳子，使用时将眼镜置于眉间，并将绳子系在耳朵上，或绕过头部，在后脑处打结。这样一来比直接夹在鼻梁上要牢固多了。但是用绳子并且需要自己打结，增加了佩戴眼镜的学习成本，使得原本简单的佩戴方式显得有些复杂，人们每次佩戴都需要系一下绳，而摘下眼镜则需要将绳解开，这会耽误不少时间。此外，用绳系于脑后也并不如想象中的那么稳固。在这种情况下有腿眼镜便诞生了，它将方便使用与佩戴牢靠完美地结合在了一起，成为现代眼镜的雏形。

有腿眼镜在镜框两边分别加上了两条镜腿，这两条镜腿让眼镜在放置时可立于桌面之上（以往的眼镜只能卧在桌面上）。此外根据镜腿的形态又可以分为折腿眼镜和曲腿眼镜。刚开始时，镜腿较长，为了更好地把眼镜装进眼镜盒中以便于携带，制镜师在折腿眼镜的镜腿差不多中间的位置，开了一个活结，这样镜腿就可以向内进行翻折（有点像蚂蚱腿，所以也有人称其为蚂蚱腿眼镜），眼镜在使用完折叠后，较长的镜腿就不会超出镜框的范围了，缩小了占用的空间，方便了其摆进眼镜盒。使用时需要先将翻折的镜腿打开，然后把镜腿分别架在两只耳朵上，这样的佩戴过程要比系绳子方便多了。

曲腿眼镜流行于晚清及民国时期，它的形态和"蚂蚱腿"不太一样，曲腿眼镜曲在镜腿的尾部。制镜师发现折腿眼镜在佩戴时还不够稳固，眼镜依然容易掉落，所以就干脆把镜腿尾部向下一弯，或者直接绑上一根向下弯曲的铜丝，希望让镜腿直接挂在耳朵上，这样眼镜戴起来就更加稳定了，也不再容易掉落了。曲腿眼镜在后来的演变中，逐渐发展成了现今的眼镜形态，只不过当今的镜腿尾部弯曲的弧度没有那么大而已，不过依然可以从观察中发现它们之间的先后关联。

从眼镜总体造型的变化中不难发现，让眼镜更加符合人体的尺度，让眼镜更加方便人们使用，一直都是眼镜总体造型进化的根源，通过历代制镜师们的不断努力与改变，眼镜终于在"佩戴方便"与"佩戴稳固"中找到了一个平衡点，这是一个螺旋式向上发展的过程，体现了古代人民对人体工程学知识的无意识应用。

在当代，眼镜被赋予了更多功能，诞生了如谷歌眼镜、"+R"眼镜、眼动仪等"眼镜延伸品"。谷歌眼镜失败的很大原因在于对日常视线的干扰进而造成注意力的分散；VR、AR 等"+R"眼镜需要结合人脑形状不断优化造型；

眼动仪等实验设备也在往更容易佩戴、更小干预的方向发展。可见，各种"眼镜"虽然代表了未来人机融合的趋势，但在目前，也要不断经受人体工程的考验。

三、人机交互

从隔空呐喊到鸿雁传书，从实体信件到电子邮件，从固定电话到移动互联，越来越便捷的沟通方式正是人们通过与物的交互与磨合，在不断地克服空间与时间的障碍的写照与证明。

1875 年 6 月 2 日，美国发明家亚历山大·贝尔在实验室，因不小心将硫酸溅到自己腿上，在疼痛中他大呼："沃森先生，快来帮我啊！"这句话顺着电话传到了在另外一个房间工作的助手沃森先生的耳里。这标志着有线电话的诞生，也标志着人类第一次让语音信息克服了空间的障碍，实现了实时的传输。

战争总是能催生科技的进步。1938 年，美国贝尔实验室为军方制成了世界上第一部"移动电话"；1943 年，美军无线电话问世。虽然实现了移动通话，但是人们并没有真正克服电话线的束缚，因为此时必须有一个人背着天线以及电台（图 4-1-8）。

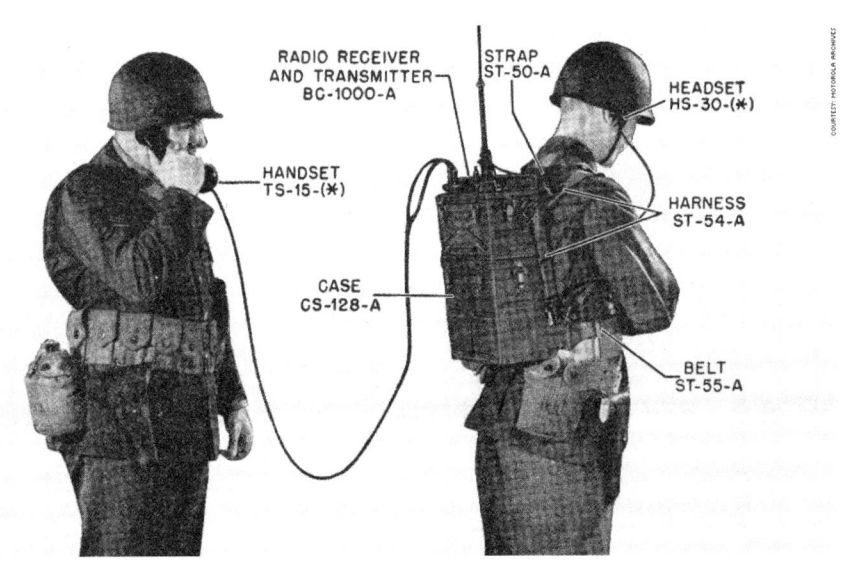

图 4-1-8　美军无线电话

图片来源：https://money.cnn.com/gallery/technology/mobile/2014/01/30/motorola/3.html

　　1973 年 4 月 3 日，摩托罗拉前高管 Martin Cooper，打通了史上第一个移动电话。这标志着人类摆脱了电话线的控制，开始迈向移动的电话通信。当然，这个手机界的"亚当"很重，1.13 千克，最长通话时间为 10 分钟，不方便携带，不适合体弱者使用，也无法长时间使用。

　　1983 年，摩托罗拉 DynaTAC8000X，也就是人们熟知的"大哥大"问世，这是世界上首部获得美国联邦通讯委员会（FCC）认可并正式投入商用的蜂窝式移动电话。这个"大哥大"重 2 磅（0.907 千克），通话小时延长到了半小时，售价为 3995 美元，可谓最昂贵的砖头。手机突破了军用的界限，走向了民用，虽然其重量和价格对于大多数人仍然是"障碍"。

　　人们的要求越来越多，越来越高，于是手机也在不断进化，从而逐渐走入千家万户，到逐渐融入日常生活。这些变化，其实就是人机交互的结果。

　　人们希望手机更便宜，于是手机从 3995 美元降到了几百美元甚至几百人民币。人们希望手机更轻便，于是手机从 0.907 千克降低到 75 克（诺基亚110）。人们希望手机更持久，于是通话时间从 30 分钟变成了"充电 5 分钟，通话两小时"。

　　人们希望手机更好看，于是手机从大的黑"砖头"变成小巧的彩色"砖头"，可以翻盖、滑盖、旋盖，苹果手机让各种"盖"返璞归真变成具有高级感、科技感的"砖头"，而折叠手机的设计又似乎是以另一种方式向"盖"致敬。

　　人们希望手机功能更多，于是手机在打电话之外，又多了发短信、听音乐、拍照等功能。而智能手机和 APP 的出现，让手机变成了"只有你想不到，没有我办不到"的神器，手机成了办公、购物、娱乐、学习、运动、办事、身份认证都不能缺少的媒介。

　　当然，上述变化的实现，内涵了许多技术的累积。但可以说数十年人们和手机之间人机交互的发展结果，也促成了全新的人机交互形式。

第二节 融合设计的方法

融合设计是目标，是理念，更是方法。关于融合的方法，值得进一步深入研究。本书仅从无障碍环境建设的角度来探讨，不做进一步展开。

融合设计，顾名思义就是要将不同的要素放在一起，同时还必须通过一定的手段，将之融合成为一个整体。从方法论角度讨论融合设计，首先就要关心设计过程中，融合的对象是什么，其次还要关心同样是不同要素的相加，组合、集合为什么不是融合，在这个相加过程中，究竟发生了什么。这是两个问题，但也是一个问题。这个问题，可以说是融合设计方法论的核心问题。下面先从融合的对象来切入进行分析。

通过案例解析可以发现，融合的对象可以是物象的，也可以是心象的。物象的融合，定义为"加"，心象的融合，定义为"赋"，故从大的分类来看，融合设计的方法，可以概括为"加 **"和"赋 **"两个大类。

一、加

"加 **"，即增加一个或多个因素。当然，根据被增加的"**"的不同，从具象到抽象，还可以分为"加元""加素""加势"等。

（一）加元

加元，是在单元或组合中增加一个或若干个单元，从而形成新的组合，因为加这个动作，"我"变成了"我们"。

在上文"物物融合"部分已经提过的柏林中央火车站和芬兰赫尔辛基颂歌中央图书馆是非常明显的例子。前者在火车站中增加了商业、办公等功能单元，于是，火车站变成了交通综合体。后者在图书馆中增加了喝咖啡、交友、摄影、工作等新的活动单元，于是，图书馆变成了市民的公共客厅。

单个建筑可以加元，建筑中的单个构件，或者说设施，也可以加元。

后文将介绍的由浙大设计院无障碍设计研究所主持的绍兴大渡社区无障碍改造，就创造性地使用了融合设计"加元"的方法，以一般解决特殊。这是个以年轻人为主的新兴社区，老年人和残障人士的占比很低，分别为4.7%和0.46%，远低于全国平均水平，且社区所有8位残障人士中，只有一位坐轮椅者。为让仅有的一位坐轮椅者到达社区中心后方的露天泳池，专门加建一个轮椅坡道，显然不科学；但仅仅因为人数少，就不考虑其可达性的需求，也不符合无障碍理念。因此，设计采用加元的方法，给坡道叠加游戏、休憩等功能单元，以消除其特异性。设计首先定下三个标高的平台，平台上设置了滑梯、帐篷、亭子等游戏、休闲设施。接着，将三个平台之间，平台和最低标高的泳池区，以斜坡连接，成为滑板游乐区。最后，利用中间比较平缓的区域，设置了一条1∶30的坡道，以供轮椅的通行。于是，无障碍坡道变成了社区的室外游乐中心。

当然，大渡社区的这个坡道的加元设计，思维还有所局限。设计为了降低无障碍坡道的存在感，以避免社区居民的反感，通过儿童滑道带入趣味性，有效，也有限。在第三章第三节所述布罗德维尤100号的案例中，坡道自己就有趣味性。布罗德维尤100号门厅中，也是在坡道上叠加了其他功能单元，如引导、休息等，但坡道本身动态的造型、鲜艳的颜色，使其成为门厅中最重要的造型元素。大渡的坡道，设计引导使用者更关注被叠加上去的滑板游乐区、滑梯、帐篷、亭子等，而在布罗德维尤100号大厅，坡道还是坡道，本身就是景点。

融合设计中，加元是比较经典和主要的手法，案例比比皆是。坐便器的水箱上加了水龙头的下水孔，洗手用过的水可以收集起来用于冲洗马桶（图4-2-1）。从体量上看，可以认为是在坐便器上叠加了洗手盆，但是有了后者，这不再是一件单独的洁具了。左图是某设计网站介绍日本设计案例所用的图片，中间和右边是我国的设计产品。

然而，如前文所述，简单的组合不是加元。如在购物车上加计算器，在货架上增加放大镜，以及组合了不同工具的瑞士军刀（图4-2-2）。这些案例里面，物品或者功能只是并置，1+1=2，并没有形成1+1=1的关系。

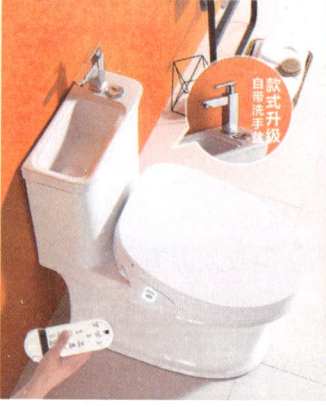

图 4-2-1　坐便器叠加洗手盆
图片来源：https://www.sohu.com/a/331623116_716165www.taobao.com

图 4-2-2　简单的组合
图片来源：https://www.sohu.com/a/331623116_716165
https://www.163.com/dy/article/DBRB121R05298AJP.html

（二）加素

相比加元，加素可能相对较难解析。加素，意指在一个物体中增加了一个或若干个要素，物体有了新的功能或者意义。加素与加元的区别在于，后者是不同物件的从组合到融合的过程，而前者仍然保持了原来物品的形式，虽然有增加，但"我"还是"我"，只是"我"比加素之前更加丰富了。

上文介绍过的佐藤大的 5 款拉链是这个加素手法的精妙代表。拉链还是拉链，但却因为各自元素的增加，呈现了 5 种不同的"我"。十字形拉链叠加了特别的咬合机关，带有间隙的拉链叠加了一段空气，三维的拉链叠加了 1/2 个自己，无限循环拉链叠加了无数个自己，圆盘拉链叠加了新的传动构建。要素的巧妙叠加，突破了传统的思维惯性，让人不得不感叹，原来拉链还能是这个样子的。

佐藤大的 flow 系列桌子也很好体现了加素这个手法。桌子的一个脚叠加置物篮，这还是一张桌子，但是它的一部分似乎丢失了以前的构造，融化变成了下面的容器，实现了在顶部和内部同时容纳物品的形态（图 4-2-3）。

在楼梯上叠加燃烧卡路里的刻度（图 4-2-4），将爬楼梯赶路重新定义为登高健身。在披萨盘上叠加切分示意（图 4-2-5），就着盘子就能相当精确地将披萨分成大小相等的几块。在皮带上叠加长度尺寸（图 4-2-6），一边系皮带，一边就量化感知自己最近胖了还是瘦了……这些加素的融合设计方法，让一个物品有了多种功能，让一个行为有了多种解读。再返回到佐藤大的两个设计，拉链上所叠加的新的机关，提供了新的开合方式和新的趣味；桌子上叠加的置物框，让人觉得即使东西从桌子上掉下来也会自动滑到框里，是错觉，也是安全感。可见，加素在让"我"变得更加丰富时，也给使用"我"的过程增加了一点新东西，可能是效率，可能是趣味，也可能是一种好的错觉，等等。

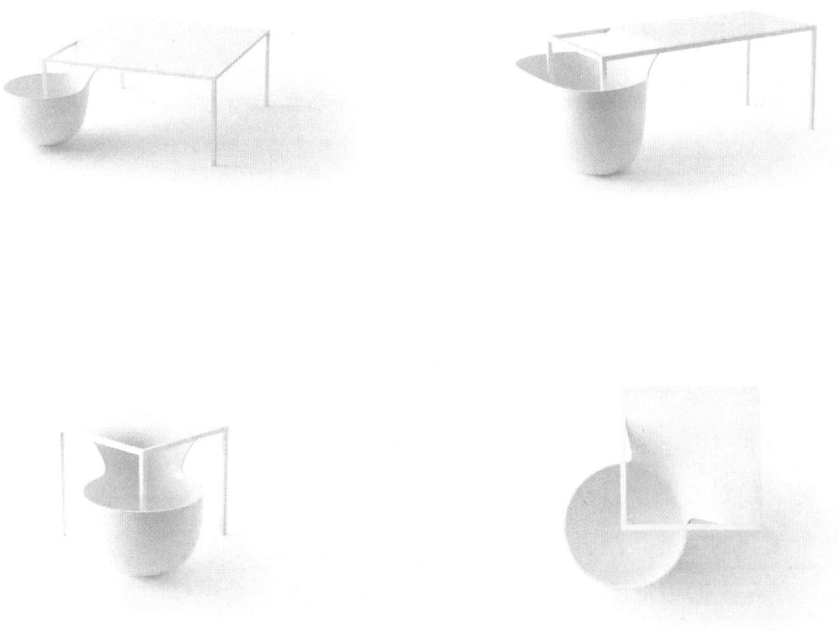

图 4-2-3　佐藤大的 flow 系列桌子
图片来源：http://www.360doc.com/content/20/0221/10/68675018_893599528.shtml

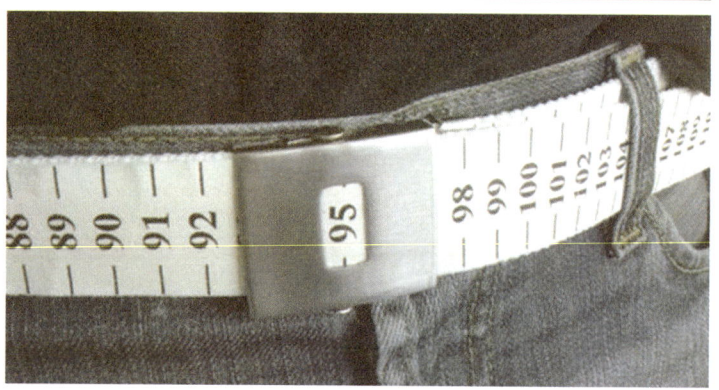

图 4-2-4　贴有卡路里燃烧刻度的楼梯（上左）
图 4-2-5　有切分示意的披萨盘（上右）
图 4-2-6　有长度尺寸的皮带（下）
图片来源：https://www.sohu.com/a/331623116_716165

（三）加势

加势，没有增加新的单元，也没有增加新的要素，形还是那个形，但是，通过增加某种相对关系，原有的完形换了一种姿态呈现自己，好像似乎又不是那个"形"了。

这个相对关系可以是姿势。如倾斜的垃圾桶，仍旧是一个桶，但是增加了一个倾斜的姿势，既方便了骑自行车经过的人投放垃圾，也激发了行人的关注，于是人们更加愿意把垃圾扔进这个姿态谦逊的垃圾桶中。

"斜"这个姿态是阿尔瓦·阿尔托和他的第一位建筑师妻子艾诺·阿尔托共同设计完成的，帕米欧肺结核疗养院中也得到了体现。他们设计的洗手盆，有一个向外倾斜的姿态（图4-2-7），这样子，龙头下来的水不是直接冲入水面，而是经由洗手盆侧边的45°斜面慢慢流入水中。于是，洗手过程中不会有水花溅出来，为在这里疗养的病人提供了更加安静的居住环境。

这个相对关系可以是方向。如前文提到过的儿童成长座椅，并不需要增加任何要素，仅仅是通过放置方向的改变，就能满足4个年龄段孩子的就座需要。当然，能仅仅通过叠加方向这个相对关系就实现功能的变化，前提是座椅本身已经融合了四个不同的尺度。

谈到这里，其实可以将椅子抽象到一块砖头。一块普通砖有长、宽、高三个尺寸：60、120、240，这三个尺寸背后其实潜藏了三种尺度，不同的方向，不同的砌法，可以实现不同的形态和功用。从这个角度，一块砖头，也就是一个具有融合设计思想的凳子。

这个相对关系还可以是位置。四个不同高度的托槽（图4-2-8），一大两小三块木板，改变木板的水平位置和垂直高度，就实现了餐桌、书桌、床三种功能的切换。

位置变化可以实现功能的转换，也能实现功能的集成。从某种角度讲，法兰克福厨房可以被解读为给原本松散的厨房器物叠加了一个新的位置关系，这个位置关系符合厨房工作的流线要求，也照顾到了煮妇和煮夫的操作尺度和习惯，从而超越组合的局限，产生了一个集成化的融合的新厨房标准。

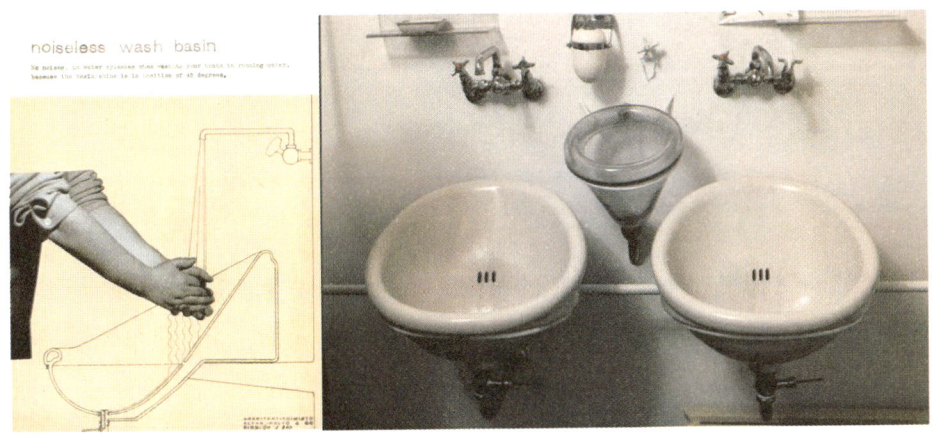

图4-2-7　帕米欧肺结核疗养院洗手盆设计原理图与照片
图片来源：http://www.paimiosanatorium.fi
https://www.inexhibit.com/case-studies/aaltos-paimio-sanatorium-and-the-birth-of-the-modern-hospital/

图 4-2-8 改变位置，切换功能
图片来源：https://www.sohu.com/a/227374169_160890

二、赋

"赋 **"和"加 **"有相似的一面，因为都可以理解为加了一些什么，但两者的区别在于"加 **"加的是一种比较客观的元素，无论是单元还是要素，甚至是相对关系，在哲学上都是属于客观存在的范畴；而"赋 **"所赋予的可能是更主观一些的要素。因此，把"加"理解为物象的增加，把"赋"理解为心象的赋予。根据心象的不同，"赋 **"也可以分解为"赋形""赋能"和"赋境"三种不同的类型。

（一）赋形

赋形，意指赋予设计对象以某种自足的形式，使得设计对象在实现"完形"的过程中完成功能要求的形式。这里的"完形"，意指在形式逻辑上的自足，是人们对客观存在物的造型的主观看法与判断，是对客观世界的主观反映，所以是主观逻辑的范畴。因此，本书将这一类的"加法"，界定为"赋"而不是"加"。

利用可辨认、有标识性的形式，赋予某个器物更多的辨识度和审美价值，把一个形式感附加到了器物上，用形式去统合功能，是一种融合。从这个意义上，"赋"的手法，天然比"加"的手法更接近融合。

以国家跳台滑雪中心（图 4-2-9）入口为例，在无障碍坡道上赋予了对称这个形式的逻辑，让人不会觉得有个单独的坡道，用造型去解决了功能，是"赋形"的体现。圣路易斯拱门博物馆的入口（图 3-2-8）更进一步。它也是为无障碍坡道赋予一个对称的形式逻辑。但这个坡道是圆形的，圆形本身就有内在的形式感，而这个形式又和外在的建筑造型、总体景观、固有地形呼应，实现了一个更大范围的形式感，而坡道等功能性要素自在其中。

赋形所加载的形式逻辑也可以是一种颜色。第三章第二节介绍过新加坡

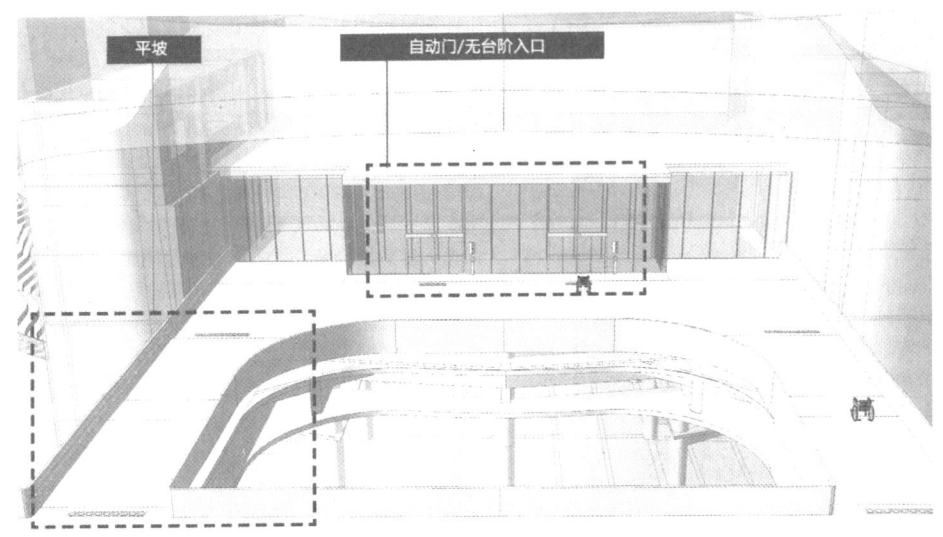

图 4-2-9 国家跳台滑雪中心入口
图片来源：《世界建筑》2019 年第 10 期

快乐中心案例，此处从色彩"赋形"这个角度作进一步的分析。快乐中心虽小，但仍可分为餐厨区、交往活动区、阅读与娱乐区、辅助区（卫生间、储物区）和办公区。在小空间里如何界定不同的功能区块？设计师赋予各个区块单独的标识色，餐厨区为红色，交往活动区为绿色，阅读与娱乐区为深蓝色，辅助区为浅蓝色，办公区为黄色……颜色带来的形式逻辑，成了一种特别设计的标识符号，可作为交流工具进行功能划分，比隔墙通透，比文字直观。

（二）赋能

赋能，运用原有可能，实现新的功能。

许多旧物改造的案例都是赋能设计方法最好的例子。当然，不是所有的旧物改造都是赋能。比如，矿泉水瓶剪开用来种花，算不上是赋能。这里有一个界限，旧物的改造与利用需要有一定的创造性，在形态和功能上有所转译，取得意料之外而又似乎情理之中的结果。

废弃的纸巾卷架可以用来做什么？宜家利用其原本的可以放卷纸的置物功能，把纸巾卷架玩出了花样。换一种固定位置，就成了挂包的钩子，换一种固定方向，就成为墙上的置物架，在此基础上，再换几种颜色，就成了兼具置物与装饰功能的工艺品。

废弃的船可以用来做什么？每个人可能有不同的答案，法国一个小渔村

图 4-2-10　挂包钩（左）
图 4-2-11　置物架（中）
图 4-2-12　挂耳机与墙面装饰（右）
图片来源：宜家官网

的做法是将老船反过来，扣在房子上（图 4-2-13）。普拉村是一个以打鱼为生的 3000 人左右的小型村落。常年下来总会有一些破损无法出航的旧船舶。这些渔船都是村民的心血，直接废弃会很浪费，而从情感上说，这也是村民无法割舍的伙伴。于是，当地村民就会将船舶倒过来充当房屋来使用，废弃的渔船又以一种新的形态，陪伴着村民，这一度也成为当地的一种特色。这其实是利用船原来的防水能力，通过倒置，使其进一步可以挡风遮阳。这样的倒立船屋，根本不再需要钢筋水泥，只需要在船舱的区域开一个门窗就可以了，看似简单却十分有情调。二战的战火虽然摧毁了大量倒立船屋，但是记忆却留存了下来。如今，村里的年轻人重新选购了一些老式废弃船舶——当然，随着时代进步，已经是金属船舶了——倒立过来矗立在海边不远的地方，仿佛找回了老一辈的生活情调。

以上两个案例，主要是对原有功能的拓展利用。赋能，还可以是形式可能的再发掘。如利用文具、零食、蔬菜和水果等小物品做的设计。利用原有的形态，牙签成为迷你的栅栏；半个鸡蛋成为温泉的泡池；正置的蘑菇是小

图 4-2-13　普拉村倒扣船屋
图片来源：https://baijiahao.baidu.com/s?id=1658386959494411089&wfr=spider&for=pc

岛，倒置切片的蘑菇是小船；立着的法棍是小山；拼在一起的花菜变成了白云朵朵；回形针立着是屏风，躺下来又成了病床……

（三）赋境

赋形和赋能之外，"赋**"还可以是赋境，即为设计对象赋加某种情境。

前文介绍的喜茶的三个门店设计，就是"赋境"的好例子。喜茶杭州国大城市广场店，浅而言之，可以认为是室内室外的融合，而深入解读，则可以说是给室内设计对象赋予了室外空间的情境，即利用室外空间的材料、形象和色彩等来塑造室内空间。室外空间设计有其标识性的做法，也有约定俗成的程式，用了这些程式，就会有"室外"的空间暗示。引用程式的过程，就会把情景带入。

"赋境"是种常见的为功能空间增加附加值的手法，所附加的情境，不必要求和功能有关。这种无关可以体现在两个层面：首先，与完成这个空间的功效无关，如桌子就可以用来喝茶，而不一定要曲线的桌子；其次，也不提供附加的功能价值，如曲线桌子并不会让客人去买更多的奶茶。当然，这个情境给顾客带来的独特体验，还是吸引了更多忠实的消费者。可以将"赋境"理解为附加值的增加。

这里，想补充一个特别的例子。这个案例从方法上讲，是个成功的案例，从结果上评判，属于一个反例。黑色台灯（图4-2-14），是西班牙一家苦逼设计工作室Enpieza的经典作品，名为"Colgao"（西语中意为"悬挂"）。这是给台灯赋予了一个绞刑的情境。显然，这是个黑色幽默的形式，不太清

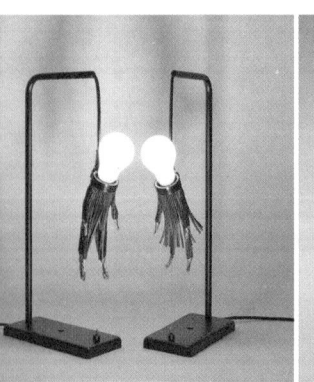

图4-2-14　"Colgao"台灯
图片来源：https://www.sohu.com/a/197014144_745001

楚设计师的目的是否达到，如果是为了吓人，那么成功了。但是一般的生活中，不能容忍一个绞刑架在床边时时刻刻提醒你。台灯在融合了绞刑架时，也融合了绞刑架背后某种象征。假设同样悬挂的动作，如果融合的是一个蜘蛛，融合的角度、手法和层次是相同的，但是绞刑架本身带有的非正常的意向是蜘蛛所不具备的。所以，从融合角度讲，当采用赋境手法时，要注意潜在的价值取向。

三、减

融合从来不是什么新思想和新方法，本书的论述只是更加清晰地加以解析。正是从这个角度理解，融合设计的方法中，有加就有减，就有"减 **"的存在。一些空间、建筑、器物中部分元素，经过漫长的使用，成为某种约定俗成存在，"减 **"就是把本来被融合在内的东西剥离，而且在剥离的同时，把附带的不利的因素拿掉。这个过程不是简单地删除，通过剥离，减去有害因素，这是"加 **"的逆操作，可以称之为逆融合。逆向的融合也是融合，因为这一操作本身就蕴含着融合设计的思想。

和"加 **"对应，"减 **"从具象到抽象，也可分为"减元""减素"和"减势"。

（一）减元

减元，组合中减去一个或若干个单元。

人们最耳熟能详的"减"容器的例子莫过于甜筒了。用食物的一部分来作为包装，纸杯被减去，但定型、容纳，并用于抓握的功能都还在。

可见，减元并不会减少已有的优点，并且很可能带来更多的益处，比如在口罩案例里，可以降低资源的消耗，简化佩戴口罩的过程；在甜筒案例里，给消费者提供了更丰富的味觉体验。

（二）减素

减素，是在完形中减去一个或若干个要素，但是完形还是完形。

意大利公司 Sabato Alterio 设计的这款"隐形鞋"将鞋的要素减到了最少，它只有薄薄的一层鞋底（图 4-2-15）。

众所周知，鞋子有固定的模式，即一种属于鞋的语言。无论是运动鞋、

图 4-2-15　Nakefit
图片来源：https://www.kickstarter.com/projects/1840198615/nakefit

拖鞋、皮鞋等，各自有不同，但是也有共同的东西，即它们都是由鞋底加鞋面组成，当然还可能有附加的搭扣（如鞋带）及其装饰（如色彩、纹样等），对高跟鞋来讲，鞋底还有特殊的突出物（高跟）。几乎所有的鞋子逃不过这样的模式。而 Nakefit，减去了搭扣和装饰，甚至减去了鞋面，只剩下了鞋底。但是它仍然可以完成鞋子应有的功能。据介绍，Nakefit 鞋底采用纳米材料，特殊的设计足以承受粗糙的地形，同时具有防水、防割、耐热、防滑的特性。这种"隐形鞋"最适合的应用场景是沙滩，既能满足人们光着脚丫在海边漫步的欲望，又可以隔离炙热的沙砾和硌脚的礁石，鞋底的小突起还能有效防止人们脚底感染水里的细菌和寄生虫。

（三）减势

减势，和加势相似，没有减去单元或要素，而是抽离了某种相对关系。

无障碍设计中非常常见的低位服务台就是一种减势的处理手法。减去了一个高度关系，让台面下降，并且留出容膝空间，使坐轮椅的人可以和办事人员有直接的目光接触，也可以更加靠近地办事。这对于所有人群都是友好的，因为都可以坐下来。过高的柜台，过小的窗口，比如当铺和过去的许多办事窗口，考虑的往往不是使用者的体验，而是机构内部的安全。反映的是高高在上、居高临下的姿态，体现的是心理震慑，而不是服务的姿态。这种势，必须要减去，不仅是为了残障人士，更是为了所有人。

减势也体现为无高差，如北京大兴机场的无高差行李台、卑尔根轻轨车辆与站台的平接（图4-2-16）、近年新建商场的无高差入口，等等。

图 4-2-16 卑尔根轻轨
图片来源：https://doga.no/en/tools/inclusive-design/cases/bergen-lightrail/

从某种程度上讲，减势其实是避免"人为制造障碍"。从设计的起点开始就减去会给使用带来不便的做法，以避免后期需要额外增加的无障碍设计。

本节介绍了融合设计的三种主要方法，采用的案例中，部分和无障碍直接相关，部分没有直接关联。融合设计不等于无障碍设计，但如果借鉴融合的思想，采用融合的方法，必定会让无障碍设计与总体环境有更好的关联度，让无障碍设施获得更多的通用性，让无障碍环境实现更强的包容性和全龄化。

第三节　融合设计应用领域及案例介绍

因无障碍的需求而摸索出的融合设计的应用也是多领域的。许多室外环境、建筑、物品、艺术创作、智能产品的设计都蕴含着融合的思想。广泛的应用领域也证明，融合设计拥有丰富的内涵：它可以是抽象的设计理念，也可以是具体的设计方法；它既能作为大理念、大哲学，又能深入到精细节、巧构思。本节将从应用领域的角度介绍融合设计的案例。

一、室外环境

亲近自然是所有人的需求，残障人士也不例外，但崎岖的地形、复杂的地质，往往挡住了许多想要走向自然的需求。芬兰赫尔辛基的自然之旅项目是一系列亲近自然的小栈道，它们遍布在城市多座岛屿上，以融合的手段，帮助使用者克服了地形甚至是气象灾害的障碍（图 4-3-1）。

自然之旅项目最基本的一个目的就是让整个栈道能被每个人平等地享用。为了实现这个目的，栈道柔和地按着坡地的曲线一路下去，平缓、防滑（图 4-3-2）。而观景平台的尽端全部为玻璃栏板，即便是儿童、坐轮椅者这些视线较低的人，都能畅通无阻地眺望辽阔的大自然（图 4-3-3）。此外，各节点处的观景平台有机放大，可以满足室外实践教学功能，并更加便于停留、社交，以及观赏鸟类活动（图 4-3-4）。这些都是小小的细节，可能乍一看和人们熟知的无障碍设计无关，却令这些栈道给所有人都带来更好的无障碍体验，而不会破坏设计整体的美感，也不破坏原有的自然景观。这是对地形障碍的克服。

通过小干预，这个栈道成了能防洪的建筑，这又是对气象灾害障碍的克服。因为该地段定期会遭受洪水危害，自然之旅栈道便顺应了这一自然现象，而不是抵御它。在它的模数化构造中，沿着栈道边缘有一排竖直木杆。

图 4-3-1　自然之旅——无障碍自然小径栈道
图片来源：《世界建筑》2019 年第 10 期

图 4-3-2　栈道柔和的曲线和坡度
图片来源：《世界建筑》2019 年第 10 期

栈道附着在竖杆的两侧，而不是完全固定在地上（图4-3-5）。因此，当洪水到来时，栈道基础结构的顶层会随着水面的抬升而浮起，但同时也因为布置了这些木杆，栈道不会漂走而是保持在原位。通过允许一切自然现象对建筑产生影响，减少对自然环境的干预，以适应取代抵抗，栈道充分融入了四周的自然。

图4-3-3　观景平台尽端的玻璃提供了无障碍的视野（上左）
图4-3-4　放大的平台（上右）
图4-3-5　步道未直接接触地面（下）
图片来源：《世界建筑》2019年第10期

二、建筑

建筑，是人类进步的载体，但也会被诟病为钢筋水泥的笼子。现代建筑往往被看成对自然的隔离，对人性的束缚。建筑似乎在某些时候也成为了障碍。那么，怎么通过融合设计，消解这一障碍呢？

哥本哈根山能源工厂和城市娱乐中心（CopenHill）是一个占地 41000m^2 的新型垃圾发电厂。根据内部焚烧垃圾所用工艺和机械的精确定位和组织结构，建筑自然而然就形成了一个类似山坡的形象（图4-3-6）。这一造型，大大便利了发电厂内的排风和送风。在山坡下，旋转的炉子、蒸汽和涡轮机每年将 440000t 的废物转化为足够的清洁能源，可为 150000 户家庭提供电力和集中供热。而山坡上的上部，也被巧妙利用，融合了多重功能。

首先，对滑雪爱好者来说，山坡是一个滑雪的场地（图4-3-7）。专业滑雪者们可以沿着与奥林匹克比赛场地相近的长度滑下人造滑雪坡，而初学者和孩子们则在较低的斜坡上练习。滑雪者可通过盘式升降机、地毯升降机或玻璃升降机登上公园，在上升过程中顺便观看垃圾焚烧炉内部的运行状况。

图 4-3-6　CopenHill 总体形象
图片来源：https://www.gooood.cn/copenhill-amager-bakke-by-big.htm

其次，对其他人来说，这里也是室外娱乐休闲的好场所（图4-3-8）。这里有490m绿树成荫的远足和跑步小径、屋顶酒吧、攀岩墙。

最后，对整个城市来说，这也是一个"绿肺"（图4-3-9）。10000m² 的绿色屋顶解决了这个有85m高的空中公园的微气候问题。绿色屋顶吸收热量，去除空气中的微粒并使雨水径流最小化，也使生物多样化的景观焕然一新。

图 4-3-7　山坡作为滑雪场地（左）
图 4-3-8　山坡作为室外娱乐休闲场所（下左）
图 4-3-9　山坡作为城市绿肺（下右）
图片来源：https://www.gooood.cn/copenhill-amager
-bakke-by-big.htm

因为这些设计，CopenHill不会像其他垃圾焚烧厂那样，一听就被打上"生人勿近"的标记，反而成为一个城市的活力点，一个人气旺盛的多功能活动场所，一个激发人们的好奇心、探索欲的燃点。

三、物品

许多小物品的设计上都体现了融合的思想和方法，虽然可能仅仅是一个微小的变化，却往往能产生暖心的效果。

融合设计，很多时候只需要一个小动作。大多数的巧克力，是分成体积一样的小块的。那么，想减肥又想品尝巧克力的人、想多吃点又不好意思再拿一块的人怎么办呢？这个设计把巧克力分成不同的大小，并且清楚表示出每一块占的总体大小（图4-3-10）。这只是稍微改变了一下巧克力的划分形式，大家就可以各取所需了。

融合设计，来自精巧的构思。快递公司和用户发现，即便使用同样的快递方式运输自行车和液晶电视，自行车的损坏率总是比电视机高很多。因为在潜意识里，自行车等同于耐摔，而液晶电视等同于易碎，所以同一个快递员在搬运这两样东西时，内心的态度和手上的动作是不一样的。于是，把自行车的包装伪装成电视机（图4-3-11），快递员都舍不得扔了。

融合设计，体现在对细节的关注。往碟子里面倒酱油，多么日常和普通的事情。但是，可以在碟子里面增加一个花纹，如下图的鸟居图案（图4-3-12）。慢慢倾倒酱油，鸟居慢慢出现。一个小细节，使平常的动作似乎成了一个艺术的行为，在日常生活中注入了美和仪式感。

图4-3-10　作不同大小划分的巧克力（左）
图4-3-11　自行车包装伪装成电视机（中）
图4-3-12　碟子设置居酒屋花纹（右）
图片来源：http://mini.eastday.com/a/200110074532523.html

四、艺术创作

艺术的发展过程，也可以看作是不断克服种种障碍的过程。史前时期，人类在恶劣的自然环境中挣扎，艺术是对生存的渴望，也反映了原始人的举步维艰。古代和中世纪，生产力逐渐发展，艺术却仍被皇权和教权紧紧束缚，主题和形式都有定式。哪怕到了文艺复兴时期，皇权和教权的控制力渐渐减弱，艺术也曾被透视技法控制，这时的艺术作品，多是写实的。

当然，枷锁被慢慢打破，障碍被慢慢克服。印象派模糊了写生与创作的界限，后印象派融合了主观感受和客观的光影效果，立体主义使画面分离又重组，抽象派用内在的真实打破形象的真实。可以看到，艺术创作的手段越来越融合，艺术所呈现的精神状态则越来越自由。

在这种自由的状态下，艺术与生活是可以融合的。美国艺术家罗伯特·劳申伯格在1955年完成了一件轰动西方艺术界的作品《床》（图4-3-13），他把自己的一床棉被撑开，并支在一个画框上，加上一个枕头，然后用颜料涂洒上去，让颜色自如地流淌下来。在这幅作品中他使用现成品，改变了床作为寝具的功能，成为一种艺术载体。正如他自己所说的那样："绘画是艺术也是生活，两者都不是做出来的东西，我要做的正处在两者之间。"这似乎是在告诉忙忙碌碌的芸芸众生，生活中的每一种东西都有内在的美，生活不仅有奔波，还有无处不在的仪式感。

图4-3-13 《床》
图片来源：https://www.douban.com/note/427465386/

在这种自由的状态下，现实与虚拟是可以融合的。以自己的一生来证明"天才和疯子只有一步之遥"的达利，他的许多作品都在模糊着现实和虚拟的界限。在《记忆的永恒》（图4-3-14）中，钟表是柔软有延展性的；在《面部幻影和水果盘》（图4-3-15）中，海湾、山、隧道、狗头形状、狗的躯体、姑娘的面孔、水果盘等元素是朦胧并置的；在《原子达利》（图4-3-16）中，

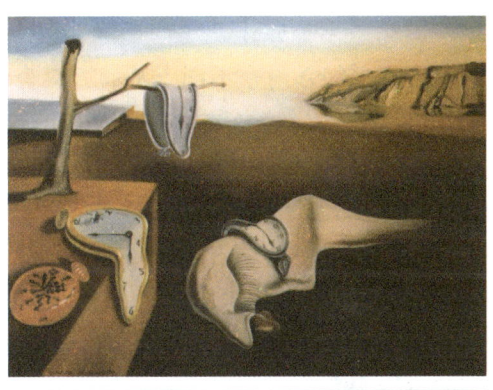

图4-3-14 《记忆的永恒》
图片来源：https://m.sohu.com/a/398222439_301394/?pvid=000115_3w_a

图4-3-15 《面部幻影和水果盘》
图片来源：https://m.sohu.com/a/398222439_301394/?pvid=000115_3w_a

图4-3-16 《原子达利》
图片来源：https://m.sohu.com/a/398222439_301394/?pvid=000115_3w_a

人、猫、椅子似乎是悬浮的，但水似乎又有瞬间的固定。达利"比疯子还疯狂，比超现实主义还超现实"，只要他想做，都会不遗余力地尝试，竭尽所能地体验，奋不顾身地成功。达利"每天清晨醒来都在体验一次极度的快乐，那就是成为达利的快乐"，也在告诉所有人应该如何活出属于自己的极致和快乐。

在这种自由的状态下，动物和人类也是可以融合的。人与动物题材的摄影早已是屡见不鲜了，然而，虽然属于同类题材，匈牙利艺术家 Flora Borsi 的摄影作品却是与众不同。她通过融合动物与人的眼睛来表达空灵意境的多样化（图4-3-17），每一种动物的眼睛搭配上人物特殊的面貌，不同的物种，不同的色系，画面却无一例外地十分和谐。据分析，这是在探索女性代表的

图4-3-17　Flora Borsi

图片来源：https://mp.weixin.qq.com/s/U1kFISXeS1MMzJLPIAjyhg

问题和身体与自我之间的关系。当然，从某种程度上来讲，这也是在唤起人们的一种意识：将动物置于与自身同等位置。

不同于其他领域，艺术创作是最自由的，功能对它几乎没有约束。所以，也正是在艺术创作领域，融合设计，呈现出了最抽象也最具体的方式。

五、智能产品

当下，各种智能产品层出不穷。有些产品，可能因为技术不够成熟，风靡一时又归于沉寂，比如谷歌眼镜。但这本身就是一个发展的过程，不断涌现的智能产品和智能手段，本质上体现的就是融合设计的理念，即出于对人的关注，为了能够更加切合人的行为习惯，从而为用户消除多余的动作，获得更高的效率和更好的体验。

近年慢慢走向平民化的车载抬头显示器 HUD 便是一个极好的例子。这项配置最早并不是出现在汽车上，而是战斗机上，目的是避免驾驶员因低头看仪表而分心，曾几何时 HUD 更一度成为豪华车型的"专利"。

目前在大量的车上，驾驶员在观察近处的仪表与观察远方的道路之间切换时，需要把视线在道路和仪表盘之间进行转移，由于车内亮度较低而车外道路亮度较高，眼睛需要不断进行调节，HUD 抬头显示器就能避免这种情况，即使是在面对紧急情况下也让人有足够的时间应对，不用分心看仪表盘，减轻眼睛的疲劳，给驾驶带来便利。这是融合设计对使用者行为习惯的关注。

同时，许多车友看重的是它极其酷炫的造型，极具科技感的显示，成为挡风玻璃上一道亮丽的风景线。这是融合设计对物美融合的体现。

图 4-3-18　使用车载抬头显示器的视线对比分析
图片来源：无障碍设计研究所

当然，这一设计还未达到完美的程度。有人认为开车时 HUD 抬头显示器将车速、转速、油量等信息投到正前方，那一块的视野受限，可能会让人感到有点不舒服，需要一段时间去适应。再者，HUD 抬头显示器功能如此酷炫，开车时免不了增加对它的关注度，就可能会减少对路况的关注，还有的车友认为前挡风玻璃上突然多了那么多信息，繁杂的信息反而造成驾驶员分心，以至于妨碍驾驶，起到适得其反的效果。解决这些问题，很重要的一点是对于信息出现位置以及出现时间的设置，如何平衡信息显眼与视野清晰，需要对行车过程中人的眼球运动规律进行探索，从而确定 HUD 的最佳显示区。

第五章

融合设计的无障碍实践

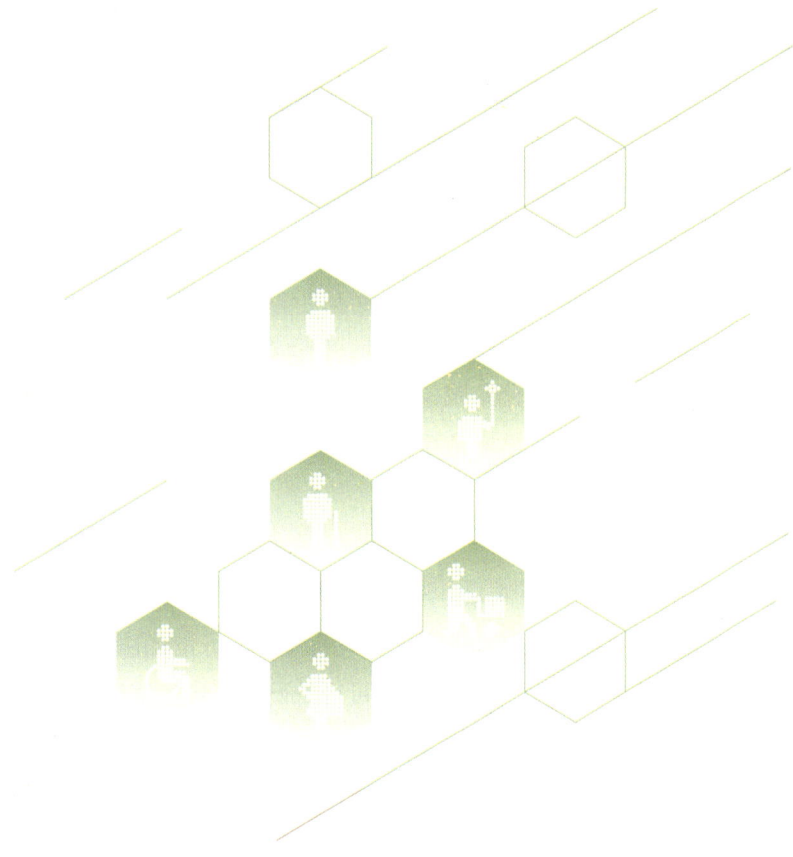

第一节　浙江省残疾人之家无障碍融合设计

一、缘起

此项目是在残疾人①事业发展如火如荼、全国无障碍建设蓬勃发展、迎接杭州亚运会、亚残运会的背景下而发起的。

为贯彻落实习近平总书记关于残疾人事业重要论述、依法依章程履行残联职能，习近平总书记强调：让广大残疾人安居乐业、衣食无忧，过上幸福美好的生活，是我们党全心全意为人民服务宗旨的重要体现，是我国社会主义制度的必然要求。

为提升全省残疾人事业发展总体水平，《浙江省残疾人事业发展"十三五"规划》在服务能力提升计划中提出：积极推进省残疾人之家（省特殊艺术文化中心）建设。

残疾人之家建成后将为市、县两级残疾人之家形成良好的示范效果，同时形成功能互补的省、市、县三级残疾人服务网络格局，不断健全残疾人公共服务体系和公共服务供给，提升残疾人生活质量、扩大残疾人社会参与，让残疾人的生活更加美好，在全面建成小康社会的基础上迈向共建共享现代化。

二、设计过程

2019年4月，浙江省残联和浙江大学建筑设计院研究院开始就残疾人之家项目进行合作。浙大设计院组织庞大的团队，从多方面展开工作。

（一）项目建议书与可行性研究报告的编制

项建书和可研报告详细论述了此项目建设的必要性和可行性。哪些功能

---

① 在介绍项目背景时，应需要引用官方文件和官方说法，故同时使用"残疾人"和"残障人士"两种称呼。

是残障人士最需要的？这些功能分别需要多大的建筑面积？应该采用怎样的建设标准？对项目进行多少的投资？怎样在节约国家资源的同时，为残障人士提供如同家园一般的场所，符合亚运会、亚残运会示范性配套项目的要求，并且在无障碍建设技术上有所突破？

其间，设计团队与省残联、发改委、规自局、住建厅等部门，进行了多次研讨，终于完成了令各方都满意的项目建议书和可行性研究报告，从更好地服务残障人士出发，拟定了如下的功能块：

1. 综合服务

作为省残联办事大厅。将省残联系统为残疾人服务和法人单位服务的项目和业务集中到办事大厅，一窗受理、集成服务，主要包括：就业服务，包括省级用人单位按比例安排残疾人就业申报审核、求职登记、职业介绍、职业指导、职业能力测评等；信访接待，包括政策咨询、信访登记、法律援助、12358热线服务等；助残志愿服务，包括困难残疾人帮扶申请、爱心助残机构和个人助残登记，对接社会资源予以匹配帮扶，此外提供手语翻译服务和盲文翻译服务等申请受理。

2. 成就展示

一大区块是浙江省残联会史馆。通过大事记、代表事件、代表人物的方式，展现党中央国务院和浙江省委省政府对残疾人事业和残疾人的关心关爱；一大区块是残疾人励志展示，展示残疾人事迹（各行各业特别是运动员、工匠、企业家、文艺家等）、优秀残疾人书画作品、职业技能竞赛作品、手工制作品；预留若干工作室，邀请残疾人文艺工作者定期不定期到残疾人之家创作、展览、讲座、培训、师带徒、作品拍卖，并定向捐赠给残疾人创业就业基金。

3. 宣教体验

拟设置残疾人居家无障碍体验馆、多感官综合训练馆、盲人出行和居家体验馆、自闭症人士触感挤压体验馆、残疾人安全体验馆、辅具适配展示及体验等，运用一定的模拟场景和高科技元素，让残疾人体验惠残科技成果，让社会各界体验残疾人的不易，加强残疾预防和安全教育。该区块的部分产品、设备可由厂家赞助。一楼可预留场所提供盲人按摩和中医推拿，还可开设爱心超市。

4.活动场所

专门协会活动室；残疾人代表委员联络室；残疾人职业技能培训教室，可资源共享的残疾人活动室、志愿助残培训室等；盲人按摩实训室；政府优先采购庇护产品展示室；残疾人法律援助工作室，兼心理疏导工作室；图书阅览室内设盲文区、电脑阅读区两块，该室收集、收藏残疾人学术文艺作品，收集残疾人书籍杂志，收集各类涉残资料档案；无障碍电影体验室；残疾人智力体育室；残疾人室内球馆，等等。

5.配套设施

包括办公用房、食堂、水电气网、物业、监控、安保、保洁、讲解服务台、资料取阅处等。

（二）方案与初步设计

1.项目基本情况介绍

项目基地位于杭州市西湖区马塍路1号，是原省残疾人康复指导中心（浙江慈爱康复医院）地块。马塍路1号房产产权登记总建筑面积7044.5平方米，主要包括9个单体（表5-1-1）。因马塍路拓宽改造等原因，马塍路1号房产在使用过程中陆续拆除了部分建筑物，也进行了布局的调整和空间的改造，目前主要保留了2、3、4、6、7、8楼。

表5-1-1 原有建筑面积分布表

幢号	建筑面积（m^2）	备注
1	40.59	杭房权证西移字第0302486号
2	752.48	
3	633.48	
4	91.34	杭房权证西移字第0302487号
5	70.61	
6	5301.77	
7	52.8	
8	87.78	杭房权证西移字第0302488号
9	13.65	
合计	7044.5	

根据现有建筑物位置分布及使用管理的实际情况，现有建筑物分为南楼、西楼、北楼三个单体，根据浙江省建设工程质量检验站有限公司出具的"房屋安全性及抗震鉴定的情况说明"，房屋安全性等级评定均为Dsu级，现有房产在正常使用和维护条件下，已不能满足安全性和抗震要求，均需进行加固改造。

南楼、西楼、北楼均为20世纪80年代建成，全部为砖混结构，外立面为涂料，墙体及门窗等均与现行节能标准相去甚远，室内空间布局受原有结构条件限制，与现行消防管理规范要求不符。

北楼为原省残疾人康复指导中心（浙江慈爱康复医院）主体功能用房，南楼和西楼为配套辅助用房，由于省残疾人康复指导中心新院区在滨江已经建成投入使用，马塍路1号房产主要功能已搬迁完毕，基本处于闲置状态。

2. 不断改进完善的过程

方案经过了多次的设计和改进，出了将近10轮的效果。以下展示其中比较重要的一轮。

在外立面设计上，建筑师尽可能增大窗户面积，使内部空间沐浴更多阳光，结合多角度摆动的遮阳构件表达残障人士的生命里虽然有些许波折与不同，但依旧舞动得神采奕奕、梦幻迷人，也映照着杭州西湖的波光粼粼与柔美妖娆（图5-1-2、图5-1-3）。

在空间设计上，受限于原建筑砖混的结构形式，无法大量拆除墙体，空间整体比较压抑，缺少比较开敞的活动空间。因此，建筑师原计划将北楼的庭院改造为室内的中庭，以形成一个半室外的大型活动场所。同时，环绕这个中庭设置一个净宽1.8m、坡度为1∶16的坡道，从1楼延伸到顶楼（图5-1-4）。这个坡道将作为励志作品展廊，悬挂残障人士的各种作品。考虑到残疾人之家可能会容纳比例较高的残障人士，光依靠2部电梯可能无法满足其中坐轮椅者的日常通行需求，因此展廊宽度可以满足轮椅双向通行，且坡度较缓，可以用于坐轮椅者的日常通行的补充。此外，在紧急情况下，展廊也可以作为疏散的通道。

在室内设计方面，遵循逢棱必圆的理念，对室内墙体做了圆角处理（图5-1-5）。采用活泼的橙色，赋予室内温暖的氛围，也象征着残障人士其实也是一个充满活力的人群。

图 5-1-1　宗地确权草图
图片来源：浙江省残联

图 5-1-2 透视效果图
图片来源：UAD 无障碍研究所

图 5-1-3 鸟瞰效果图
图片来源：UAD 无障碍研究所

图 5-1-4　中庭坡道效果图
图片来源：UAD 无障碍研究所

图 5-1-5　门厅效果图
图片来源：UAD 无障碍研究所

3. 最终方案

在外立面设计上，从良渚文化中的玉琮吸取灵感，将其中间通长的竖向线条和两侧"U"形线条进行现代化的转录。并将"逢棱必圆，逢台必坡，逢高必低，逢陡必缓，逢滑必涩，逢沟必平，逢隙衔接，逢碍必除，逢险化吉，逢源左右"的十大元素与立面进行圆润对接（图 5-1-6 至图 5-1-10）。

图 5-1-6　鸟瞰效果图
图片来源：UAD 无障碍研究所

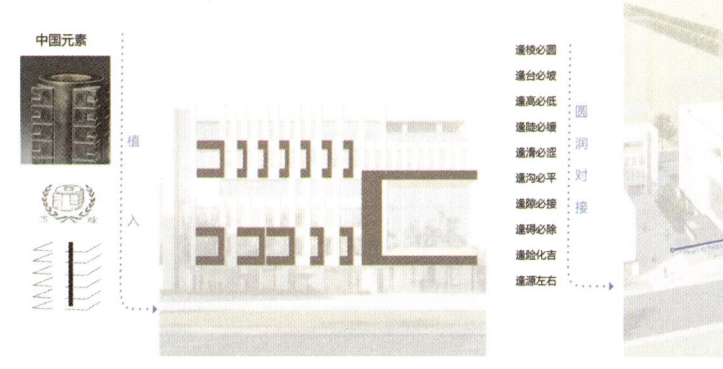

图 5-1-7　分析图 1
图片来源：UAD 无障碍研究所

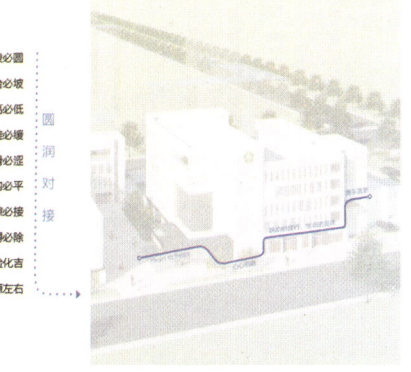

图 5-1-8　分析图 2
图片来源：UAD 无障碍研究所

图 5-1-9　透视效果图 1
图片来源：UAD 无障碍研究所

图 5-1-10　透视效果图 2
图片来源：UAD 无障碍研究所

　　在平面功能设计上，主要从四个角度对原始建筑进行完善，形成最终的平面布置。在卫生间融合设计上，创造性地设计了一种结合画框的安全抓杆，以消除当前安全抓杆的特殊性，便于残障人士没有心理压力地使用。

在信息无障碍融合设计上，拟利用精度达到 0.5—1m 的蓝牙 AOA 技术，开发出重点服务视障人群，且能够便利所有人群的楼宇导航 APP 系统。

第二节　无障碍社区创建中的融合设计

一、整体理念

将融合设计六大原则、四大模式应用在无障碍社区创建中，提炼了四大理念：因地制宜、普同通适、系统连贯、以"小投入"解决"大概率"问题。

（一）因地制宜

当无障碍设施和文化融合，将形象融入整体人文环境中时，可以消除其差异性与特殊性，获得居民的共鸣，降低创建工作中的阻力，进而提高无障碍设施的使用效率和维护水平。

项目中接触到的大小几十个社区，几乎都有独特的一面，设计在改造中也非常注意利用和放大这些特征。水乡绍兴市的大渡社区，恰好被一条河流三面环绕，因此设计希望提供一些带有水乡特色的无障碍设施。杭州市的河坊街和南宋御街，有厚重的文化历史，因此希望做出符合历史风貌的设计。宁波市的庄市街道内，有的社区充满野趣，有的社区城镇化气息更浓，这些特征也被反映在设计中。

（二）普同通适

无障碍设施是便利所有人的，即普同通适，无障碍改造不能影响健全人的使用。在实地调研过程中，发现有许多令人惋惜的场景。不少社区前期已经做过无障碍改造的工作了，但往往因为对规范不求甚解，改建完以后，不但没有对残障人士起到帮助作用，反而影响了健全人的使用。如大渡社区党群服务中心的卫生间（图 5-2-1）、鄞吴镇的轮椅坡道等（图 5-2-2）。

图 5-2-1 大渡社区卫生间
图片来源：无障碍研究所

图 5-2-2 郸吴镇某坡道
图片来源：《郸吴镇无障碍小镇建设成果》

（三）系统连贯

　　很多时候，无障碍建设只是被动响应规范，产生了一些令人啼笑皆非的设计结果。如杭州市解放路上有一处虽然有坡道，但是上坡道要先爬几级台阶（图 5-2-3）；东坡大剧院的无障碍卫生间按照规范要求设置了坐便器和安全抓杆，但是因为平面布局不合理，安全抓杆反而挡住了马桶（图 5-2-4）。

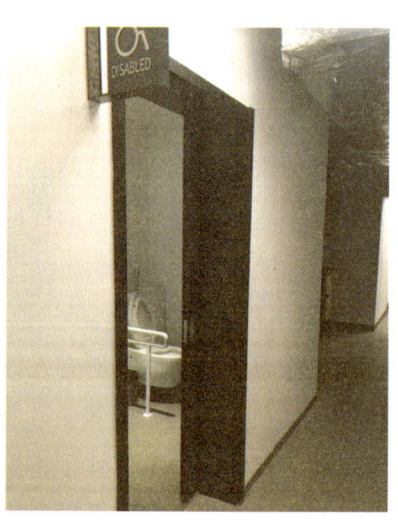

图 5-2-3 解放路某坡道
图片来源：无障碍研究所

图 5-2-4 东坡剧院卫生间
图片来源：无障碍研究所

产生这些情况的原因在于设计时只是把无障碍设施当成了孤立的元素,忽略了相互间的关系。

(四)以"小投入"解决"大概率"问题

以"小投入"解决"大概率"是本书一直关注的问题。全国约占比6.21%残障人士的需求相对来说是个"小概率"的事件,而整体的无障碍建设是个"大投入"的事情。如何解决"小概率"和"大投入"的矛盾?设计希望以融合的逻辑去做:提供一个让多类人群都能使用的设施或空间(大概率),同时也解决无障碍建设问题,进而把成本分摊(小投入)。这就是以"小投入"解决"大概率"问题的理念,而这种理念也被应用在了实践中,如在宁波庄一社区中,设计将花坛、坡道、座椅(包括轮椅休息区)结合,做成一个整体,让各种人群都能在这里获得快乐。后面将选取重要案例进行详细介绍。

二、调研清单

无障碍设计研究所在每个无障碍社区创建过程中,首要的就是对整个社区进行全面的摸底调查,形成系统性的问题清单(如表5-2-1所示的大渡社区的问题清单),进而理出一条连贯的无障碍的路线,再以这条路线去串联各个具体的设施,才能保证实用性。

表5-2-1 大渡社区问题清单列表

序号	位置	存在问题	改造做法	尺寸(mm)/数量	是否需要标志牌	备注
1 轮椅坡道						
1.1	润泽大院游泳池	缺少轮椅坡道	结合轮滑场地增加坡道		否	需整体设计
1.2	4号楼西侧全球果品店门前	缺少轮椅坡道	第一柱跨台阶改坡道	1500×(4600+1500)	是	坡道布置在4号楼两端,距离比较合适,便于整个一层使用
1.3	4号楼东侧对应店铺门前	缺少轮椅坡道	第一柱跨台阶改坡道	1500×(4600+1500)	是	
1.4	3号楼千伯视力和理发店之前	缺少轮椅坡道	两个柱跨之间做坡道	1500×(3400+1500)	是	

序号	位置	存在问题	改造做法	尺寸（mm）/数量	是否需要标志牌	备注
1.5	3号楼聚鑫缘酒店	缺少轮椅坡道	东边柱跨做坡道	1500×1560	否	
1.6	2号楼母婴店东边柱跨	缺少轮椅坡道	两个柱跨之间做坡道	1500×（3800+1500）	是	
1.7	1号楼东侧公共卫生间	轮椅坡道不合规范	重建轮椅坡道	1500×（3200+1500）	是	
1.8	滨河休闲带东侧入口	坡道转弯多，较狭窄	花坛按照100mm为半径做圆角		是	
1.9	滨河休闲带西侧入口	坡道过窄、坡度过大，且影响健全人使用台阶	现有坡道拆除，沿花坛重建坡道；结合花坛做扶手	1200×（6000+1500+6000）	是	
1.10	6号楼西侧卫生站	缺少轮椅坡道	西侧增加轮椅坡道（让出水管的位置）	1500×1680+1800×1500	是	
1.11	6号楼东侧教辅店	缺少轮椅坡道	两个柱跨之间做坡道		是	缺少尺寸
1.12	5号楼提拉米苏西侧	缺少轮椅坡道	两柱间做全宽式坡道	同柱宽	是	
1.13	5号楼兴业银行	缺少轮椅坡道	两个柱跨之间做坡道	1500×（3300+1500）	是	
1.14	润泽大院住宅入口轮椅坡道	破损	逐个排查修缮		否	
1.15	兴廉农贸市场沿街商铺入口	缺少坡道	取消小台阶，店铺门口直接向外做平坡式入口	宽度约150000	否	
2	缘石坡道与坡道入口					
2.1	润泽大院西入口	缘石坡道与车行道有高差	坡口降低，与车行道平接	2处（口部两侧）	否	
2.2	4号楼与5号楼之间消防车道	缘石坡道与车行道有高差	坡口降低，与车行道平接	3处（口部两侧）	否	
2.3	5号楼与6号楼之间消防车道	缘石坡道与车行道有高差，场地与消防通道有高差	缘石坡道坡口降低，与车行道平接；按与缘石坡道同样坡度放坡，坡道与建筑交接处以花坛过渡	4处（口部两侧）	否	

续表

序号	位置	存在问题	改造做法	尺寸（mm）/ 数量	是否需要标志牌	备注
2.4	润泽大院东入口	缘石坡道与车行道有高差，场地与消防通道有高差	缘石坡道坡口降低，与车行道平接；按与缘石坡道同样坡度放坡，坡道与建筑交接处以花坛过渡	1处（口部东侧）	否	
2.5	香水湾南门	缘石坡道与车行道有高差	坡口降低，与车行道平接	2处（口部两侧）	否	
2.6	双渎路与兴越路交叉口	缘石坡道与车行道有高差	坡口降低，与车行道平接	2处（口部两侧）	否	
2.7	兴廉农贸市场西侧路口	缺少缘石坡道	路口东侧人行道往下放坡，西侧人行道往上做坡	2处（口部两侧）	否	
2.8	兴廉农贸市场入口	缘石坡道与车行道有高差	坡口降低，与车行道平接	2处（口部两侧）	否	
3　盲道						
3.1	润泽大院西入口	盲道未以提示盲道结束，且被路墩挡住	结束处行进盲道砖改为提示盲道砖，路墩搬离	2块（两侧各1块）	否	
3.2	润泽大院东入口	盲道未以提示盲道结束	结束处行进盲道砖改为提示盲道砖	2块（两侧各2块）	否	
3.3	香水湾南门	路口缺少提示盲道	增加提示盲道（规格与道路南侧相同）	4块	否	
3.4	双渎路与兴越路交叉口东侧	拐弯处没有提示盲道，终止处提示盲道过长，且提示盲道规格不对	转弯和结尾处铺设符合规范提示盲道砖，其余3块盲道砖改为行进盲道	5块	否	
3.5	双渎路与兴越路交叉口至兴廉农贸市场之间人行道	2处盲道被井盖打断；1处行进盲道方向错误，拐弯处没有提示盲道	被打断处通过盲道拐弯连接，行进盲道砖方向调整，转弯处设提示盲道砖	约10块提示盲道，10块行进盲道	否	
3.6	兴廉农贸市场西侧路口	盲道未以提示盲道结束	结束处行进盲道砖改为提示盲道砖	2块（两侧各2块）	否	

序号	位置	存在问题	改造做法	尺寸（mm）/数量	是否需要标志牌	备注
3.7	兴廉农贸市场入口	盲道未以提示盲道结束	结束处行进盲道砖改为提示盲道砖	2块（两侧各3块）	否	
3.8	所有盲道		逐一检查是否有破损或阻断			
4 门及通道						
4.1	润泽大院沿街商铺门口	进门有高差，未以斜坡过渡	进门处土黄色花岗岩往上做坡	与商铺入口同宽	否	确认商铺数量
4.2	兴廉农贸市场沿街商铺	进门有高差，未以斜坡过渡	门口处花岗岩往下放坡	与商铺入口同宽	否	确认商铺数量
5 无障碍车位						
5.1	润泽大院1幢北侧	缺少无障碍车位	设置无障碍车位	1	是	
5.2	润泽大院6幢北侧	缺少无障碍车位	设置无障碍车位	1	是	
5.3	香水湾幼儿园	缺少无障碍车位	设置无障碍车位	1	是	
5.4	兴廉农贸市场	缺少无障碍车位	设置无障碍车位	1	是	
5.5	地下车库		按照总数2%设置无障碍车位，且不少于1个	25个	是	
6 无障碍卫生间						
6.1	润泽大院东侧公共卫生间	无障碍卫生间有门槛	取消门槛		是	
6.2	党群服务中心卫生间	洗手盆缺少容膝空间，无障碍厕位被锁，进入无障碍厕位的坡道影响其他厕位使用	整体改造，洗手盆增加容膝空间，厕所降板，取消高差		是	
6.3	兴廉农贸市场无障碍卫生间	缺少拉杆	按照规范设置洗手盆、坐便器拉杆，增加置物台		是	

序号	位置	存在问题	改造做法	尺寸（mm）/数量	是否需要标志牌	备注
7 景观通道						
7.1	滨河休闲带东侧入口	铺地不适合轮椅通行	增加花岗岩铺地		否	面积待测量
7.2	润泽大院通向滨河休闲带出口	铺地不适合轮椅通行	铺地改造，采用毛面花岗岩平铺，取消出口高差	2处	否	面积待测量
7.3	润泽大院内通向活动健身场所的通道	部分铺地不适合轮椅通行	铺地改造，采用毛面花岗岩平铺，取消出口高差	预估3处	否	具体数量待定
8 其他设施						
8.1	便民服务中心	缺少低位服务设施、盲文设施和手语服务	现有服务台接近入口处，端头改造为低位服务台；增加盲文地图；增加手语服务	1处	是（低位服务台）	
8.2	党群服务中心中庭	缺少无障碍电梯	增加无障碍电梯	1处	是	
8.3	小区东西次入口	门禁高度过高	在1m左右高度增加刷卡机	2处	否	
8.4	润泽大院通向滨河休闲带出口	入口关闭	出入口开放，智能控制，在1m左右高度增加刷卡机	2处	否	
8.5	润泽大院内雨水沟盖板	部分盖板孔隙大于15mm	与通道衔接处，替换为孔隙小于15mm的盖板		否	
8.6	滨河休闲、润泽大院泳池区、便民服务中心入口	缺少休憩设施	适当设置休憩座椅	预估15张桌子，50张椅子	否	
8.7	双渎路与兴越路交叉口	缺少过街音响	增加过街音响	6个	否	
8.8	党群服务中心阅览室		增加盲文书籍	书架的1—2格		

序号	位置	存在问题	改造做法	尺寸（mm）/数量	是否需要标志牌	备注
8.9	市民讲堂	主席台缺少坡板	设置宽1200mm，坡度为1：8临时坡板	1处	否	
8.10	单元楼下停非机动车处		在适当位置增加残疾车停车位	1个	是	需确定社区中的肢残人士是否住在润泽大院
8.11	家庭入户无障碍改造			2户	否	
9 标识系统						
9.1	滨河休闲带	标识过于杂乱	统一设计带有江南水乡风格的标志标牌	1600×500，预估10处		
9.2	小区出入口		增带有江南水乡风格加指示牌	1600×500，预估7处（润泽大院东西出入口、党群服务中心入口、滨河休闲带东西入口、香水湾南门、兴廉农贸市场入口）		指示牌中需表示无障碍设施方向
9.3	无障碍设施	结合环境粘贴无障碍标志	轮椅坡道	11		地下车库无障碍车位数量待定
			无障碍车位	4+25		
			无障碍卫生间（厕位）	4		
			低位服务设施	1		标识带盲文铭牌
			无障碍电梯	1		
			残疾车停车位	1		

三、项目案例

（一）如何体现因地制宜

1.杭州市南宋御街（中山南路）的道路挡桩改造

南北横穿杭城的中山路，早在八百多年前，就是南宋都城临安城中南北走向的主轴线御街，此后也一直是杭州重要的城市商业中心所在和老城的中轴线。从2008年开始，中山路进行了综合保护与有机更新工程。两年后，中山南路部分被打造为富有传统气息的"建筑历史博物馆"[①]，形成宜居、宜商、宜游的特色城市空间。为了保护御街的整体环境，管委会在街道两侧的38个口子上设了道路挡桩，以阻挡电瓶车的进入。出发点是好的，但是也影响了轮椅的有效通行。如何既能防止电瓶车进入，同时又不至于给残障人士造成负面心理影响？

从杭州的"智慧城市"与"文化城市"特色出发，设计采取了"人机交互＋御街文化"的方案。

首先，因为当前的残疾证已经智能化了，所以设置了可活动挡桩。一旦有坐轮椅者过来，通过刷卡，挡桩自动降入地下，他们就可以通行。这比原先的打电话请周边保安过来开锁要简单很多。同时，无障碍设计研究所还计划与浙江大学的信息技术团队合作，推行"轮椅识别"，即安装智能摄像头，当摄像头识别出轮椅时，就自动将挡桩降下。这样一来，坐轮椅的老人、忘记带残疾证的残障人士，都能无感通过。

其次，设计从御街本身的风格与元素出发，设计了4款能够融于御街整体环境的挡桩造型：活字印刷、木纹窗格、绿色简约与阵列线条（图5-2-5至图5-2-8）。这样一来，挡桩反而变成了街道上的风景，理所当然就能消除原造型可能造成的歧视问题。

2.大渡社区水乡风格标识牌设计

目前，比较常见的无障碍设施标识牌都是孤立设置的，形象比较突兀，也暗示了残障人士的特殊性。设计希望将无障碍标识牌和小区原有标识牌合并成统一的体系，以减少两者之间的差异性。

---

① 杭州市人民政府.王国平：以有机更新理念打造建筑历史博物馆［DB/OL］.http://www.hangzhou.gov.cn/art/2010/9/17/art_812255_187833.html.

方案一
古风—活字印刷

图 5-2-5 方案一
图片来源：UAD 无障碍研究所

方案二
古风—木纹窗格

仿原场地木窗格
（窗格纹理不一定是目前
呈现的样子）

图 5-2-6 方案二
图片来源：UAD 无障碍研究所

方案三
现代—绿色简约

方柱内部掏空半圆柱
体块，可用于植物种
植。

图 5-2-7　方案三
图片来源：UAD 无障碍研究所

方案四
现代—阵列线条

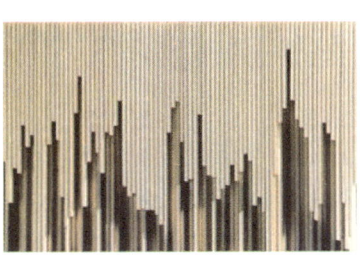

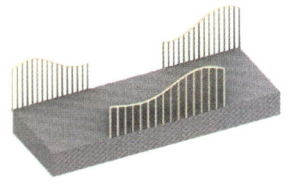

图 5-2-8　方案四
图片来源：UAD 无障碍研究所

　　同时，绍兴是水乡，而大渡社区正好被水系环绕，传统水乡建筑的坡屋顶、白墙黑瓦、临水骑楼等元素通过现代演绎，做成了具有地域特色的标识牌（图 5-2-9，图 5-2-10）。大号的字体和图标，强烈但不刺眼的黑白对比，形成简单易读的效果，对于视力有缺陷的人非常友好。

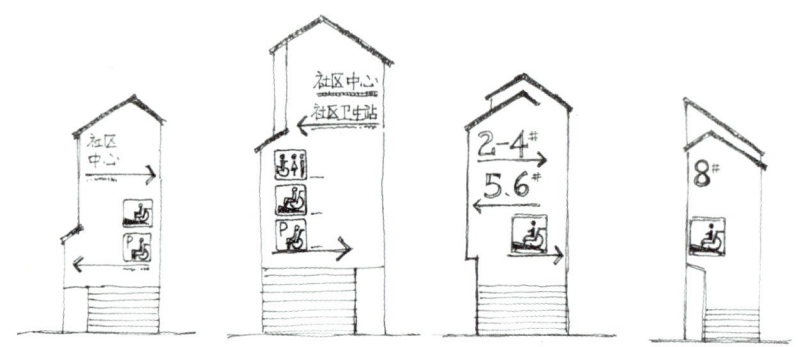

图 5-2-9　四种标识牌手绘图
图片来源：无障碍研究所

图 5-2-10　标识牌效果图
图片来源：无障碍研究所

（二）如何实现以"小投入"解决"大概率"问题

以目标是创建国家级无障碍社区的绍兴市大渡社区为例。经过实地调研发现，这个社区里老年人和残障人士的比例很低，分别为4.7%和0.46%，远远低于全国平均水平。据调研，在社区所有8位残障人士中，只有一位是坐轮椅者。社区有两处重要的景观资源。一处是润泽大院中央的露天泳池，一处是滨河的景观带，可惜两者都因为有较大的高差问题，坐轮椅者无法使用。一方面是小概率但必然存在的需求，另一方面是做大坡道需要的大投资，该如何解决这个矛盾呢？

设计跳出了做轮椅坡道的常规思路。既然是这么重要的景观资源，何不增加它的适用人群和利用率呢？既然有较大的高差，何不针对他们好奇心强、爱探险的天性，做一个儿童游乐设施呢？因此，整个方案的核心思想从消除高差变成了利用高差。

在泳池部分，首先定下三个标高的平台，平台上设置了滑梯、帐篷、亭子等游戏、休闲设施。接着，将三个平台之间，平台和最低标高的泳池区，以斜坡连接，成为滑板游乐区。最后，利用中间比较平缓的区域，设置了一条1：30的坡道，以供轮椅的通行（图5-2-11至图5-2-13）。

在滨河部分，采用相似的办法，设置了不同标高的平台。平台之间高差为450mm，正好是座椅高度，所以上一级的平台也就成了下一级的座椅，有效提供了大量休息区域。不同平台都可以通过1：20的坡道到达，便于残障人士亲近水面。而坡度大的部分，则被利用为儿童滑板坡道。将水体引入平台内，水体周边的木质栏杆中融入座椅功能，并考虑了轮椅休息区。此外，从安全角度考虑，在平台外圈设置了一圈隐藏在水下10cm标高处的平台，视觉上不影响亲水的效果，功能上可以在万一发生人员跌落时作为缓冲空间（图5-2-14至图5-2-16）。

采用这种办法，虽然整体投资比单纯坡道要高，但是因为可以提供更加丰富的空间，满足儿童、老人、家长、残障人士、健身爱好者等不同人群的需求，省去了另外建设儿童游乐场、亲子活动区、健身场地和老人活动区的投资，所以可以极大提高资金利用效率，实现以"小投入"解决"大概率"问题的目的。

图 5-2-11　鸟瞰效果图
图片来源：无障碍研究所

图 5-2-12　透视效果图 1
图片来源：无障碍研究所

图 5-2-13　透视效果图 2
图片来源：无障碍研究所

图 5-2-14　鸟瞰效果图
图片来源：无障碍研究所

图 5-2-15　透视效果图 1
图片来源：无障碍研究所

图 5-2-16　透视效果图 2
图片来源：无障碍研究所

第三节 弯湾无障碍社会融合共享空间设计
——为智力和精神障碍者而设计

一、缘起：弯湾托管中心改扩建

成年的智力和精神障碍者都面临着一个困难任务：寻找自己的社会角色定位。名噪一时的"指挥家"舟舟，在热度过去之后，只能回到家里与父亲相依为命。短时间的关注能让舟舟站上卡耐基音乐厅的指挥席，也能解救新疆托克逊县库米什镇老国道 247 公里处的 8 名智障奴工，[①] 但平凡而有尊严地活着，融入社会，才是智力和精神障碍者求之不得的日常。电影《海洋天堂》中，21 岁自闭症儿子是身患绝症的父亲放不下的牵挂，他带儿子跑遍了培智学校和福利院，却收到了一连串令人心碎的拒绝。

一直以来，各种帮助成年智力和精神障碍者融入社会的尝试，多受限于硬件缺失、资金不足、社会排斥等因素，昙花一现。80 年代发起于广州的慧灵服务算是其中比较成熟、成功和持久的机构，专业服务成年智力和精神障碍者，目前已在全国 30 个省市自治区建有 80 个分支，被服务者 2050 人，工作人员500 余人。[②] 但放在全国 323.9 万持证智力和精神障碍者人口基数中，[③] 无疑杯水车薪。杭州弯湾托管中心创办于 2009 年，是浙江省首家民营成年智力和精神障碍者托管机构。2021 年，在地方政府支持下，拟对场地设施进行扩建提升。十年前草创之初，有就是成功；十年后经验累积、社会认同，需要更上一层楼。托管空间营造本身虽不能解决成年智力和精神障碍者社会融合的主要矛盾，但

---

① 赵春晖，刘杰.新疆智障"包身工"事件：老板夫妇获刑［N］.新华每日电讯，2011-05-02（002）.

② 慧灵智障人士服务机构［OL］.http：//www.hlcn.org/.

③ 中国残疾人联合会.中国残疾人事业统计年鉴［M］.北京：中国残联信息中心，2020.

环境融合是起点，设计融合则无疑是实现环境融合的决定因素。

智力和精神障碍者认知上的局限，不利于他们快速熟悉环境，而交往上的弱点，则使他们在参与社会活动中，易遇阻碍或受排斥，这都是公共空间设计中应该关注的重点。不同于在熟悉的家庭中，智力和精神障碍者在公共空间中遇到困难会更多些，相对就有更多要求。让智力和精神障碍者能够更舒服地掌控空间，尽快获得安全感，鼓励他们相互交流，呵护并引导他们的行为，这些都是设计所必须要完成的任务。

二、研究背景：成年智力和精神障碍者的公共空间需求特征

国内在这方面的相关研究不多[①]，相对而言，欧美和日本的讨论更系统一些。自闭症儿童被称为"星星的孩子"，未成年的智力和精神障碍者在成长中会得到呵护，条件允许的会在特教学校找到容身之地；而当步入暮年时，与健全老人同样接受家庭或社会赡养，无意中又淡化了两者之间的差异。壮年期反而是智力和精神障碍者的"困难时期"，其中就业和性需求都是难题。目前国内针对就业的普遍共识是"支持性就业服务"[②]，而在多数情况下，会回避智力和精神障碍者的性需求[③]。智力和精神障碍者在公共空间中的需求特征，应当放在这个语境下讨论。

交往是公共空间里最重要的活动，而这恰恰是智力和精神障碍者的短板。[④] 各种关于智力和精神障碍者公共空间行为的讨论，无不围绕着在保护同时促进交往来展开。有一点值得指出，从社会融合的角度看，其实智力和精神障碍者在他们的成长或康复期，始终在学习如何与社会交往，反而是健全者占主体的社会，在接纳智力和精神障碍者方面，缺乏必要的训练。[⑤]

① 张钰墅、陈洋.基于智障学生特征的特殊教育需求空间设计策略［J］.建筑学报，2017（5）：98-103.

② Gold M W. Vocational training［M］.Institute for Child Behavior and Development, University of Illinois at Urbana-Champaign, 1975.

③ 陈莲俊.上海市成年智障人士性教育状况调查报告［J］.中国特殊教育，2009（9）：19-24.

④ Belmonte, Matthew. "What's the story behind' theory of mind' and autism?"［J］. Journal of consciousness studies 16, no.6-8（2009）：118-139.

⑤ Scior K. Public awareness, attitudes and beliefs regarding intellectual disability：A systematic review［J］. Research in developmental disabilities, 2011, 32（6）：2164-2182.

环境治疗理论（Therapeutic Environment Theory）被普遍应用针对于老龄化的治疗环境设计[1]。针对老人的最大化安全保障，对功能能力的支持，包括提供隐私和个人控制的机会等，都与智力和精神障碍者的环境需求有共同之处。环境治疗理论特别强调提供自我的连续性[2]，也特别符合智力和精神障碍者的空间需求特征。感觉统合理论（Sensory Integration Theory）为智力和精神障碍者适应环境训练准备了理论工具[3]，感统训练已成为特教体系的标配。格式塔心理学（Gestalt Psychology）为此提供了更基层的理论支持[4]，而弱中心一致性理论（Weak Central Coherence Theory）则进一步阐释了智力和精神障碍者无法将细节整合成有意义的整体这个现象[5]。执行功能理论（Theory of Executive Function）指出智力和精神障碍者在控制认知过程中能力的缺失[6]，包括集中注意力和计划能力方面的弱点。易读性理论（Legibility Theory）试图通过有目的地组织空间和环境信息[7]，为认知环境提供帮助。然而环境偏好理论（Environmental Preference Theory）又进一步指出，人们喜欢引人入胜和有趣的场景，更甚于简单和无聊的场景，因而适度的复杂性和神秘性，与易读性并不矛盾，而连贯性则是必需的[8]。这看起来又回应了感统理论的立场。

其中，前景庇护理论（Prospect and Refuge Theory）显得更有启发。[9]前景庇护理论认为，在进入房间之前，人类会下意识地希望能够不受阻碍地看到

① U Cohen, Weisman G-D. Holding on to Home : Designing Environments for People with Dementia [M]. Johns Hopkins University Press, 1991.

②③Michael Chandler. Self-continuity in suicidal and nonsuicidal adolescents [M]. San Francisco, CA, US : Jossey-Bass, 1994 : 55-70.

④ Max Wertheimer. Gestalt theory. London, England : Kegan Paul, Trench, Trubner & Company, 1938 : 1-11.

⑤ Brock JON, Brown CC, Boucher J, et al. The temporal binding deficit hypothesis of autism [J]. Development and psychopathology, 2002, 14 (2): 209-224.

⑥ Sánchez P A, Vázquez F S, Serrano L A. Autism and the built environment [J]. Autism spectrum disorders-From genes to environment, 2011 : 363-380.

⑦ Gaines K, Bourne A, Pearson M, et al.Designing for autism spectrum disorders [M]. Routledge, 2016.

⑧ Kaplan R, Kaplan S, Brown T. Environmental preference : A comparison of four domains of predictors [J]. Environment and behavior, 1989, 21 (5): 509-530.

⑨ J APPleton.The Experience of Landscape [M]. Wiley, 1996.

房间里的情况，但同时又会希望有机会隐藏自己，以提高对空间的控制感，由此获得必要的安全感。面对空间的可预测性和隐私这对矛盾时，健全者可以通过一定心理建设来适应；对智力和精神障碍者而言，因为适应能力相对较弱，他们对可预测性和隐私性的要求就会更高，使得矛盾更突出。为智力和精神障碍者设计公共空间时，这是真正的挑战。

值得指出，智力和精神障碍者与健全者对空间有相似的领域要求。交往时，根据社交距离的不同，社交区域可以分为四个部分：私密空间（intimate space）、个人空间（personal space）、社交空间（social space）和公共空间（public space）。[①] 社交距离在社交活动中非常重要，而智力和精神障碍者对于社交距离的不敏感或过于敏感会带来交往中不必要的麻烦（如给对方带来不适感或造成社交意图的误解）（图5-3-1、图5-3-2）。[②] 通过有效的设计策略，协助智力和精神障碍者建立自己的"第二领地"（secondary territory）[③]，能促进他们的自我认同，帮助他们释放压力并与人交往。

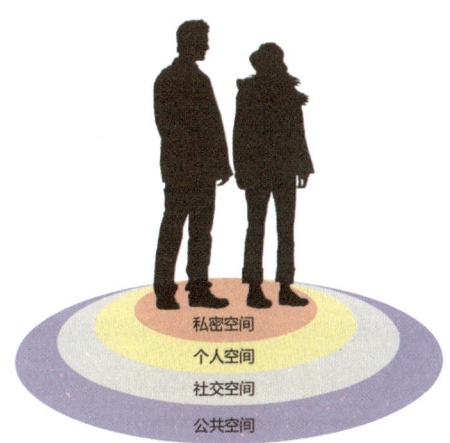

图5-3-1　健全人的社交距离示意图
图片来源：作者自绘

图5-3-2　智力和精神障碍者无法掌控
社交距离
图片来源：作者自绘

① Edward-T Hall.The Hidden Dimension [J].Anchor Books, 1966, 14：103-124.

② 蒋鑫龙，陈益强，刘军发，忽丽莎，沈建飞.面向自闭症患者社交距离认知的可穿戴系统 [J].浙江大学学报（工学版），2017，51（4）：637-647.

③ VandenBos G R. APA dictionary of psychology [M]. American Psychological Association, 2007.

对大多数人而言，交往是在公共和私人空间之间寻找平衡的过程。对智力和精神障碍者来说，前景庇护理论有助于帮他们在这种"找平衡"的过程中，拥有更多选择权和控制权。

三、理论框架：需求理论与空间需求金字塔

在形形色色的理论和实践中，人们往往容易注意到智力和精神障碍者生理需求的特殊性，而忽视他们和健全者在心理需求方面的一致性。

美国俄亥俄州的"苦乐参半"农场（Bittersweet Farms）是美国第一个服务于成年自闭症患者的农场型组织，它提供了包括农作、园艺、动物饲养、木工等丰富的活动，以便满足自闭症患者的需求，开发他们的潜能。[①]"苦乐参半"农场有一套叫作"M.A.P.S."金字塔培训法（图5-3-3）：底层是架构和支持（Structure and Support），然后是伙伴关系和目标（Partnership and Purpose），之上是有氧运动和积极参与（Aerobic and Active Engagement），顶层是意义和动机（Meaning and Motivation）（图5-3-3）。通过这一套体系化的训练，自闭症患者的潜能得到开发，帮助他们与社区建立起良好的合作，更好地融入社会。

这个看起来比较特殊的自闭症训练金字塔，其实和马斯洛心理学中的"需求金字塔"有内在的关联性。马斯洛在《动机与人格》中提出的需求层次理论：人的需求由低到高，分别是生理需求（Physiological Needs）、安全需求（Safety Needs）、社交需求（Love and Belonging）、尊重需求（Esteem）和自我实现（Self-actualization）的需求，[②]由此形成需求金字塔（图5-3-4）。对照训练金字塔，所谓"架构和支持"可以对应于生理需求，是基础；"伙伴关系和目标"对应于社交需求，是发展，这里跳过了安全需求（就训练而言，安全不言而喻必须贯彻始终，所以省略也是可以理解的）；"有氧运动和积极参与"对应于尊重的需求，是进一步的拓展；最后，"意义和动机"正好对应于自我实现的需求，为自闭症患者建立生活的"意义"，无疑是康复训练中高一个层次目标。

---

① Bittersweet : serving people with autism [OL].http ://www.bittersweetfarms.org/.

② Maslow A H, Mintz N L. Effects of esthetic surroundings : I. Initial effects of three esthetic conditions upon perceiving "energy" and "well-being" in faces [J]. The Journal of Psychology, 1956, 41（2）：247-254.

"M.A.P.S." 金字塔培训法虽然针对的是自闭症患者，但智力和精神障碍者的空间需求，源于其生理和心理需求，其需求层次与健全人是一致的。^①不能认为有了智力障碍，他们就会在需求上缺失什么，或者说，在需求层次上有所局限。"M.A.P.S." 训练金字塔及其顶层"意义和动机"的设置，以及"M.A.P.S." 训练的有效性，为此提供了相当正面的证明。本书也正是在这个意义上，提出了"空间需求金字塔"模型。

"空间需求金字塔"分五个层次，从下而上依次为空间的结构和支持、空间的可预测性、空间的可标记性、空间的可操控性、空间的意义和动力（图5-3-5 ）。

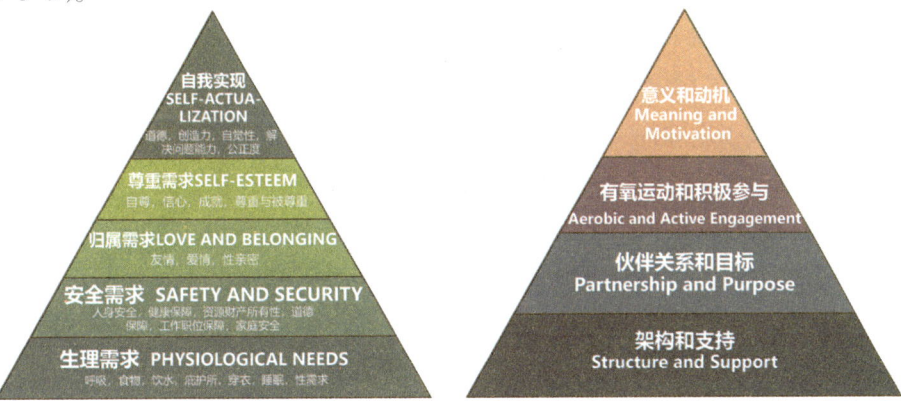

图 5-3-3 M.A.P.S. 金字塔培训法
图片来源：作者自绘

图 5-3-4 马斯洛需求金字塔
图片来源：作者自绘

图 5-3-5
空间需求金字塔
图片来源：作者
自绘

---

① Killeen JP, Evans GW, Danko S. The role of permanent student artwork in students' sense of ownership in an elementary school [J]. Environment and Behavior, 2003, 35（2）: 250-263.

最底层是"空间的结构和支持"，包含了空间的大小、高低、旷奥，以及水、电、暖等，与需求金字塔底层"生理需求"一致，也和"M.A.P.S."训练金字塔底层"架构和支持"一致；第二层"空间的可预测性"回应前文所引"前景庇护理论"中对安全感的要求，与需求层次理论第二层的"安全需求"对位；第三层"空间的可标记性"对应于"社交需求"，反映的是智力和精神障碍者社会交往和归属感的需要；第四层"空间的可操控性"对应于"尊重需求"，反映的是智力和精神障碍者对空间的把握度和成就感；顶层"空间的意义和动力"对应于"自我实现需求"，关注智力和精神障碍者在精神维度上，通过交往实现的自我认同。

"空间需求金字塔"将成年智力和精神障碍者的生理和心理需求转译为空间需求，将安全感、归属感、成就感和意义的概念空间化，并明确了它们的层次关系。该模型关于空间的"预测""标记"和"操控"等，都有明确的目标和路径，因此，为成年智力和精神障碍者的空间设计提供了逻辑清晰、层次分明、易于理解并具有可操作性的理论依据。马斯洛需求层次理论，透过"空间需求金字塔"，为设计者与智力和精神障碍者建立起了共情的平台和理解的基础。

四、设计策略：空间需求金字塔背后的人性

空间需求金字塔的五个层次中，底层"空间的结构和支持"与顶层"空间的意义和动力"一实一虚，实者不言而喻，虚者水到渠成。而中间三个层次需求所对应的判断和选择，会有更多的操作和讨论的空间（图5-3-6）。

空间的可预测性符合安全需要，由此衍生的设计策略，包括空间的流动和开放，也包括边界的透明，再推而广之，还包括构成要素的重复以及由重复带来的易读性，还包括色彩的暗示和引导，等等。其实，即使那些单纯为了安全而设计的设施，比如围栏、扶手、呼叫按钮等，对空间的可预测性同样有贡献。这些设施保证了发生在空间中的活动有明确界限，或者预设了提供帮助的可能，这些都会给安全性提供正向预期（表5-3-1）。

在此之上，是空间的可标记性以及与此相关的社交需求。可标记性包含有两个相关联的目标：一个是可识别性，一个是趣味性。[1] 与前述策略相比，

---

[1] Killeen JP, Evans GW, Danko S. The role of permanent student artwork in students' sense of ownership in an elementary school [J]. Environment and Behavior, 2003, 35（2）: 250-263.

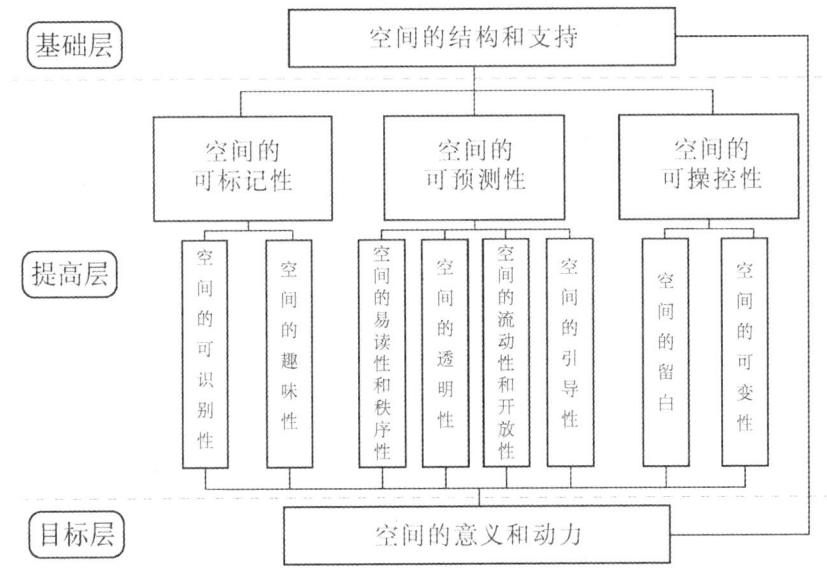

图 5-3-6　基于空间需求金字塔的设计策略关系图
图片来源：作者自绘

实现识别和有趣的手段，更加富有弹性。某个特殊的形状、某种易辨的色彩、某个特殊的拐角，甚至某种气味或一幅画……都有可能是识别和趣味的起点。归属感产生于可识别性，交往依赖于可识别性，而趣味性则在其中起了催化剂的作用（表 5-3-2）。

　　再之上，是空间的可操控性。[①] 健全者由于认识能力和行动能力更强，所以其尊重需求并不依赖于对空间的过度操控。这一点是智力和精神障碍者与健全者对空间要求最不同之处，也是最容易被忽视的环节。一般思维往往会倾向于为智力和精神障碍者安排好一切，提供傻瓜式的使用指南，解决所有空间问题。事实上，换一个角度思考就不难理解：留点问题给人自己解决，比帮他安排好一切，是更大的尊重。同样也不难理解，能为我所操控的空间，也能够提供更多的安全感。实现可操控性的策略其实很简单：留白、适当的未完成，以及适度的可变性（表 5-3-3）。

---

① De Charms R. Personal causation : The internal affective determinants of behavior [M].
　　Routledge, 2013.

表 5-3-1　空间的可预测性要素及其设计策略
（表格来源：作者根据资料整理）

空间的可预测性要素	设计策略
空间的易读性和秩序性	①通过建筑元素（如天花板的高度、地板深度、地面铺装的变化等）将空间区分开来。 ②制造明确的空间节点，创造有秩序的空间组合方式。 ③精心配置室内的家具、装饰品和设备，避免其纹理过于杂乱。
空间的透明性	在空间中提供一定的透明度（如设置磨砂玻璃、玻璃砖、格栅、矮隔墙等隔断），使智力和精神障碍者可以从一个空间观察到另一个空间，增加了他们行动的独立性。
空间的流动性和开放性	①提供适量的开放空间，如设置开放式厨房和中央厨台，使不同空间中的活动可以被相互看见。 ②加强空间之间的联系，功能上有联系的区域不必分隔开来。
空间的引导性	①空间中永久存在的设施（如柱子、拱门、花园等）对于智力和精神障碍者完全是可预测的，对他们有良好的引导作用。 ②通过策略性地设计墙壁，强调墙体在规模、比例、纹理、颜色上的多样性，可以引导或鼓励空间参与。

表 5-3-2　空间的可标记性要素及其设计策略
（表格来源：作者根据资料整理）

空间的可标记性要素	设计策略
空间的可识别性	①在空间中设置一些"记忆点"（如特殊的形状、色彩等），可以触发智力和精神障碍者的记忆，帮助他们寻路。 ②在"第二领域"（如学习空间、运动场所等）中，给智力和精神障碍者标记空间的机会，比如给他们提供一个储物柜或小隔间。
空间的趣味性	①设置模块化的、重复的单元，给智力和精神障碍者个性化设计空间的机会，增强空间趣味性的同时也是一种表达自我认同的训练。 ②通过改变室内装饰的风格，创造个性化的空间，增强空间的趣味性。

表 5-3-3　空间的可操控性要素及其设计策略
（表格来源：作者根据资料整理）

空间的可操控性要素	设计策略
空间的留白	在空间中提供一些"可生长"的元素（如知识树、展示墙等），给空间一定程度上的"未完成"，在使用的过程中由智力和精神障碍者逐步丰富这些元素。
空间的可变性	①空间之间设置可移动的隔断，每个空间既可以独立使用也可以组合成大空间使用。 ②采用可变的家具（如拼接式的座椅、展示架和舞台等），可以调动智力和精神障碍者的行为，同时也提供了一种对环境的控制感。

所以说，对应于不同层次需求的策略并不是孤立的。以底层满足生理需求的架构为例：智力和精神障碍者由于多有伴生疾病，有特殊的空间需求，就是尽可能多提供软性地面，以便随时随地救援。这样的软性地面，可以是突发情况的安全保护措施，也可以是空间的标识因素（表5-3-4）。再比如，透明性符合安全需要，但可预测的空间同时还大大增加了智力和精神障碍者行动的独立性，而行动的独立性，恰恰是他们融入公共生活、互相交往产生信任的关键。另外，有研究表明，成年智力和精神障碍者多肥胖，[①] 为实现空间可操控性准备的策略，同时也可以调动他们进行更多的活动，提高他们的身心健康水平，改善生活质量。因此策略是多元的，策略的结果指向，也是多元的。

表5-3-4　智力和精神障碍者生理需求的特殊性与特殊空间需求
（表格来源：作者根据资料整理）

生理需求的特殊性	对应特殊空间需求
多伴生疾病，易倒地	需要软性地面以便随时救援。
肥胖率高	需要设计室内外活动场地，同时设置一些鼓励他们活动的装置（如可拼接的家具），调动他们的行为。
生活自理能力弱	设置生活培训空间（如厨房、卧室等）。
对开敞空间的需要	保证空间的可预测性，并在其中加入一定的透明性。
不恰当的行为可能带来伤害	通过空间来引导行为，如不同高度的厨台引导他们直起腰来。

这里，还有两个要点理应被关注。过往为智力和精神障碍者设计的空间形象，往往存在低龄化的倾向。这与特教空间更多被研究有关，也与人们矮化智力和精神障碍者的偏见有关。成年智力和精神障碍者的空间需求，也应随其年龄增长而成人化，这是他们至关重要的成长。另外，为成年智障者设计的空间，还要注意"去特殊化"。一个与现实成人世界更接近的专属空间，更容易帮助他们适应外部世界。这是尊重的需要，也是回归的必然。

---

① Hsieh K, Rimmer J H, Heller T. Obesity and associated factors in adults with intellectual disability [J]. Journal of Intellectual Disability Research, 2014, 58（9）: 851-863.

五、弯湾实践：一次用户参与式的设计

弯湾托管中心提供日间照料、日常活动、职业培训和支持性就业服务等。本次改扩建主要是其活动与培训空间。部分照料空间和就业场所（洗车行、小超市等）在不远处。使用面积 1000 平方米，共两层，预计容纳成年智力和精神障碍者计 36 人。因为经费和场地由当地残联赞助，所以残联要求改建完成后与其他残障人士共享。这其实有利于推动智力和精神障碍者融入社会。不同类型残障者之间的交流，也是社会融入的一部分。"空间金字塔"的设计策略既从弯湾设计实践的众多具体做法中获得启发，又反过来指导了本次项目（表 5-3-5）。

表 5-3-5　空间金字塔各层策略与弯湾项目具体做法对应表
（表格来源：作者整理）

空间金字塔各层策略	空间金字塔各层策略的要素	弯湾改扩建项目的具体做法
空间的结构和支持	—	—
空间的可预测性	空间的易读性和秩序性	空间划分明确，以木色为基调，井然有序。
	空间的透明性	采用玻璃、格栅、矮隔断和玻璃砖等透明和半透明界面。
	空间的流动性和开放性	底层空间开敞，与周边空间相互渗透；不同空间的活动可以被相互看见。
	空间的引导性	天花上的导光板、地面上的五彩跑道和被设计成光带的楼梯扶手有引导作用，三个不同高度的厨台引导学员的行为。
空间的可标记性	空间的可识别性	被放大的房间名称、特殊空间（钢琴、飘窗）周围彩色的橡塑海绵、学员的作品墙等提供了空间的可识别性。
	空间的趣味性	提供空间"角落"和作品墙、"知识树"以及被设计成书架的楼梯护栏增加了空间的趣味性。
空间的可操控性	空间的留白	空间中"可生长"的元素（如知识树、展示墙等），供学员自由发挥。
	空间的可变性	房间之间的活动隔断、可拆卸魔方舞台。
空间的意义和动力	—	—

弯湾托管中心的管理团队和"学员"，是设计的重要参与者。设计团队通过走访、沉浸式体验、座谈会、讨论会等形式，多批次、多角度深入现场，与各方互动。尤其是驻场体验，获得了一手资料和直观感受。"学员们"的热

情和互动愿望，给设计团队留下了深刻印象，他们触目可见的困难，也给设计者们以更大的推动。

　　整体流动和开放的空间结构，是在弯湾团队的坚持下实现的。他们非常了解"学员们"的需求和感受，多次强调割裂和郁闭空间的负面影响。设计者数易其稿时，习惯性地试图在开放的基础上，建立段落性的空间单元。在不断互动的过程中，设计者发现，老师们对空间流动性的要求，远远超过预期。不同阶段的草图，空间朝着流动和开放不断推进。局部的分割，最后也选择了玻璃、格栅、矮隔断和玻璃砖等透明和半透明界面（图5-3-7、图5-3-8）。尽管弯湾团队并没有提出空间的可预测性这个概念，但他们所提的要求，与之完全一致。

图 5-3-7　玻璃砖隔断
图片来源：无障碍设计研究所

图 5-3-8　格栅隔断
图片来源：无障碍设计研究所

交流过程中，弯湾团队特别强调，不同组别的活动非常需要相互被看见，尽管避免相互干扰也是必需的，但显然，互动需要的位置更靠前。因此，一架钢琴被设在底层空间中心位置，让所有人都能听见并看见弹琴的那个"学员"（图 5-3-9）。同时，适度的空间"角落"和明确的标记，也在讨论过程中反复被提及，空间的可标记性和归属感，同样是弯湾团队非常关心的主题。他们尤其强调色彩的作用，也一再提出，"学员们"的作品，可以用来作为空间和场所标记的元素（图 5-3-10）。设计也正是在这个思维的引导下，通过不同而醒目的色彩，区分了不同的功能区。一条拷贝奥运五环颜色的跑道，被印刻在室内外地面上，五种颜色分别引向五种不同区域（图 5-3-11、图 5-3-12）。不过，设计在具体的色彩选择和分布上，坚持了自己的主张，同时，也刻意改变了原有弯湾托管中心把学生作品贴得琳琅满目的状况。拒绝低龄化，拒绝过分跳跃的色彩和拥挤的符号信息，既是避免注意力分散的需要，更是让"学员们"尽快习惯日常环境，从"学校"这个刻板的形象中跳出来，为他们融入社会做出潜移默化的努力。

另一个策略要点也是调研之前没有想到的：尽可能多的活动隔断和活动家具设施。不同的培训功能之间的活动隔断（图 5-3-13），可拆卸魔方舞台等（图 5-3-14），都深受弯湾团队的欢迎，他们试图通过安排更多体力活动，消耗"学员们"的精力；学员们也因为能够更多参与环境，所以更容易接受环境，成为空间的主人。可操控性的空间是融在骨子里的诉求，尊重因此显而易见。

在细节上还有许多策略。天花板上设置的导光板，在将光线引入空间深处的同时，也起到了引导作用（图 5-3-15）。设计有意将房间名称放大，既是提示，也是装饰（图 5-3-16）。厨台，包括低位厨台，在无障碍设计中比较常见，而在弯湾厨房中，厨台设计有三个高度。智力障碍者在行动中有个特点：非常容易被"锁定"在同一姿态中，一旦俯身洗菜，他们会一直以俯身的姿态完成全部后续动作，"忘记"直起腰来。三个不同高度的厨台，引导他们在低腰、欠身和直立之间自然过渡，避免肌肉劳损（图 5-3-17）。此外，无障碍设计"逢棱必圆、逢台必坡"的做法，也被落实到空间各处。为保护智力和精神障碍者特别设计的随处可见的软垫，也和遍布各个角落的多个壁龛合为一体，这都符合创造安全感和领域感的需要。设计还始终注重在细节

图 5-3-9 底层空间中心的钢琴
图片来源：无障碍设计研究所

图 5-3-10 学员作品展示墙
图片来源：无障碍设计研究所

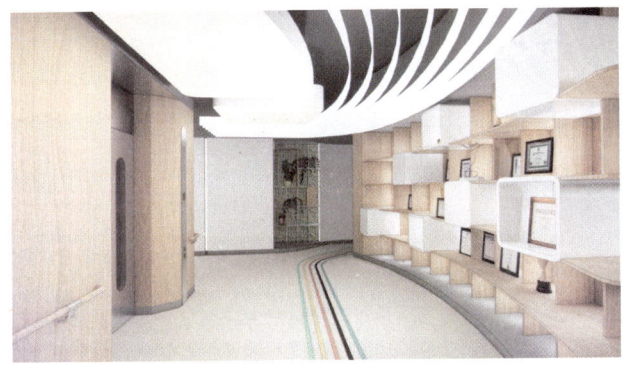

图 5-3-11 室内的五彩跑道
图片来源：无障碍设计研究所

图 5-3-12 室外的五彩跑道
图片来源：无障碍设计研究所

图 5-3-13　不同培训功能之间的活动隔断
图片来源：无障碍设计研究所

图 5-3-14　可拆卸魔方舞台
图片来源：无障碍设计研究所

图 5-3-15　天花板上的导光板
图片来源：无障碍设计研究所

图 5-3-16　有意放大的房间名称
图片来源：无障碍设计研究所

中体现对残障人士的尊重。比如楼梯护栏，弯湾团队提出常规高度的护栏不能满足安全需要，必须要做全封闭的格栅。设计特地把到顶的护栏设计成为书架，以避免"牢笼"的禁锢感，提供更友好的空间体验（图 5-3-18）。将楼梯的双层扶手，设计成为具有引导性的光带，减少为残障人士特殊设计的暗示（图 5-3-19）。大厅中央的结构柱，被设计成为一棵螺旋上升的"知识树"，既起到警示提醒作用，也更美观、融合（图 5-3-20）。这样的细节随处可见，俯拾即是。

图 5-3-17　三个不同高度的厨台
图片来源：无障碍设计研究所

图 5-3-18　被设计成书架的楼梯护栏
图片来源：无障碍设计研究所

图 5-3-19　被设计为光带的双层扶手
图片来源：无障碍设计研究所

图 5-3-20　被设计为"知识树"的
结构柱
图片来源：无障碍设计研究所

六、小结：一个都不能少

弯湾托管中心团队在实践中提出了他们的理念："生活即教育，活动即康复，自信即就业。"托管中心的改扩建，将这一理念延伸到环境营造中，通过充分互动的设计过程，转化为切合实际的策略。

设计比较完整地梳理了智力和精神障碍者的空间需求，借以树立合理的设计目标，并找到相应的设计策略，这条逻辑线索清晰、有效，富有启发性。"全面建成小康社会，残疾人一个都不能少"，这其中理所当然地要包括智力和精神障碍者。如何为他们，特别是在他们会遇到比较多困难的成年时期，提供更多帮助，是全社会的责任；而了解他们的空间需求，营造友好的空间环境，则是建筑师义不容辞的义务。弯湾托管中心的改扩建是一次有益的尝试，而在设计中总结提出的"空间需求金字塔"模型，还有更多拓展空间，值得进一步研究，并通过更多的实践予以认证。

第四节 无障碍设计导则体系的编制

一、2022年第4届亚（残）运会无障碍设计专项审查

（一）亚（残）运会场馆无障碍设计专项审查

在 2022 年，选定的 19 个亚残运会竞赛场馆和 1 个亚残运会开闭幕式场馆不但要服务亚残运会各大竞赛项目和相关仪式，其中大部分还将服务亚运会，因此承担着多重的职能，其无障碍环境建设有重大的意义。在场馆的无障碍专项设计和改造中，亚组委邀请无障碍设计研究所对各场馆的图纸进行无障碍设计专项审查，全面检查其无障碍设计的系统性、合理性和准确性。图审虽然不是导则编制，但却是参与《2022 年第 4 届亚残运会竞赛、训练场馆无障碍建设要求》和主持《杭州市无障碍环境融合设计指南》这两项工作的延续，所以也将其放入导则体系的编制。

1. 重难点分析

第一，场馆体量大、内部流线种类多。19 个亚残运会竞赛场馆和 1 个亚残运会开闭幕式场馆体量大，内部设施种类多，从进场安检，到比赛观赛，到运行支持等。此外，人员类型和相应的流线种类也多，包括但不限于运动员、观众、贵宾、技术官员、媒体等。这就要求在进行无障碍图纸审查时，既有全局观，把握总体场馆特点和功能，又能分类分析，根据比赛阶段的不同和人员流线的不同，对场馆无障碍设计进行梳理。

第二，场馆建设情况较为复杂。这些场馆既有新建也有改建。相对来说，新建项目情况相对较好，比较多的项目在前期设计中已经相对周全地考虑了无障碍使用需求，即使有所欠缺，也有空间进行完善。改造项目则限制较多，无障碍设计往往更不完善，空间更为局促，尤其是像杭州体育馆这样 20 世纪 60 年代的老建筑，问题相对来说更大。因此，就需要无障碍图纸审查

既能严格把关，仔细审查、复核图纸和现场的问题，也要有一定灵活性。对改建项目，在确保满足总体无障碍使用的前提下，对部分区域和设施有所放宽，且提出合理的解决方案。

第三，不同比赛类型以及不同残障类型。亚残运会大项目包括肢体残疾和视力残疾两类，小项目中还可能有智力残疾和听力残疾。不同类型、不同项目的比赛场馆，对无障碍建设有不同的要求。因此，在审查过程中，应兼顾一般与特殊，既要从国家标准《无障碍设计规范》出发，审查总体的无障碍设计，又应结合项目类型，以及亚组委对不同残运会竞技项目的具体要求进行特殊审查。

第四，与亚运会存在转换需求。部分场馆先举办亚运会，再举办亚残运会，两大赛事之间时间间隔短，但有大量的无障碍设施需在这个时间内完成转换。因此，审查过程中，应仔细审查转换方案的可行性，包括转换量的大小、转换所需时间的长短等。

第五，存在赛后再利用问题。亚残运会期间，场馆内将有大量残障人士集聚，因此，设施的数量、通道的宽度往往需要放大。赛后，无障碍使用需求将继续存在，但量会大大减少。因此，无障碍设计不能一味过高过严。相应的，图纸审查也应兼顾到这一特点，在审查中应关注永久设施和临时设施的比例、改造的可能性和投入量等问题。

2. 应对原则

应对上述重难点，提出几点应对原则：系统、规范、精确、灵活。

系统。所有项目，都要求提供运动员、贵宾、观众、媒体从场地入口至建筑内部的四种无障碍路线，无障碍路线须串联室内外各种无障碍设施，包括无障碍车位、无障碍落客区、无障碍安检通道、无障碍出入口、无障碍楼电梯、无障碍休息区、无障碍座席、无障碍卫生间等。审查过程中，重点关注路线是否通畅、便捷，是否已经能够串联所有需要的空间与设施，是否有多余部分可以删除。

规范。除了《无障碍设计规范》，本次审查的重要依据还包括亚组委发布的《2022 年第 4 届亚残运会竞赛场馆无障碍建设指导意见》（以下简称《意见》）。《意见》对不同项目的比赛场馆提出了许多特定的无障碍设计要求，如盲人门球馆的运动员通道应设置行进盲道，射击场馆每个轮椅运动员射击区应设置不小于 1.5 米 × 1.5 米的轮椅回转空间，轮椅篮球馆竞赛轮椅存放区和生活轮椅置换区门净宽应 ≥ 1.2 米。不同项目类型的特殊要求，审查中都要求图纸要严格执行。

精确。第一轮审查后发现，无障碍问题的高发区——无障碍卫生间——产生错误主要源于直接引用图集。虽然图集本身是对的，但是在具体项目中，卫生间尺寸的改变，门窗位置的改变，都会让图集内原本正确的图在图纸上就变错。因此，为了提高精确性，审查要求所有无障碍卫生间、厕位不可引用图集，必须画出平立面详图，精确定位洁具的位置，抓杆的位置、长度和高度，呼叫按钮的位置和高度等。

灵活。考虑到赛后，残障运动员和观众的比例降低，无障碍设施的使用率也会降低，因此允许部分设施以临时措施来替代。如赛时可租用成品无障碍卫生间、搭建临时轮椅坡道、设置临时无障碍座席等。

3. 审查步骤

根据对重难点的分析和应对方式的归纳，无障碍设计专项审查是按照以下步骤展开的。

第一，依据性文件审查。检查设计文件是否采纳杭州市内通行的、满足国际赛事标准、适应特定竞技项目的依据性文件。

第二，路线审查。检查设计文件是否合理规划了从室外到室内，包含运动员、观众、贵宾、媒体等不同群体的无障碍路线，该路线是否连续、系统，是否能串联所有将会使用到的无障碍设施。

第三，永久和临时无障碍设施审查。审查包括盲道、无障碍出入口、轮椅坡道、无障碍通道和门、无障碍楼梯及台阶、无障碍电梯与升降平台、公共厕所与无障碍厕所、无障碍机动车停车位、无障碍上下车平台、无障碍标识在内的各类设施的设计是否满足国家规范和亚组委相关标准。对于临时设施，将同时审查其灵活性、改造难度和是否有安全隐患。

第四，转换方案和赛后利用审查。审查设计文件是否制定了合理的转换方案，是否可以有效服务于赛后利用，包括转换和改造的工作量、难度和周期等内容。

4. 成效

所有场馆都需要经过两次图审。经过第一轮图审意见的修改，各场馆在第二轮审查中提供的图纸质量较第一轮有显著提高。完善的图纸是工程建设的基础，无障碍设计专项审查，可以更好地为各国代表团提供无障碍的竞技环境，为所有人群提供更加便利的观赛环境。

二、杭州市无障碍环境融合设计指南与丽水市无障碍融合设计导则

（一）主要内容

杭州《指南》共包含十一章，分为总则、术语、基本规定、无障碍环境融合设计要求、城市道路、城市广场、城市绿地、公共建筑、居住社区和居住建筑、工业建筑、村镇社区，以及附录 A 无障碍设计专篇（房建类）、附录 B 无障碍设计专篇（市政类）、附录 C 无障碍设计审查要点（房建类）、附录 D 无障碍设计审查要点（市政类）、附录 E 公共建筑信息无障碍设计要求。

丽水《导则》共包含十一章，分别为总则、术语、基本规定、城市道路、城市广场、城市绿地、公共建筑、居住社区和居住建筑、村镇社区、无障碍设施要求和信息无障碍要求。吕世明副主席非常关心导则的编制工作，组织专家对丽水《导则》进行了评审，建议按宏观、中观到微观的顺序组织内容，将"无障碍设施要求"放在城市各类空间之后。下面，以丽水《导则》为例，介绍各项内容。

1. 总则

总则将无障碍环境建设的意义进行了扩大和提高，提出要推进无障碍环境建设的全龄化、复合度和连续性。全龄化，是为了让无障碍环境适合所有人群，复合度是为了促进无障碍设施与环境的融合，连续性则是为了提高无障碍建设的系统性，只有串联成无障碍的闭环，才能真正发挥无障碍设施的效用。此外，总则提出设计应与城市设计、场地设计、建筑设计、室内设计、标识设计和器物设计相结合，形成一体化融合设计。在丽水的无障碍环境建设过程中，除了减存量，未来最主要的工作是控增量。在规划和设计阶段，就融合无障碍的思想进行人性化的考虑，不但可以避免障碍问题的产生，还可以以更加美观、更加方便的做法满足无障碍使用需求，最终省去大量的后期改造投入。

2. 术语

术语部分，没有赘述规范已有的名词，而是提出了许多新的概念。个别

术语虽然和规范中相同，但是具体解释已经涵盖了更全面的内容。

2.1.2 提出了"无障碍融合设计"的概念。"融合"这一理念，是无障碍设计研究所做无障碍设计一直遵循的，也是希望推广的理念。无障碍设计不是补丁式的添加，而是与总体设计密切联系的一个部分。通过融合，无障碍设施不再是特殊存在的，不是简单机械加一堆拉杆扶手，而是可以和环境高度融合的。

2.1.3 提出了无障碍专项设计，类似于消防专篇和绿建专篇，虽然增加了建筑师的工作量，但效果是明显的。这一点从无障碍设计研究所给亚残运会场馆做无障碍设计专项审查时已经可以明显体现，通过要求设计单位从宏观的路线规划到微观的详图节点进行体系化的思考，各场馆的无障碍设计得到了明显优化。

2.1.5 的无障碍路线也是导则中一个很重要的概念。通过调研发现，无障碍建设一个很大问题是设施的不连续，比如经常看到的上坡道之前要先上台阶，通往无障碍厕所的通道障碍重重。因此，只有形成一个无障碍通行的闭环，才能让无障碍设施真的能用得上。此外，无障碍路线规划也可以降低建设投入。在一个项目中，设计一条或几条无障碍路线，确保残障人士可以到达需要使用的所有功能空间即可，其余部分，并不一定要配置无障碍设施。

2.1.9 的政务公众服务场所，是在一般的办公建筑之外，根据建筑设计资料集提出来的概念。主要是应对当前政务改革、最多跑一次的理念，将政务办公建筑中的公众服务场所的无障碍建设要求适当提高，更加便于群众办事。

2.1.10 的无障碍卫生间、2.1.12 的母婴室，虽然在《无障碍设计》规范里已经出现，但是导则进行了重新定义。无障碍卫生间在规范基础上，更加明确说明了内部应包含的设施；母婴室在服务对象上进一步包含了孕期妇女以及带有婴幼儿的其他护理者。

3. 基本规定

这一部分，通过理念和模式的总括、与规划的衔接、安全性和人性化考虑，将总则术语和后续章节的具体设计要求进行了有效衔接。

4. 不同空间的无障碍设计要求

城市道路，城市广场，公共建筑，居住社区、居住建筑，村镇社区五章，是对具体的空间的无障碍设计要求。导则补充了许多描述性的做法，将《无障碍设计规范》中的一些抽象规定进行了细化和具体化；导则也补充了新的空间类型，如城市道路中的城市绿道（图 5-4-1），城市绿地中的区域绿地（图 5-4-2）、公共建筑中的交通枢纽（图 5-4-3）、政务工程公众服务场所（图 5-4-4），以及从丽水特点出发的浮码头（图5-4-5）、村镇社区（图5-4-6）等。

图 5-4-1　城市绿道无障碍设计实例图
图片来源：《秀山丽水大花园主题摄影大赛获奖作品集》

图 5-4-2　区域绿地无障碍设计实例图
图片来源：《秀山丽水大花园主题摄影大赛获奖作品集》

图 5-4-3　交通枢纽平坡入口实例图
图片来源：作者自摄

图 5-4-4　政务办公服务场所低位服务台设计实例图
图片来源：作者自摄

图 5-4-5 浮码头无障碍设计实例图
图片来源：作者自摄

图 5-4-6 村镇道路设计实例图
图片来源：作者自摄

5.无障碍设施要求

借鉴《深圳无障碍设计标准》，将《无障碍设计规范》的 16 种要素归纳为四种设施类型，即通行类设施、功能类设施、导识类设施和其他类设施。此外，在 16 个要素外，增加了新的具体设施，如通行类设施里除了缘石坡道、盲道等，还增加了自动扶梯、自动人行道；功能类设施除了无障碍卫生间、无障碍厕位等，还增加了母婴室、更衣设施；导识类设施除了最基础的视觉标识，增加了触觉标识、听觉标识、感应标识、交互标识；其他类设施除了扶手、低位服务设施等，还增加了无障碍工作台、无障碍上 / 落客区、无障碍机动轮椅车车位。

6.信息无障碍

在上述几章中，导则已经在标识规划系统中响应了信息无障碍的要求。在信息无障碍专门的章节中，导则主要应对视障和听障人士提出了相应的技术措施，同时也兼顾到了老年人、肢体残障人士的特定需求。

（二）主要特点

1.突出系统性

杭州《指南》和丽水《导则》提出了无障碍路线这一新的术语，并且在每一章节进行强调，在一般规定中规定要进行"无障碍路线规划"，最大程度上确保无障碍设计的系统性和无障碍设施的利用效率。

2.充分反映地方特色

杭州《指南》结合杭州市"天堂"与"硅谷"的城市特点，打造"全龄化、复合度、连续性"的无障碍环境。结合杭州市在信息化、智慧化方面的发展成就，以较大篇幅对信息无障碍设计与建设提出了要求，进一步做出杭州亮点。结合杭州市各项最新举措，完善《指南》内容，新增"政务公众服务场所"章节响应"最多跑一次"政务改革，新增母婴室、无障碍机动轮椅车车位等要素，响应文明城市建设要求。

丽水《导则》通过实地调研和大数据分析，绘制丽水市残疾人分布图（图 5-4-7、图 5-4-8），进而确定无障碍设施分布的点位、密度、类别，并设置针对性条文。借鉴丽水在无障碍环境建设中取得的成果和总结的经验教训，对现行国家相关标准中滞后、不够落地的内容进行针对性优化和具体化，并进行图示化说明。结合实地调研，增加了包括浮码头、村镇社区等丽水特有空间的无障碍设计要求，增加了城市绿地的篇幅，更好呈现"秀"山"丽"水的风貌。

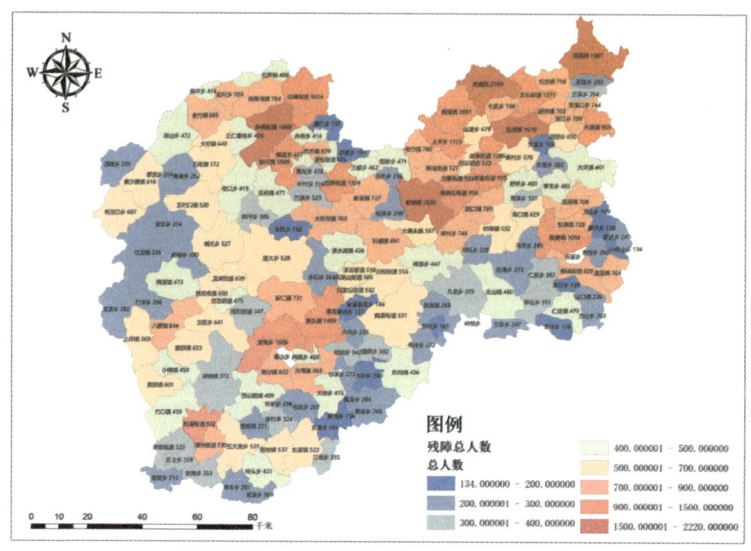

图 5-4-7　丽水市各街道乡镇残障人士总人数分布图
图片来源：无障碍设计研究所绘制

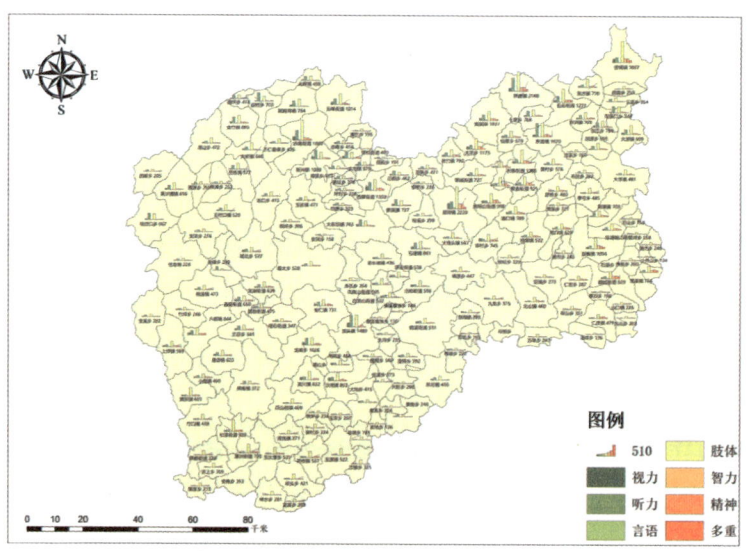

图 5-4-8　丽水市各街道乡镇残障人士不同残障类型比例图
图片来源：无障碍设计研究所绘制

3. 与现行标准规范有效衔接

《无障碍设计规范》中提及了不少要求，但是因缺少具体的描述，所以执行起来具有难度。通过翻阅大量条文，包括《城市道路工程设计规范》CJJ 37-2012（2016 年版）、《村镇（街道）居家养老服务中心服务与管理规范》DB3311/T 129—2020、《民用建筑设计统一标准》GB 50352-2019、《标志用公共信息图形符号 第九部分:无障碍设施符号》GB/T 10001.9-2021 等标准规范，摘录和无障碍设计有关条文，使内容更加充实、具体。如引用了《标志用公共信息图形符号 第九部分：无障碍设施符号》GB/T 10001.9-2021 中关于图形符号的具体设置要求 "图形符号应首先使用实心图形，必要时可使用轮廓线；图形符号的线宽不应小于 2.0mm，线条之间的距离不应小于 1.5mm ；图形符号中最小符号要素的尺寸不应小于 3.5mm×2.5mm"。导则使用者无须另外查找资料，即可参照执行，增加了导则的可操作性。

4. 紧扣无障碍设计新标准与新趋势

《无障碍通用规范》即将实施，导则内部分条文已经引用了新规范的标准，使标准更加合理。如容膝空间和无障碍厕位的尺寸要求，都引用了最新的规范。

5. 图文并茂

充分考虑使用者的多样性，在文字内容之外还增加了图示说明，既有平、立、剖等工程技术图纸（图 5-4-9），也有三维模型导出图（图 5-4-10）、

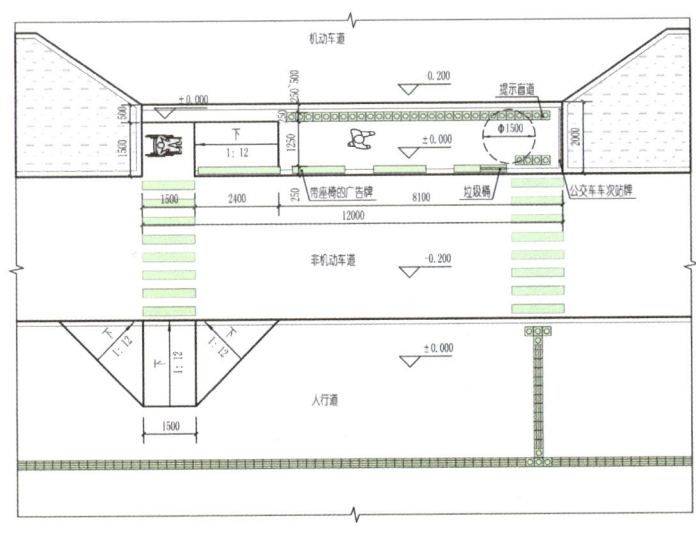

图 5-4-9　平面图
图片来源：无障碍设计研究所绘制

设计效果图（图5-4-11）、实景图（图5-4-12）等，文字与图的篇幅比例接近1:2。这些图纸令使用者可以一目了然，便于政府工作人员、施工人员、普通大众等各类人群使用。

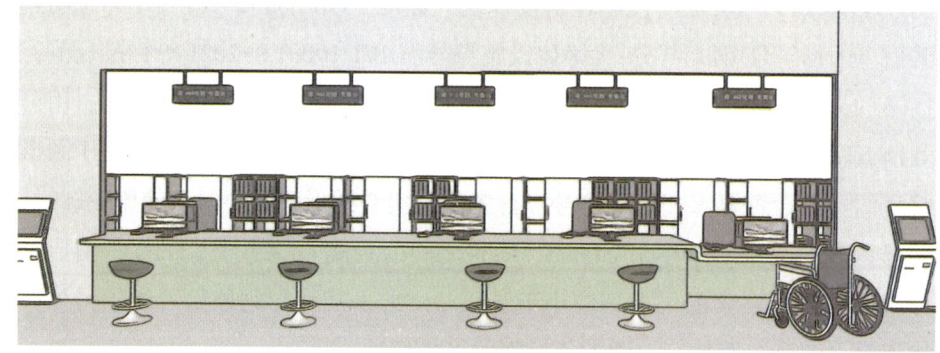

图 5-4-10　模型导出图
图片来源：无障碍设计研究所绘制

图 5-4-11　设计效果图
图片来源：无障碍设计研究所绘制

图 5-4-12　实景图
图片来源：浙江大学建筑设计研究院

第六章

融合设计的前景展望

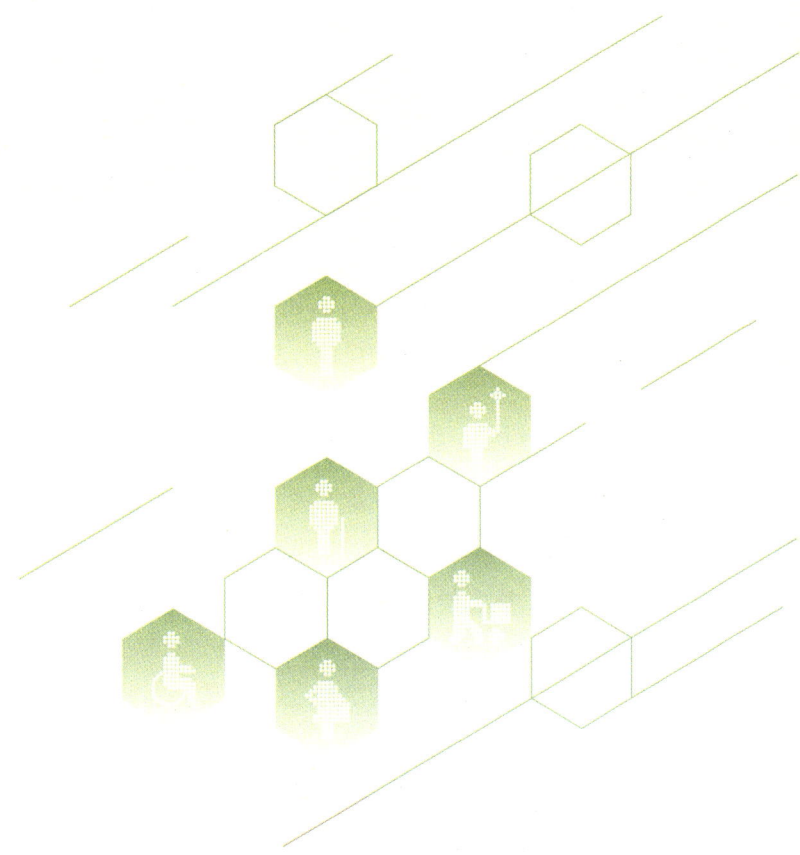

从文明伊始阶段的简单工具制造，到古代社会的书院、宫殿、住宅、园林等建筑和拱券、飞扶壁、斗拱等结构构件，再到近现代社会的多种建筑、景观和室内、产品设计，融合设计的实践延续了整个人类文明，融合设计的思想也历久弥新。

以人为终极目的，秉承简洁性、隐藏性、包容性、灵活性、地域性和可持续性六大原则，遵循物物融合、物网融合、物美融合和文化融合四种模式，依托使用者体验、人体工程、人机交互等跨学科工具，有机应用各种设计手法，融合设计希望呈现符合人的直觉和习惯、能够激发人类进步的作品。

第一节　环境设计

大同理念下的融合设计，讲究求同存异，和而不同，和谐共生。在操作上，以具有极大灵活性的设计，包容使用者的不同。

一、全龄社区，宜居环境

近年，"全龄社区"越来越火热，相关论文在不断增加，许多房地产开发项目也以此为卖点。但略作深究，就会发现，当前的"全龄社区"往往和"适老住区"概念挂钩，对"全龄社区"的研究主体，往往是房地产开发商。在知网、维普、万方上搜索"全龄社区"，显示出的期刊、论文基本是来自养老体系的，如吴聘奇的《本期聚焦：老龄化背景下的社区规划与重构——积极老龄化背景下中国全龄化社区规划重构研究》、刘凌雯沈丽君吕晓的《"全龄化"养老社区规划布局探索》、陈建为主编的《万科全龄社区养老模式研究》等，研究视角过于单一。

就像无障碍建设是为了所有人，融合设计理念下的全龄社区，也不仅仅服务于老年人的养老开发项目，而是能够让不同年龄段的人都能各得其所的宜居环境。通过营建全龄融合的智慧化社区，将城市打造为身心健康、幸福的"栖息地"。

（一）功能融合

全龄社区应为社区居民和家庭在不同的成长阶段，提供各种类型的居住产品和其他城市区域功能需求，从单身、结婚、有孩子、孩子上学，直到养老等不同阶段、不断升级的物质需求和精神需求都能得到满足。

采用融合设计方法，将不同功能高度集成于尽可能短的交通范围内。将年龄维度（儿童、中青年、老年）、需求维度（工作、休闲、娱乐、医疗、学习、健身等）、设施维度（办公楼、商场、医院、学校、公园、博物馆、公交站点等）三者叠加，整理出适合各年龄段不同需求的功能清单，进行有机整合，并考虑同一空间不同功能转化的可能性。

从人的活动出发，将相关功能就近布置：儿童游乐场和休闲场所相邻，孩子们一起玩耍，老年人可以在看娃的同时又能健身、休息、社交；学习机构和娱乐机构相邻，家长们在等娃下课的时间，自己去放松一番；老年人活动休憩花园和社区主要空间相邻，年轻人一边进行他们自己的活动，一边随时关注老人的安全情况。

（二）环境提升

全龄社区内的环境必然是高品质的。

1.融入自然，注入文化

在城市化水平不断提高、城市不断蔓延的年代，亲近自然成了一种奢侈的愿望；全球化的浪潮也在吞噬城市的特征，磨灭历史的记忆。融合设计希望通过向自然的回归，地域文化的采撷，使鸟语花香和城市印记重新回到社区内。

2.无障碍环境建设

将无障碍设施和环境融合，既消除其差异性，又满足其实用性，形成系统化的无障碍闭环，提升建设水平，使各种人群都能没有压力地享受无障碍环境带来的便利，让残障人士、老年人、儿童、孕妇等，都能感受到方便和友好。

3. 复合的交通体系

以系统思维完善交通组织，占用尽可能少的空间，为步行和非机动车创造安全的通道，为机动车创造便捷通行的路径。老年人散步、学生上学、健身爱好者跑步骑车、上班族通勤……需求虽然不同，但过程都是通达的。

（三）人群融合

融合设计理念下的全龄社区，不仅适合养老，也适合所有年龄段的人。宜人的环境便于所有人休闲、亲近自然；就近就有幼托、学校，以及各类儿童活动场所；便捷多元的交通设计，中青年可以方便到达各工作场所、休闲娱乐场所；社区内融合的购物、活动、医疗设施，让老年人的生活需求在步行范围内就得到满足；最重要的是，融合设计也能促进跨年龄段的集体活动，如各类亲子活动，真正实现幼有所学、壮有所用、老有所养。

二、韧性社区，融合环境

正如前文所说，相对于全社会需求而言，无障碍需求仍属于"小概率"事件，而无障碍设计与设施研发建设则是"大投入"问题。这其实和城市防灾有相似关系，虽然投入巨大，利用可能性小，但城市系统还是要为 50 年一遇，甚至 100 年一遇的灾害预留冗余。因应这一问题，产生了"韧性城市"概念。从宏观上看，韧性城市具有以下几个主要特点：发生灾害的时候，生命财产损失可控，也就是人员伤亡和财产损失小；城市的主要功能不中断或者可以快速恢复；备灾救灾系统完善，而且能够快速启用，灾害不发生链式反应，也就是次生灾害少；灾后恢复的时间和程度能够满足社会的需求，也就是恢复快。"韧性城市"有鲁棒性（Robustness）、可恢复性（Rapidity）、冗余性（Redundancy）、智慧性（Resourcefulness）和适应性（Adaptive）。其实，这五种特性说到底就是要求城市在结构功能上有多样性，即有许多功能不同的组合，并留有一定冗余，相同功能的可替换要素。

同样，解决无障碍环境建设中的"小概率"与"大投入"矛盾，也需要功能上的多样性和冗余度的预留。做到这两点，可以从融合设计的两种模式出发：物物融合、物网融合，进而分摊无障碍建设的成本，扩大建设成果的服务范围。

（一）物物融合的解决方式

上文已经介绍了智能手机和多功能的厨房用具这两种物品设计案例，也介绍了无障碍设计研究所在无障碍社区创建中的两个空间改造案例，都是以物物融合方式，实现以"小投入"解决"大概率"。在未来，融合设计将进一步探索创造性的功能融合方式，将无障碍的需求融入更普遍的需求中。这也是将选择留给使用者，他们可以根据自己的身体情况以及使用偏好，采取不同的使用方式。

（二）物网融合的解决方式

通过可达响应机制与无障碍整体控制体系研究，整合无障碍支持要素，进行智能化体系研发与"小投入"的人工辅助开发，结合完善的无障碍设计与设施，降低无障碍建设成本，提升无障碍服务效率。赋予单一物体或空间以可变性，让它们和使用者以最便利的方式进行信息交互，并且及时调整自己的状态，以满足使用者的需求。

三、未来社区，智慧环境

2019 年，浙江省政府工作报告首次提出"未来社区"，继特色小镇之后的这一概念被视为浙江"十三五"期间最具比较优势、最能带动全局的重大创新举措之一。未来社区注重的是品质生活，未来社区是未来现代化城市的细胞，也是未来城市的缩影，但它又不是城市，相较城市范围较小、便于试点。

根据浙江省发展规划研究院的研究成果，未来社区就是以满足人民美好生活向往为根本目的的人民社区，是围绕社区全生活链服务需求，以人本化、生态化、数字化为价值导向，以未来邻里、教育、健康、创业、建筑、交通、低碳、服务和治理九大场景创新为引领的新型城市功能单元。

从提升住户体验的角度，全面思考社区设施的易用性、易达性、易识别性、安全性等，处处体现以人为本和人性关怀的理念，形成可持续的智慧化服务社区生态圈。

面向未来，融合设计对未来社区建设作如下展望：

以人机交互为前提，研究不同居住阶段的户型需求，整合目前的全生命周期住宅案例，提出建筑户型弹性可变设计策略、相应的建筑户型弹性可变空间模式，以适应全龄段的不同生活状态。

立足浙江省，面向全国，通过研究不同城市的地域、民族或时代特色，构建未来社区建筑风貌体系。

将智能化与地下垂直停车库进行融合，建构适宜的停车空间和顺畅的车主与车库交互方式，便于车主的无感停车和无等待取车。推动停车难问题尽快得到有效解决。

建构绿色交通路网结构体系，通过人机双向信息交互，实时上传和反馈车流信息，形成数据清单。短期，供交通部门优化实时交通组织；长期，可帮助路网结构的优化调整。

分析既有城市的建成环境特征属性，建立包括无障碍设施、适老设施在内的智能化城市设施地图，便于所有人都能享受城市各项设施。

在老旧小区、风景旅游区、历史文化街区等无障碍改造难度较大的地方，运用智能化手段，提供人机无感交互方式，实现各项设施的智能控制。

第二节　产品设计

以为使用者赋能为导向，利用更加人性化的产品，提升残障人士活动能力和认知能力。

一、更人性的交互方式

人机交互未来发展方向，是没有交互的交互，即交互过程不会对使用者原先的行动轨迹造成干扰，交互过程臻于无感。随着可穿戴设备、智能家居、物联网等领域在科技圈的大热以及落地，全面打造智能化的生活成为了接下来的聚焦点，而人机交互方式会逐渐成为实现这种生活的关键环节简单的交互方式、服务方式的进化。在影片《钢铁侠3》中钢铁侠展示的全息影像给观众留下了深刻的印象。相信未来，其交互方式将会变得越来越简单，而服务方式也会有一定的进化。就交互方式来看，目前比较普遍的输密码、指纹触控式交互智能属于初级阶段的交互方式，而以人脸识别为代表的生物识别是未来发展方向。融合设计拟进一步探索其他的更加无感化的生物识别方式，如动作、表情等，让使用者倚靠日常的行为，而不是特意将脸、眼镜对准摄像头，就能实现交互。

二、智能硬件大爆发

不久的将来，将是一个智能硬件大爆发的时代：可穿戴设备、智能家具设备、智能化汽车、旅游智能硬件、酷玩产品等。在这个时代，融合设计可以作为产品创意的来源，也可以作为检验产品是否对使用者友好的标准。

第三节　虚拟设计

一、更贴合的功能设置

当前，已经有了越来越多的人性化的 APP。融合设计拟从使用者角度出发，挖掘残障人士、老年人、儿童、上班族、单身宅、社交达人等不同人群的需求，设计出更多能够优化他们生活状态的 APP。

二、改变生活场景

突如其来的新冠疫情，如同给中国这个高速发展的国家按下了暂停键，原本熙熙攘攘的 14 亿民众，乖乖地宅在了家里。原本基本上只剩下睡眠功能的家，突然间变成了学校、办公室、游乐场、健身房、餐厅等。长时间的居家生活，也悄悄改变了人们的生活方式。朋友圈经常有类似这样的"炫耀"或者说"吐槽"："居家隔离 14 天，外卖小王子变成了大厨"，然后晒一堆自己亲手做的美食；"老天，快来把这个神兽收走吧"，配图是熊孩子把家里变成了战场；"疫情期间，在家这样带娃"，配图是父亲利用手边的简易道具寓教于乐地陪儿子玩耍。之前不温不火的钉钉瞬间成了最红的 APP，云办公、云学习成了日常。

群居动物——人，在疫情期间，之所以能安心宅在家里，一方面当然是出于安全的需要，另一方面，也不得不承认，这必须依靠越来越发达的网络，越来越多元的人机交互作为支撑。可以说，虚拟社区已经日常化了。

生活方式的改变，大概率是循序渐进的，但也可能发生突变，就像这次的居家抗疫一样。融合设计希望通过借助人机交互，主动引领，而不是被动适应生活方式的改变过程。

融合设计拟探索将智慧化系统应用在不同建筑场景中，如智能化系统与住宅、办公、商场、影院、学校、博物馆等建筑的融合，将智能设备空间化，从而提供 360 度的全方位人机交互可能，进而打造全新的居住、办公、购物、娱乐、学习模式。

第四节　跨领域的融合

全龄社区、未来社区的建设，离不开智能硬件、智能软件的支撑；新型的智能硬件只有结合在一个建筑空间里面，才能实现 360 度无死角的交互；人与环境的和谐交互，离不开交互界面的优化更新。

融合设计认为，物联网和人机融合是未来跨领域融合的重要方向和支柱。

（一）物联网 3.0+ 时代

有人说现在是物联网 2.0 时代[1]，也有人认为这是物联网 3.0 时代[2]，无论是 2.0 还是 3.0，以后必定会处于更高 3.0+ 时代，物物、物网的联系更加紧密，更加多元。融合设计将以用户体验作为核心，以社会实践为舞台，助力一个

---

[1] 陈根．互联网＋智能家具：传统家具颠覆与重构［M］．北京：机械工业出版社 2015：34.
[2] 木马童年．物联网 3.0 时代来临引爆万亿市场［DB/OL］．http://www.duozhishidai.com/article-100061-1.html，2020-5-7.

充满关怀的未来物联网的建构。

（二）人机多层次融合

植入式、穿戴式、手持式、环绕式，人与设备之间已经在进行多层次的融合。未来，这种融合的关系会更加紧密。借助人机融合，残障人士和健全人士的能力差异将越来越小，全体社会成员自我实现的能力也将得到越来越大的提升，真正实现"大同理想"所描述的理想世界。

"赋予人更大的自由和发展空间"是融合设计的使命。积累了千万年人类历史的智慧，融合设计前途是光明的，过程还需要不断思考、完善。道路阻且长，未来诚可期。随着社会发展，融合设计是一个永远不停歇的课题，将得到越来越多的关注，也将越来越多地出现在生活中，润物无声地使生活更加美好。

参考文献

［1］倪方六.中国古代各朝养老制度［J］.社会广角，2014（1）.

［2］宋濂，等.元史［M］.北京：中华书局，1976.

［3］吴超.《黑水城出土文书》所见亦集乃路的孤老救济初探［J］.西夏研究，2012（1）.

［4］郭家宏，唐艳.19世纪英国的济贫院制度初探［J］.学海，2006（6）.

［5］张钰曌，陈洋.聋哑学校无障碍空间环境设计研究——以美国加劳德特大学为例［J］.建筑学报，2016（3）.

［6］王小荣，贾巍杨.无障碍设计［M］.北京：中国建筑工业出版社，2019.

［7］胡传海.中国无障碍设施技术标准体系建立与实施［DB/OL］.http//www.doc88.com.

［8］曹盛盛.平等与尊重——美国通用设计理论的演变和实践发展［J］.个案点击，2016（5）.

［9］王国羽.障碍研究论述与社会参与：无障碍、通用设计、能力与差异［J］.社会，2015，35（6）.

［10］刘洋，朱钟炎.通用设计应用［M］.北京：机械工业出版社，2010.

［11］姜可.通用设计——心理关爱的设计研究和实践［M］.北京：化学工业出版社，2012.

［12］李仰松.中国原始社会生产工具试探［J］.考古，1980（6）.

［13］唐梦骥.工欲善其事，必先利其器——红木家具雕刻中的工具［J］.家具，2012（5）.

［14］邓洪波.中国书院史［M］.增订版.武汉：武汉大学出版社，2012.

［15］潘谷西.中国建筑史［M］.第六版.北京：中国建筑工业出版社，2009.

［16］杨锃.残障者的制度与生活：从"个人模式"到"普同模式"［J］.社会，2016（6）.

［17］王国羽.障碍研究论述与社会参与：无障碍、通用设计、能力与差异［J］.社会，2015，35（6）.

［18］夏冰莹.从无障碍设计中学习如何成为一个更好的设计师［DB/OL］.https://zhuanlan.zhihu.com/p/119766231.

［19］魏义霞.康有为、谭嗣同大同思想的近代形态及其现实意义［J］.南京师大学报（社会科学版），2016（6）.

［20］奂平清.费孝通的"和而不同"与"天下大同"思想——兼论民族研究的文化自觉与理论自觉［J］.学海，2014（4）.

［21］田中直人，保志场国夫.无障碍环境设计——刺激五感的设计方法［M］.陈浩，陈燕，译.北京：中国建筑工业出版社，2013.

［22］无障碍智库 无障碍文化公众号.IBM 开发人工智能"行李箱"，为视障人士导航［DB/OL］.https：//mp.weixin.qq.com/s/F_4AEtw5siayE3snBP-yvA.

［23］库珀·罗伯逊建筑事务所.拱门博物馆，圣路易斯，美国［J］.世界建筑，2019（10）.

［24］DP 建筑事务所.快乐中心！Makan，马林百列，新加坡［J］.世界建筑，2019（10）.

［25］Quadrangle 建筑事务所.布罗德维尤 100 号大厅［J］.世界建筑，2019（10）.

［26］陌半仙儿.佐藤大为 YKK 设计的拉链火了，你却才知道他？［DB/OL］.http：//www.360doc.com/content/17/1027/21/32221064_698678297.shtml.

［27］帕金斯威尔建筑事务所.斯波尔丁康复医院，马萨诸塞州，美国［J］.世界建筑，2019（10）.

［28］麦哈德·冯·格康.柏林中央火车站——轨道交通的新平台［J］.时代建筑，2009（5）.

［29］ALA Architects 建筑事务所.赫尔辛基 Oodi 中央图书馆［J］.建筑技艺，2019（4）.

［30］俞宏良.科技创新视域下我国人机交互发展问题研究［D］.延吉：延边大学，2018.

［31］朱图陵."辅具"史化［J］.中国残疾人，2007（12）.

［32］安卓官方博客［EB/OL］.https：//blog.google/products/android/sound-amplifier-more-people-can-hear-clearly/.

［33］夏冰莹.盘点那些让人眼前一亮的无障碍黑科技［DB/OL］.https：//zhuanlan.zhihu.com/p/120801677.

［34］陈根.互联网＋智能家具：传统家具颠覆与重构［M］.北京：机械工业出版社，2015.

［35］John Maeda.简单法则［M］.黄秀媛，译.北京：中国人民大学出版社，2007.

［36］谭嫄嫄，耿道双.生活形态下的智能家居产品设计研究［J］.包装工程，2016，37（22）.

［37］裴悦舟，刘颖希.LED智能照明产品创新设计应用研究［J］.包装工程，2016，37（16）.

［38］郭宇.人工智能与家居设计［J］.包装工程，2017，38（16）.

［39］赵婧.基于体感交互的智能家居三维设计与系统架构［J］.电视技术，2018，42（6）.

［40］勒·柯布西耶，博奥席，斯通诺霍.勒·柯布西耶全集（第六卷）［M］.北京：中国建筑工业出版社，2005.

［41］卜天，施立阳."真"与"善"的美作——柯布西耶马赛公寓赏析［J］.城市建筑，2014（14）.

［42］《建筑师》编辑部.国外建筑大师思想肖像（上）［M］.北京：中国建筑工业出版社，2008.

［43］庄葳，刘松茯.技术的作用力——圣地亚哥·卡拉特拉瓦建筑形态解读［J］.华中建筑，2007，25（1）.

［44］蔡军，郑锐鲤.大空间公共建筑的空间设计与传统文化表达［J］.华中建筑，2009（2）.

［45］何峰，蒋嘉琪.智能化办公家具设计原则［J］.艺海，2016（3）.

［46］徐磊青.人体工程学与环境行为学［M］.北京：中国建筑工业出版社，2018.

［47］宣臻.服装配饰设计［M］.重庆：西南师范大学出版社，2014.

［48］张宁.方洲杂言［M］.上海：中华书局，1985.

［49］顾廷龙.续修四库全书1123子部·杂家类［M］.上海：上海古籍出版社，2002.

［50］（清）赵翼.陔馀丛考［M］.北京：商务印书馆，1957.

［51］赵春晖，刘杰.新疆智障"包身工"事件：老板夫妇获刑［N］.新

华每日电讯，2011-05-02（002）.

［52］慧灵智障人士服务机构［OL］.http：//www.hlcn.org/.

［53］中国残疾人联合会.中国残疾人事业统计年鉴［M］.北京：中国残联信息中心，2020.

［54］张钰暨，陈洋.基于智障学生特征的特殊教育需求空间设计策略［J］.建筑学报，2017（5）.

［55］陈莲俊.上海市成年智障人士性教育状况调查报告［J］.中国特殊教育，2009（9）.

［56］蒋鑫龙，陈益强，刘军发，忽丽莎，沈建飞.面向自闭症患者社交距离认知的可穿戴系统［J］.浙江大学学报（工学版），2017，51（4）.

［57］浙江在线［DB/OL］.http://zjnews.zjol.com.cn/zjnews/zjxw/201808/t20180822_8071119.shtml.

［58］杭州市人民政府.王国平：以有机更新理念打造建筑历史博物馆［DB/OL］.http：//www.hangzhou.gov.cn/art/2010/9/17/art_812255_187833.html.

［59］浙江在线.筹办杭州亚运会，一定要做好无障碍环境建设［DB/OL］.http：//mini.eastday.com/a/180313084708359.html?qid=02263，2018-03-13.

［60］杭州日报.杭州亚运会场馆设施建设规划［DB/OL］.http：//design.yuanlin.com/HTML/Article/2018-4/Yuanlin_Design_20639.HTML，2018-04-26.

［61］木马童年.物联网 3.0 时代来临 引爆万亿市场［DB/OL］.http：//www.duozhishidai.com/article-100061-1.html.

［62］National Disability Authority［DB/OL］.http：//universaldesign.ie/What-is-Universal-Design/History-of-UD/.

［63］Sndra Spencer. The Victorian Poorhouse［DB/OL］.http：//humwww.ucsc.Edu/dickens/OMF/spencer.html.

［64］Gallaudet 大学官网［DB/OL］.https：//www.gallaudet.edu/about/history-and-traditions/thomas-hopkins-gallaudet.

［65］Universal Design Institute［DB/OL］.https：//www.udinstitute.org/ud-history.

［66］The Official Home of UK Legislation［DB/OL］.https：//www.legislation.gov.uk/ukpga/1970/44.

［67］The Official Home of UK Legislation［DB/OL］. http：//www.legislation. gov.uk/uksi/1987/1445/contents/made.

［68］The Official Home of UK Legislation［DB/OL］. http：//www.legislation. gov.uk/ukpga/1995/50/contents.

［69］CLARKSON P J, Colem an R. History of Inclusive Design in the UK［J］. APPlied Ergonomics，2015，46（3）.

［70］Cathy Bodine.Assistive Technology and Science［M］. Texas：SAGE Publications, Inc，2013.

［71］CENT［DB/OL］. https：//www.cnet.com/.

［72］ADA［DB/OL］.https：//www.ada.gov/2010ADAstandards_index.htm.

［73］The Center for Universal Design［DB/OL］. https：//projects.ncsu.edu/ ncsu/design/cud/.

［74］National Disability Authority［DB/OL］. http：//universaldesign. ie/Technology-ICT/Irish-National-IT-Accessibility-Guidelines/Digital-TV-equipment-and-services/guidelines-for-digital-tv-equipment-and-services/ Standards/.

［75］Victor Finkelstein. Attitudes and Disabled People［M］. New York：World Rehabilitation Fund，1980.

［76］Michael Oliver, Bob Sapey, Pam Thomoas. Social Work with Disabled People［M］. London：Macmillan，1983.

［77］WHO. World Report on Violence and Health［R］. Geneva：World Health Organization，2002.

［78］DorisFleischer, Frieda Zames. The Disability Rights Movement：from Charity to Confrontation［M］. Philadelphia：Temple University Press，2011.

［79］Joseph Shapiro. No Pity：People with Disabilities forging a New Civil Rights Movement［M］. New York：Times Books，1993.

［80］Edward Berkowitz. Disabled Policy［M］. Cambridge：Cambridge University Press，1987.

［81］Gerben Dejong. Defining and Implemenyting the Independent Living Concept［C］. Nancy Crewe, Irving Kenneth Zola. Independent Living for Physically

Disabled People. San Francisco : People with Disability Press, 1983.

［82］Mike Oliver. Understanding Disability : From Theory to Practice ［M］. Basingstoke : Macmillan, 1996.

［83］Models of Disablement, Universalismand the International Classification of Impairments, Disabilities and Handicaps ［J］. Social Science and Medicine , 1999, 48（9）.

［84］Irving KennethZola. Toward the necessary universalizing of a disability policy ［J］. The Milbank Quarterly, 1989, 67（2）.

［85］Irving KennethZola. Bringing Our Bodies and Ourselves Back In : Reflections on a Past, Present, and Future 'Medical Sociology' ［J］. Journal of Health and Social Behavior, 1991, 32（1）.

［86］Dieter Bohn.Google Live Transcribe could be a big help for people who are deaf or hard of hearing ？ ［DB/OL］. https://www.theverge.com/2019/2/4/18209546/google-live-transcribe-sound-amplifier-accessibility-android-deaf-hard-hearing.

［87］Gold M W. Vocational training ［M］. Institute for Child Behavior and Development, University of Illinois at Urbana-Champaign, 1975.

［88］Belmonte, Matthew. "What's the story behind' theory of mind' and autism?" Journal of consciousness studies 16, no.6-8（2009）.

［89］Scior K. Public awareness, attitudes and beliefs regarding intellectual disability : A systematic review ［J］. Research in developmental disabilities, 2011, 32（6）.

［90］U Cohen, Weisman G-D. Holding on to Home : Designing Environments for People with Dementia ［M］. Johns Hopkins University Press, 1991.

［91］Michael Chandler. Self-continuity in suicidal and nonsuicidal adolescents. San Francisco, CA, US : Jossey-Bass, 1994.

［92］Max Wertheimer. Gestalt theory. London, England : Kegan Paul, Trench, Trubner & Company, 1938.

［93］Brock JON, Brown CC, Boucher J, et al. The temporal binding deficit hypothesis of autism ［J］. Development and psychopathology, 2002, 14（2）.

［94］S á nchez P A, V á zquez F S, Serrano L A. Autism and the built environment ［J］. Autism spectrum disorders—From genes to environment, 2011.

［95］Gaines K, Bourne A, Pearson M, et al.Designing for autism spectrum disorders ［M］.Routledge, 2016.

［96］Kaplan R, Kaplan S, Brown T. Environmental preference : A comparison of four domains of predictors ［J］. Environment and behavior, 1989, 21（5）.

［97］J APPleton.The Experience of Landscape ［M］.Wiley, 1996.

［98］Edward-T Hall.The Hidden Dimension ［J］.Anchor Books, 1966, 14.

［99］VandenBos G R. APA dictionary of psychology ［M］. American Psychological Association, 2007.

［100］Bittersweet : serving people with autism ［OL］.http : //www. bittersweetfarms.org/.

［101］Abraham-Harold Maslow.Motivation and personality ［M］.Prabhat Prakashan, 1981.

［102］Maslow A H, Mintz N L. Effects of esthetic surroundings : I. Initial effects of three esthetic conditions upon perceiving "energy" and "well-being" in faces ［J］. The Journal of Psychology, 1956, 41（2）.

［103］Killeen JP, Evans GW, Danko S. The role of permanent student artwork in students' sense of ownership in an elementary school ［J］. Environment and Behavior, 2003, 35（2）.

［104］De Charms R. Personal causation : The internal affective determinants of behavior ［M］.Routledge, 2013.

［105］Hsieh K, Rimmer J H, Heller T. Obesity and associated factors in adults with intellectual disability ［J］. Journal of Intellectual Disability Research, 2014, 58（9）.